本书受南京水利科学研究院出版基金资助

生态护坡
施工技术与应用

王海鹏　杨建贵　周 丹◎著

河海大学出版社
HOHAI UNIVERSITY PRESS
·南京·

图书在版编目(CIP)数据

生态护坡施工技术与应用 / 王海鹏,杨建贵,周丹著. -- 南京：河海大学出版社，2023.12
 ISBN 978-7-5630-8861-4

Ⅰ.①生… Ⅱ.①王… ②杨… ③周… Ⅲ.①护坡—工程施工 Ⅳ.①U417.1

中国国家版本馆 CIP 数据核字(2023)第 257356 号

书　　名	生态护坡施工技术与应用
书　　号	ISBN 978-7-5630-8861-4
责任编辑	齐　岩
文字编辑	管　彤
特约校对	王春兰
封面设计	徐娟娟
出版发行	河海大学出版社
地　　址	南京市西康路 1 号(邮编:210098)
电　　话	(025)83737852(总编室)
	(025)83722833(营销部)
经　　销	江苏省新华发行集团有限公司
排　　版	南京布克文化发展有限公司
印　　刷	广东虎彩云印刷有限公司
开　　本	718 毫米×1000 毫米　1/16
印　　张	15.75
字　　数	281 千字
版　　次	2023 年 12 月第 1 版
印　　次	2023 年 12 月第 1 次印刷
定　　价	88.00 元

前言

自20世纪80年代以来，我国经济建设取得高速发展，大量基础设施和工程亦蓬勃兴建，如水利工程、道路交通、城镇建设、采石开矿等，造成了严重的水土流失问题，导致水土资源破坏、生态环境恶化、自然灾害加剧，威胁国家生态安全、防洪安全、饮水安全和粮食安全。生态环境关系经济社会的可持续发展，关系人民生活和子孙后代的发展，关系环境保护事业的发展。因此，如何解决基础设施建设和生态环境这对矛盾体、如何做到经济发展和生态环境的协调统一发展成为迫切需要解决的问题。

近年来，特别是党的十八大以来，生态环境保护引起了人们的广泛关注，党中央、国务院高度重视水土保持工作，不断加强生态环境保护，提出了生态文明建设的新要求。我国的工程技术人员也积极响应国家号召，做出了不懈努力，努力践行"绿水青山就是金山银山"的发展理念。

生态护坡技术在工程界受到了高度重视，在水利、交通、市政等工程建设领域得到积极推广和广泛应用，是一种有效的水土保持措施。为了更好地推广应用生态护坡技术，本书对各类型的生态护坡特点、应用范围、施工方法及质量控制等内容进行了系统性总结，以供设计、施工人员实践参考。本书得到了江苏省水利科技项目（2016036）、南京水利科学研究院中央级公益性科研院所基本科研业务费专项资金项目（Y416014）、南京水利科学研究院出版基金的资助。

本书共包含8章内容，分别是第1章绪论、第2章生态护坡原理及作用机理、第3章直植型生态护坡、第4章附着型生态护坡、第5章砌块型生态护坡、第6章常用护坡植被、第7章生态护坡维护管理、第8章工程应用。

全书由王海鹏主持，王海鹏、杨建贵、周丹主笔，黄国情参与了第2章、第5章、第7章的编写，龙杰参与了第3章、第4章、第7章的编写，李寿千参与了第1章、第2章、第5章的编写，孙猛参与了第4章、第6章、第8章的编写。限于作者研究水平，书中难免存在不足之处，敬请各位读者批评指正。

作 者

2023年12月于南京

目录 | Contents

第1章　绪论 …………………………………………………………… 001
  1.1　边坡概念及分类 ……………………………………………… 003
  1.2　护坡概念及分类 ……………………………………………… 006
  1.3　传统护坡的局限性 …………………………………………… 008
  1.4　生态护坡的意义 ……………………………………………… 009
  1.5　生态护坡的国内外研究发展 ………………………………… 011

第2章　生态护坡原理及作用机理 …………………………………… 017
  2.1　生态护坡原理 ………………………………………………… 019
  2.2　生态护坡作用机理 …………………………………………… 020

第3章　直植型生态护坡 ……………………………………………… 027
  3.1　人工种草生态护坡 …………………………………………… 029
  3.2　草皮护坡 ……………………………………………………… 033

第4章　附着型生态护坡 ……………………………………………… 041
  4.1　液压喷播植草护坡 …………………………………………… 043
  4.2　客土喷播植草护坡 …………………………………………… 048
  4.3　喷混植生护坡 ………………………………………………… 058
  4.4　三维植被网护坡 ……………………………………………… 065
  4.5　植生带护坡 …………………………………………………… 071
  4.6　植生袋护坡 …………………………………………………… 085
  4.7　土工格室柔性护坡 …………………………………………… 089

4.8　生态袋护坡……………………………………………… 098
　　4.9　生态混凝土护坡……………………………………… 121

第5章　砌块型生态护坡………………………………………… 129
　　5.1　框格填土生态护坡…………………………………… 131
　　5.2　自嵌式砌块生态挡土墙护坡………………………… 139
　　5.3　生态石笼护坡………………………………………… 149
　　5.4　多孔植生砌块护坡…………………………………… 163

第6章　常用护坡植被…………………………………………… 173
　　6.1　植被选择原则及依据………………………………… 175
　　6.2　气候植被分区及适种植被…………………………… 176
　　6.3　典型植被特征………………………………………… 185

第7章　生态护坡维护管理……………………………………… 203
　　7.1　植被维护管理标准…………………………………… 205
　　7.2　水分保障……………………………………………… 209
　　7.3　肥力保障……………………………………………… 213
　　7.4　病害防治……………………………………………… 215
　　7.5　虫害防治……………………………………………… 216
　　7.6　杂草防治……………………………………………… 221
　　7.7　修剪…………………………………………………… 222

第8章　工程应用………………………………………………… 225
　　8.1　草皮生态护坡应用实例……………………………… 227
　　8.2　生态绿化混凝土护坡应用实例……………………… 228
　　8.3　框格填土生态护坡应用实例………………………… 232
　　8.4　自嵌式砌块生态挡墙护坡应用实例………………… 237
　　8.5　连锁块生态护坡应用实例…………………………… 238
　　8.6　生态护坡集成应用实例……………………………… 241

第 1 章

绪论

1.1 边坡概念及分类

1.1.1 边坡概念

在岩土工程或工程地质(地质工程)研究领域,所谓"边坡"一般是指自然斜坡、河流岸坡、台塬塬边、崩滑流堆积体,以及人工边坡(交通道路、露天采矿、建筑场地与基础工程等所形成)等坡体形态的总称,也可以广义定义为地球表面具有倾向临空面的地质体,主要由坡顶、坡面、坡脚及下部一定范围内的坡体组成。边坡的定义,显示其具有两个特点:其一是有临空面且有一定的坡度;其二是发生位移变形和破坏时,可能会对工程安全或周边环境造成影响。水利、水电、交通、矿山开采、城市地质环境的利用与改造工程,均会涉及边坡工程。

1.1.2 边坡分类

边坡的分类方法有很多种,常见的分类方法有按边坡的成因、用途、结构特征、介质材料、高度、坡度、使用年限、稳定性以及破坏模式分类等。

(1) 按成因分类

边坡按成因可以分为自然边坡与人工边坡。

自然边坡分为:剥蚀边坡(构造型、丘陵型)、侵蚀边坡(岸蚀边坡、沟蚀边坡)、塌滑边坡。

人工边坡可分为:挖方边坡(由山体开挖形成的边坡,如路堑边坡、露天矿边坡)、填筑边坡(填方经压实形成的边坡,如路堤边坡、渠堤边坡等)。

(2) 按边坡用途分类

在不同的工程领域,边坡的用途不同,也有不同的类别。

① 水工领域:水坝边坡,渠道边坡,坝肩边坡,库岸边坡。

② 交通领域:路堑边坡,路堤边坡。

③ 矿山领域:露天矿边坡,弃渣场边坡。

④ 建筑领域:建筑边坡,基坑边坡等。

(3) 按边坡结构特征分类

边坡按结构特征又可以从岩层倾向与坡向关系、岩层结构两方面进行分类。

① 按岩层倾向与坡向关系分类(见图 1.1-1)

(a) 顺倾层状边坡:由倾向临空面(开挖面)的顺倾岩土层构成的边坡;

(b) 反倾层状边坡：岩土层面倾向边坡山体内；

(c) 直立边坡：岩土层面与地面呈垂直状。

(a) 顺倾层状边坡　　(b) 反倾层状边坡　　(c) 直立边坡

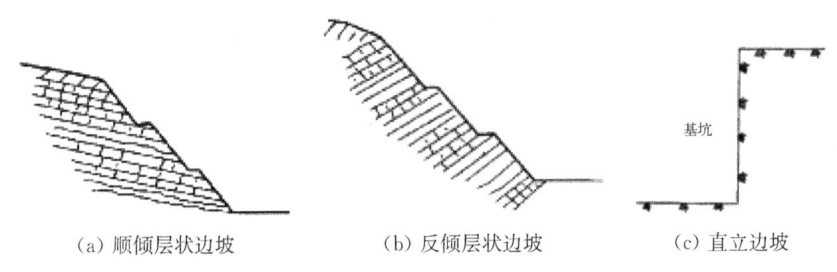

图 1.1-1　按岩层倾向与坡向关系分类的边坡示意图

② 按岩层结构分类（见图 1.1-2）

(a) 类均质土边坡——边坡由均质土体构成；

(b) 近水平层状边坡——由近水平层状岩土体构成的边坡；

(c) 块状岩体边坡——由厚层块状岩体构成的边坡；

(d) 碎裂状岩体边坡——边坡由碎裂状岩体构成，或为断层破碎带，或为节理密集带；

(e) 散体状边坡——边坡由破碎块石、砂构成，如强风化层。

(a) 类均质土边坡　　(b) 近水平层状边坡　　(c) 块状岩体边坡

(d) 碎裂状岩体边坡　　(e) 散体状边坡

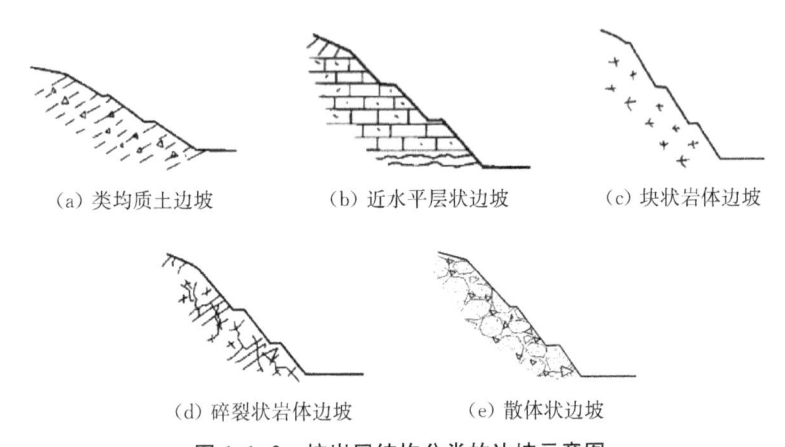

图 1.1-2　按岩层结构分类的边坡示意图

(4) 按边坡介质材料分类

按边坡介质材料可分为土质边坡、岩质边坡与岩土混合边坡三种。

① 土质边坡——整个边坡均由土体构成，按土体种类又可分为黏性土边坡、黄土边坡、膨胀土边坡、堆积土边坡、填土边坡等；

② 岩质边坡——整个边坡均由岩体构成，按岩体的强度又可分为硬岩边

坡、软岩边坡和风化岩边坡等；

③ 岩土混合边坡——部分由岩石、部分由土层组成的边坡，即所谓的二元结构的边坡。

(5) 按边坡高度分类

按边坡高度可分为超高边坡、高边坡、中边坡、低边坡。

① 超高边坡——边坡高度大于 100 m；

② 高边坡——边坡高度 30 m～100 m；

③ 中边坡——边坡高度 10 m～30 m；

④ 低边坡——边坡高度小于 10 m。

(6) 按坡度大小分类

按边坡坡度大小可分为缓坡、斜坡、陡坡、峻坡、悬崖、倒坡。

① 缓坡——边坡坡度小于 $10°$；

② 斜坡——边坡坡度 $10°～30°$；

③ 陡坡——边坡坡度 $30°～45°$；

④ 峻坡——边坡坡度 $45°～65°$；

⑤ 悬崖——边坡坡度 $65°～90°$；

⑥ 倒坡——边坡大于 $90°$。

(7) 按使用年限分类

边坡按使用年限可分为临时边坡和永久边坡。

① 临时边坡——仅在短时间内或工程施工期处于临空状态、修建建筑物后不再处于临空状态的边坡；

② 永久边坡——长期处于临空状态的边坡。

(8) 按稳定性分类

边坡按稳定性可分为稳定边坡、欠稳定边坡和失稳边坡。

① 稳定边坡：坡面稳定条件好，不会发生破坏；

② 欠稳定边坡：坡面稳定条件差或已发生局部破坏，坡面必须经过人工处理才能达到稳定的效果；

③ 失稳边坡：坡面已发生明显破坏。

(9) 按破坏模式分类

边坡按破坏模式分类时，有国际分类法和国内分类法。国际分类法包括SMR 法、CSMR 法、CSIR 分类法和五级分类法。国内分类法有九级分类法。

边坡工程在我国国家建设工程中占有极其重要的地位，边坡的防护对于工程安全稳定越来越显得重要。在过去很长一段时间内，由于思想认识不到位、工程措施不完善,因边坡破坏引发的工程安全事故层出不穷,譬如由于河道水流的冲刷、堤坝水库的蓄水、道路路堑的开挖以及露天矿山的开采,引起的规模不等、影响范围不一、破坏程度不同的地表沉降与边坡失稳,从而导致边坡稳定性遭到破坏,产生崩塌、滑坡、坍塌、错落等边坡变形破坏现象。

1.2 护坡概念及分类

1.2.1 护坡概念

护坡即边坡防护,指的是为防止边坡崩塌、坍塌、滑坡等变形破坏而在坡面上实施各种铺砌和栽植措施的统称,即采取各种相关的措施对边坡坡面进行处理以保证边坡的稳定。

人类在改造自然进行基础设施建设的同时对自然环境造成了不同程度的破坏。近 20 多年来,随着我国经济持续快速的发展和可持续发展战略的实施,国家对各地加大了水利、公路、铁路等基础工程建设的投入。这些基础工程建设的实施,伴随着大量的施工开挖,大量的裸露岩石边坡和土质边坡出现,改变了原有的地形地貌和原有边坡的应力状态,使得一些边坡的稳定性发生了改变,原有的生态系统遭到破坏,引发了严重的水土流失和环境生态失衡问题。

为了保护生态环境和保证边坡稳定,人们采用了多种多样的边坡防护方法。边坡防护工程是一项综合课题,它既是环境工程,又是土木工程的一部分,对保护环境、维护生态平衡具有重大的意义。对边坡进行工程整治时,必须采取综合治理技术手段才能获得成效,从工程的可行性论证,到规划、勘察、设计、施工,直到工程交付使用后的一段时期,都应重视边坡问题的研究、治理和保护。稳定的边坡将造福于人类、服务于人类,给人们的生产、生活带来安全保障。总体来说,边坡防护经历了从纯粹的工程护坡到生态护坡的发展历程。

1.2.2 护坡的分类

根据护坡施工技术和对生态环境产生的影响,护坡分为传统护坡和生态护坡两大类。这两大类护坡对于工程而言,在工程防护作用和效果上各有千秋。传统护坡侧重于工程安全性,安全系数大;生态护坡注重生态效益,在保障工程安全的情况下,注重减轻工程对生态环境的破坏和影响,加强了对生态系统的修复,关注人与自然的和谐平衡发展。

1.2.2.1 传统混凝土护坡

传统的护坡方法一般以水泥、石料、混凝土等硬性材料为主要建材,在设计上从力学的角度去思考边坡稳定,传统型护坡大致可分为浅层防护类护坡、砌石类护坡、框格护坡、护面墙护坡和喷混类护坡。

(1) 浅层防护类护坡主要指抹面防护和捶面防护,可用于风化不甚严重的软岩层(如泥质砂岩、页岩、千枚岩、泥质板岩等)边坡,但边坡必须稳定而且无地下水渗出。这种护坡方法施工简单,造价低,但使用年限较短。

(2) 砌石类护坡指在稳定的边坡上铺砌(浆砌或干砌)片石、块石或混凝土预制块等以防止地表径流或水面水流对边坡的冲刷。铺砌方式一般采用浆砌,冲刷轻微时,可采用干砌。由于取材方便,技术简单,造价相对较低,此方法在国内被广泛应用。

(3) 框格护坡是指用混凝土、浆砌块(片)石等材料,在边坡上形成骨架,防止边坡在坡面水冲刷下形成冲沟,同时提高边坡表面地表粗度系数,减缓水流速度。框格形状可根据人们的想象、对美的追求,做出各式各样的造型,如斜45°大框格、六角形混凝土预制块防护、浆砌片石拱形防护、浆砌片石或预制块做成的麦穗型等。框格防护多用于路基下边坡,也可用于土质上边坡,既增强美的效果,也可防止边坡出现冲刷,但由于框格需在上边坡中嵌槽镶进,施工难度大,仅在重要景点使用,一般较少采用。

(4) 护面墙护坡。护面墙是指为了覆盖各种软质岩层和较破碎岩石的挖方边坡以及坡面易受侵蚀的土质边坡,免受大气影响而修建的墙。护面墙多用于易风化的云母片岩、绿泥片岩、泥质灰岩、千枚岩及其他风化严重的软质岩层和较破碎的岩石地段,以防止继续风化;可以有效地防止边坡冲刷,防止滑动型、流动型及落石型边坡崩坍,是上边坡最常见的一种防护型式。护面墙有实体护面墙、孔窗式护面墙、拱式护面墙等。实体护面墙用于一般土质及破碎岩石边坡;孔窗式护面墙用于坡度缓于1:0.75的边坡,孔窗内可捶面(坡面干燥时)或干砌片石;拱式护面墙用于边坡下部岩层较完整而边坡上部需要防护者。

(5) 喷混类护坡。喷混类护坡主要指喷浆护坡、喷射混凝土护坡和喷锚护坡。喷浆防护和喷射混凝土防护适用于边坡易风化、裂隙和节理发育、坡面不平整的岩石边坡,其主要作用是封闭边坡岩石裂隙,阻止大气降水及坡面流水侵入,从而阻止裂隙中侧向水压和冰裂,防止边坡岩石继续风化,保护边坡不发生落石崩坍。喷锚防护是靠锚杆、钢筋网和混凝土层共同工作来提高边坡岩土的结构强度和抗变形刚度,减小岩(土)体侧向变形,增强边坡的整体稳定性。

喷锚防护主要适用于岩性较差、强度较低,易于风化的岩石边坡;或虽为坚硬岩层,但风化严重、节理发育、易受自然应力影响,导致大面积碎落,以及局部小型崩塌、落石的岩质边坡;或岩质边坡因爆破施工,造成大量超爆、破坏范围深入边坡内部,边坡岩石破碎松散,极易发生落石,崩塌的边坡防护。

1.2.2.2 生态护坡

生态护坡是开挖边坡形成以后,通过种植植被,利用植被与岩、土体的相互作用(根系锚固作用)对边坡表层进行加固防护,使之既能满足对边坡表层稳定的要求,又能恢复被破坏的自然生态环境的护坡方式。生态护坡以生态修复为目标,保护山、水、林、田、湖、草、沙、冰等生态要素,修复受损的山体、水体、废弃地,实现绿化,美化环境。

生态护坡作为一种技术措施对遭受污染、破坏的水体、山体和废弃地进行修复,应实现形态、土壤、植被和系统功能恢复,以实现如下目标为目的:

(1) 排除地质灾害隐患,恢复受损山体、水体的自然形态;
(2) 应改良有污染的土壤,治理水体污染并提升自净能力;
(3) 应营造近自然群落,呈现自然生机,修复自然生态。

生态护坡按照护坡结构和植被生长基础可以分为直植型生态护坡、附着型生态护坡、砌块型生态护坡等。

直植型生态护坡是直接在边坡上撒播草籽、铺设草皮、栽植灌木或乔木,此类护坡多用于坡度较缓的土质边坡。

附着型生态护坡是指植被附着生长在土工材料或经过其他工程措施处理的基础上,比如植被种植于土工格室、土工植生毯、生态袋等介质上。

砌块型生态护坡是指植被通过工程措施生长在垒砌的混凝土砌块或石块堆方上,从而形成生态护坡。

本书后面章节中将针对生态护坡原理、生态护坡作用机理作详细介绍,并根据生态护坡类型,摘选具有代表性的生态护坡种类进行施工方法介绍,此处不再赘述。

1.3 传统护坡的局限性

传统的护坡方式在保持岸坡结构稳定、防止水土流失、防洪排涝等方面发挥着重要作用,具有较高的精度和可靠性,但是工程造价较高,水下施工难度较大,使用一定年限后,需要定期维护。与此同时,这种技术把整个坡面的表面封闭,防止了土壤和水体之间的物质交换,生态系统的食物链被切断,使得岸线上原本生长的生物无法继续生存,土壤和水体中的生物失去了赖以生存的环境,破坏了河道生态系统,加速了人类生存环境的恶化。其生态影响主要有：

(1) 经过石料、水泥修筑的河道,对于有净水作用的水生生物来说难以生长,河流的自净能力大大降低,可能存在水质恶化现象；

(2) 岸坡的硬化处理造成岸坡受阳光影响,温度升高变化过大,尤其是高温季节,容易在岸坡的周边形成热岛效应；

(3) 传统的混凝土护坡在施工中都不同程度地使用了早强剂、膨胀剂、抗冻剂等各种添加剂,这些添加剂遇水会发生化学反应,对水质和水环境造成不利影响；

(4) 岸坡上没有天然植物作屏障,会使岸上的垃圾容易流入水体,造成污染。这虽不是造成水质恶化的主要原因,但也不利于改善水质。

虽然传统型护坡的护坡能力强,但是其一次性投资大,难以恢复自然植被,不利于生态环境的保护和水土保持,在外观上较为单调生硬,多数情况下与周边的景观不协调,与目前注重保护生态环境的发展趋势相违背。因此,此类护坡方法在今后工程建设中将受到越来越多的限制。

1.4 生态护坡的意义

1.4.1 宏观政策需要

生态环境保护关系经济社会的可持续发展,关系人民生活和子孙后代的发展,关系环境保护事业的发展。近10多年来,生态环境保护引起了人们的广泛关注,党中央、国务院采取了一系列重大措施,不断加强生态保护工作。

2018年中共中央国务院下发了《关于全面加强生态环境保护 坚决打好污染防治攻坚战的意见》,指出良好生态环境是实现中华民族永续发展的内在要求,是增进民生福祉的优先领域。

2020年生态环境部下发《关于加强生态保护监管工作的意见》,指出严肃查处开矿、筑坝、修路、建设等破坏生态环境的违法违规行为,完善生态保护红线监管制度,持续加大生态保护监管力度,守住自然生态安全边界,构建生态修复标准体系。

2020年,国家出台了《全国重要生态系统保护和修复重大工程总体规划(2021—2035年)》(以下简称《总体规划》),指出加强生态保护和修复对于推进生态文明建设、保障国家生态安全具有重要意义。《总体规划》针对存在的问题特别指出，我国部分河道、湿地、湖泊生态功能降低或丧失，水体流失依然严重，我国在生态方面历史欠账多、问题积累多、现实矛盾多，一些地区生态环境承载力已经达到或接近上限，且面临"旧账"未还、又欠"新账"的问题，不合理的开发利用活动大量挤占和破坏生态空间，生态保护修复任务十分艰巨。

《2022中国生态环境状况公报》显示，2022年全国共发生地质灾害5 659起，其中滑坡3 919起。随着我国社会经济的迅速增长，实施的交通、水利、矿山、电力等建设项目会形成大量的裸露坡面。这些裸露坡面不仅影响了生态景观，有些还存在地质灾害隐患，严重影响主体工程的安全稳定。在政策引导及民众对自然生态的内在需求双重作用下，生态修复技术在近年来得到了方兴未艾的发展。我国是世界上荒漠化面积最大、受影响人口最多、风沙危害最重的国家之一。全国荒漠化土地总面积261.16万平方公里，占我国陆地总面积的27.2%。岩溶地区石漠化土地面积为1 007万公顷。

习近平总书记在党的二十大报告中指出，中国式现代化是人与自然和谐共生的现代化，尊重自然、顺应自然、保护自然，是全面建设社会主义现代化国家的内在要求，必须牢固树立和践行"绿水青山就是金山银山"的理念，站在人与自然和谐共生的高度谋划发展。

"十四五"时期，我国的荒漠化石漠化防治工作将按照"全面保护、重点修复与治理"的原则，坚持因地制宜、适地适绿，充分考虑水资源承载能力，全面保护原生荒漠生态系统和沙区现有林草植被，加大对干旱绿洲区、重要沙尘源区、严重沙化草原区、严重水土流失区的生态修复和沙化土地治理力度，将科学绿化要求贯穿防治、监管全过程，统筹推进山水林田湖草沙一体化保护和修复。

国务院《关于2022年度环境状况和环境保护目标完成情况的报告》中指出全面加强区域重大战略生态环境保护工作，持续推进碧水保卫战，加大生态保护修复与监管力度，持续加强生物多样性保护，实施重要生态系统保护和修复重大工程建设。

在此背景下，我国正在如火如荼地开展工程建设，开展既能发展社会经济，又能保护当地生态环境的建设工作，必须将经济开发和生态整治进行有机结合，在人为科学合理的干预下，充分利用生态系统的自我修复功能，实现经济、生态环境的协调统一。

1.4.2　水土资源保护的需要

2022年水利部发布的《中国水资源公报》显示，2022年，全国降水量和水资源量比多年平均值偏少,且水资源时空分布不均,我国水资源短缺形势依然严峻,水资源供需矛盾依然突出。我国是世界上水土流失最严重的国家之一。水土流失直接关系国家生态安全、防洪安全、粮食安全和饮水安全。从全国看,2021年全国水土流失面积267.42万km²,占陆地总面积的27.86%。各强度等级水土流失面积中,轻度、中度、强烈及以上等级侵蚀面积分别为172.28万km²、44.52万km²、50.62万km²。我国坡耕地高强度水力侵蚀问题突出,其中6°以上坡耕地占全国水土流失面积的6.6%,但强烈及以上水蚀面积达全国的近六成,由于坡耕地侵蚀强度高、危害重,一直是治理攻坚的重点和难点。

植被对水资源涵养和土壤保持具有重要的影响。植物根系分布和枯落物的归还作用,使得浅层土壤有机碳含量更高、孔隙更多,因此具有很高的蓄水和渗透性能,底层土壤也可以作为相对隔水层,促进壤中流在坡中自上而下流动。不同渗透系数的土层,使降雨后形成的径流到达流域出口断面和河流的时间不同,延长了产汇流时间,土壤分层越多,产汇流过程越复杂,涵养水源效果也越好。

植被作为地球的重要生态屏障,能够调节土壤保持和侵蚀产沙,在土壤侵蚀防治中发挥着极为重要的作用。一方面,植物冠层通过对土壤溅蚀、面蚀的影响及间接改变土壤理化性质等方面的影响作用来减少地表径流和侵蚀速度;另一方面,植被地下部分通过固持土壤、提高土壤抗剪切强度和土壤抗侵蚀能力、增强土壤渗透性的作用发挥拦截功能,阻挡泥沙运移,减少大规模的土壤流失。

因此生态护坡技术作为生态保护的措施之一,在项目中得以推广应用和实施,在减少坡耕地侵蚀、增加水土保持、增强对水资源的涵养等方面具有十分重要的意义,对工程意义和环境意义显得尤为突出。

1.5 生态护坡的国内外研究发展

1.5.1 国外生态护坡技术的发展

早在公元前28世纪,欧洲的凯尔特人开始采用柳枝编织篱笆的技术,后来罗马人将柳枝柴笼和草捆用于水利建筑工程防护。

1633年日本开始采用铺草皮和栽树苗的方法治理荒坡,成为日本生态护坡的起源。20世纪30年代,中欧开始应用植被护坡技术,同时因逐步认识到传统钢筋水泥混凝土工程护坡的弊端,植被护坡技术迅速在欧洲得到发展并盛行,到了20世纪60年代,开始推向世界许多国家。生态护坡在北美的工程应用历史可以追溯至1926年,北美承袭中欧的工程经验,主要致力将生态护坡技术应用于与农林业和道路建设有关的侵蚀控制。20世纪50年代美国Finn公司开发出喷播机,实现了机械化边坡植被恢复与重建,之后英国发明了用乳化沥青作为黏结剂的液压喷播技术,至此边坡植被与重建的技术飞速发展。

1957年,荷兰采用合成纤维制袋装砂作为三角洲工程加固使用;1958年,美国利用聚氯乙烯制成袋应用到海岸护坡充当垫层。自此欧洲、日本等陆续对生态袋的应用开展研究(Perrier,1986)。

在亚洲,日本在这方面的应用走在前面,20世纪50年代就开发出将利用草种的植生盘用于道路坡面防护的技术;60年代开始使用栽种树苗、铺草皮方式来治理荒坡;70年代开发了纤维土绿化方法并发展沿用至今;90年代初提出了"多自然型河道治理"技术。德国、瑞士等国家在20世纪80年代末提出了"自然型护岸"技术。

国外学者对根系固坡作用的力学机理研究及其数学模型的建立非常重视,他们分别采用室外拉拔根系与室内外直接剪切根系等方法研究植物根系对岩土体抗侵蚀性能、抗冲刷以及加固边坡的力学机理。

目前,许多国家利用"土壤生物工程"来对河流进行生态修复。该技术是由原始的柴捆防护措施发展而来的,经过多年的研究,现已形成了一套完整的设计和施工方法。土壤生物工程护岸技术是利用植物对水文、气候、土壤等的作用,来保持岸坡的稳定。常用的土壤生物护岸技术主要有地表加固技术、土壤保持技术和生物工程综合保护技术。这些技术如今已在欧美国家得到了广泛运用,如美国阿拉斯加Kenai河护岸、美国伊利诺伊州的鸦河流域的保护、加拿大JacquesCartier公园河岸保护、英国约克郡戴尔斯三峰地区国家公园自然环境恢复、莱茵河网格式混凝土夹带草皮护岸工程和欧盟水体修复等项目都采用了该技术。

1.5.2 国内生态护坡技术的发展

生态护坡技术的应用起源于中国,其雏形是植被护坡,最初用于河堤护岸以及荒山的治理。早在1591年,中国已经将柳树等用于河岸边坡的加固与保护。17世纪,我国已开始将生态护坡技术应用于黄河河岸的保护。但是我国在生态护坡技术方面的研究起步较晚,近些年在充分吸收国外河道整治和其他领域生态护坡研究成果的基础上,取得了长足的发展。20世纪90年代伴随着水利、交通等基础建设的发展和环保意识的提高,生态护坡理论和应用研究才开始起步,应用逐渐得到推广。

20世纪90年代以前一般多采用撒草籽、沟播或穴播、铺草皮、片石骨架植草等护坡方法。国内常见的边坡植被重建方法根据实施手段的不同,可分为点播法、铺挂法和喷播法。

在边坡生态防护理论方面,刘秀峰(2001)等提出了生物护坡的概念。

我国机械化植草护坡技术始于1989年,由广东省水利水电科学研究所从香港引进1台喷播机,并在华南地区进行液压喷播试验,在国内开始采取机械化施工的新型坡面植被技术重建手段。1993年我国引进土工材料植草护坡技术,并开发研制出了各种各样的土工材料产品,如三维植被网、土工格栅、土工网、土工格室等,结合植草技术在各种边坡工程中陆续获得应用。

1997年以后,国内不少单位针对不同边坡开展了植被防护研究。张俊虎(1997)针对强风化花岗岩路基边坡采用了六边形网格内植草防护。之后一些学者开始不断尝试将松树、坡葛藤等植物栽植到软岩边坡,但是遇到高陡的劣质岩性边坡时,这些方法在实践过程中困难较多,存在诸多难题,应用推广困难。

2000年,我国自主研发了厚基层基材喷射植被护坡工程技术,用于铁路、公路等岩、土质边坡的生态护坡技术成果填补了国内空白,达到了国际先进水平。张俊云(2001)采用湿喷法进行厚层基材喷射护坡试验。

2003年,许文年等研究开发了植被混凝土护坡绿化技术。三峡大学研发了植被混凝土生态防护技术。短短数十年,国内可查的有关喷播类植被重建的技术名词有水力喷播、液压喷播、客土喷播、喷播绿化技术、混喷快速绿化技术、喷混植草、混喷植生技术(阶梯式植生带绿化工法)、植被混凝土、边坡生态种植基、三维植被网喷播植草、乳液喷播建植、边坡植生基质生态防护、TBS植被护坡、有机基材喷播绿化、植生基材喷射技术(PMS技术)等。虽然这些技术称谓不同,但其实质均为以客土为主要材料,辅以不同黏结材料和添加剂材料的喷播技术。

近些年在充分吸收国外河道整治和其他领域生态护坡研究成果的基础上,我国河岸带生态型护坡技术也取得了长足的发展。胡海泓等在漓江护岸工程中提出了石笼挡墙、网笼垫块护坡、复合植被护坡等生态型护坡技术;季永兴等探讨了不同材料的生态型护坡结构新方法;在引滦入唐工程中,陈海波等提出网格反滤生物组合护坡技术;夏继红等从现代数学、生态学、水力学的角度分析了生态河岸带今后的发展趋势。

宋岩根据海城市河道护坡的破坏特点,提出三种较为合理的护坡优化治理施工方案,分别为格宾石笼施工方法、生态袋护坡施工方法和木桩护坡方法,较为符合海城市河道护坡治理特征。张同鑫介绍了加筋生态护坡技术的应用与发展,着重讲述了加筋生态网结构的主要型式,二维加筋生态网、三维加筋生态网和复合型土工网垫。

对于植物护坡技术而言,其核心是植物根系可以起到固土的作用,在保水固土方面的作用十分显著。由于不同植被起到的防护效果是不同的,可结合项目现场情况,依据不同植物的特性,对护坡植物进行优化选择。根系较为发达的植物具有更好的防护作用,可以有效改善水利工程周围的自然环境;另外植被具有较好的观赏性能,可以纾解心情。与传统护坡技术相比,植物护坡技术具备工期短、施工快、全天候、不受土壤限制等优点。但是防洪护岸工程的植物护坡技术也存在一定问题,如护坡容易被雨水冲刷,长期浸泡在水下,行洪流速大于 3 m/s 的土堤坝迎水坡面和防洪重点地段不适合采用植物护坡技术。

参考文献

[1] 汪洋,周明耀,赵瑞龙,等.城镇河道生态护坡技术的研究现状与展望[J].中国水土保持科学,2005,3(1):88-92.

[2] 陈荷生,张永健,宋祥甫,等.太湖底泥生态疏浚技术的初步研究[J].水利水电技术,2004,35(11):11-13.

[3] 水利部国际合作与科技司.水利水电工程边坡设计规范:SL 386-2007[S].北京:中国水利水电出版社,2007.

[4] 张炜.公路边坡防护安全与生态美化[J].交通科技,2005(5):29-31.

[5] 王军,刘泽林.喷锚网技术在高陡边坡防护中的应用[J].山西交通科技,2005(S1):58-59.

[6] 王朝晖,陈星光.公路岩质边坡常见结构类型及防护措施[J].公路交通科技.2006(03):66-68,71.

[7] 中国水利工程协会.水利水电工程生态护坡技术规范:T/CWEA 19-2023[S].北京:中国水利水电出版社,2023.

[8] 金德濂.水利水电工程边坡的工程地质分类(上)[J].西北水电,2000(1):10-16.

[9] 黄求顺,张四平,胡岱文.边坡工程[M].重庆:重庆大学出版社,2003.

[10] 周德培,张俊云.植被护坡工程技术[M].北京:人民交通出版社,2003.

[11] 胡海泓.生态型护岸及其应用前景[J].广西水利水电,1999(4):57-59.

[12] 许文年,夏振尧,周明涛,等.植被混凝土生态防护技术理论与实践[M].北京:中国水利水电出版社,2012.

[13] 季永兴,刘水芹,张勇.城市河道整治中生态型护坡结构探讨[J].水土保持研究,2001,

8(4):25-28.
- [14] 陈海波.网格反滤生物组合护坡技术在引滦入唐工程中的应用[J].中国农村水利水电,2001(8):47-48.
- [15] 夏继红,严忠民.浅论城市河道的生态护坡[J].中国水土保持,2003(3):9-10.
- [16] 张丹丹,史常青,王冬梅.河岸带生态护坡技术研究与应用[J].湖南农业科学,2013(22):28-31.
- [17] 宋岩.海城市河道治理生态护坡方案研究[J].水利规划与设计,2017(4):101-104.
- [18] 赵航,方佳敏,付旭辉,等.河道生态护坡技术综述[J].中国水运,2020(11):113-116.
- [19] 张同鑫,潘毅,张壮,等.加筋生态护坡技术的应用与发展[J].水利水运工程学报,2017(6):110-117.
- [20] 刘慧艳.城市河道生态护坡技术研究[J].地下水,2021,43(2):264-265.
- [21] 李凌云,野博超,刘心愿.河道生态护坡技术研究现状[J].水运工程,2022(7):205-210,245.
- [22] 陈露.浅析生态护坡技术[J].科技与创新,2015(17):130-131.
- [23] 王晶,赵文武,刘月,等.植物功能性状对土壤保持的影响研究述评[J].生态学报,2019,39(9):3355-3364.

第 2 章 生态护坡原理及作用机理

2.1 生态护坡原理

近年来,随着大规模的工程建设和矿山开采,形成了大量无法恢复植被绿化的岩土边坡。传统的边坡工程加固措施大多采用砌石挡墙及喷混凝土等护坡结构型式,只能起到防止水土流失的作用,但工程完工后会形成灰白色一片的视觉效果,对景观恢复没有什么帮助,更不能对生态环境有保护作用,相反只会破坏生态环境的和谐。失去表面植被或土层、裸露在外的岩石边坡表层因风吹、雨淋、日晒等原因产生岩石风化剥落,在重力和雨水冲刷双重侵蚀作用下,不断从坡体的主体脱落,在岩体表面形成表层沟蚀。随着人们环保意识增强,生态护坡技术逐渐应用到工程建设中。因此,利用植被对边坡进行绿化、防治水土流失已成为常用生态护坡技术。

生态护坡是既可以满足护坡功能,又能有利于恢复护坡系统生态平衡的系统工程,是综合工程力学、生态学、土壤学和植物学等学科的基本知识对斜坡或边坡进行支护,采用工程结构、植物或两者相结合的措施,形成的具有边坡防护、生态修复、水土保持、景观绿化和维持生境连续性等综合功能的护坡体系。

生态护坡主要通过植物根系的水文效应(削弱溅蚀、降低孔压和控制径流)、力学效应(浅根加筋和深根锚固)和岩土的相互作用来起到固土、防止水土流失的作用,与其他工程措施结合增加边坡稳定需要的同时,还可以进行景观环境的营造,恢复遭到破坏的自然生态环境,是一种有效的固坡、护坡手段。

生态护坡的主要作用表现在植被根系对土壤稳定性的增强作用,是植被稳定土壤的最有效的机械途径。它通过根系的机械束缚增强根系土层的总体强度,加强土壤的聚合力,提高滑移抵抗力。此外,护坡植被还可以减少或阻止边坡侵蚀。一方面,植被对高速下落的雨滴有很好的拦截功能,减少雨滴的动能及土粒的飞溅;另一方面,植被的覆盖可以减少雨滴对地面的直接打击力,增加雨水滞留;与此同时,根系对土壤具有固结作用,可以增加土壤水下渗,根系分泌物以及腐殖质对土壤具有黏结作用,从而减少土粒冲刷与淋溶,有效减少坡面水土流失情况,达到坡面稳定的目的。经有关人工降雨试验表明,在强度为 $0.8 \sim 1.3$ mm/min 的暴雨下,冲刷 30 分钟,满铺草皮的边坡,因冲刷侵蚀而产生的泥沙流失量减少 98%,雨滴降落时产生的细流的冲刷和溅蚀作用大大减弱。植被有明显的消能和茎叶的截留分流作用,在工程实践中植被的削弱溅蚀作用已经得到了广泛的认可。

2.2 生态护坡作用机理

生态护坡主要依靠坡面植被地上部分茎叶及地下根系的作用来实现边坡防护功能。其作用表现在：植被的茎叶，以削弱溅蚀、降雨截留、抑制地表径流等方式防护边坡表面；植被根系以浅层加筋和深层垂直锚固相结合的方式增强岩土体强度，提高边坡的浅层稳定性；根系茎叶通过形成植物有机整体，调节根系的分布和延伸、自身植被覆盖度、地下水含量，改变土体结构，以起到影响边坡防护效果。生态护坡机理如图 2.2-1 所示。

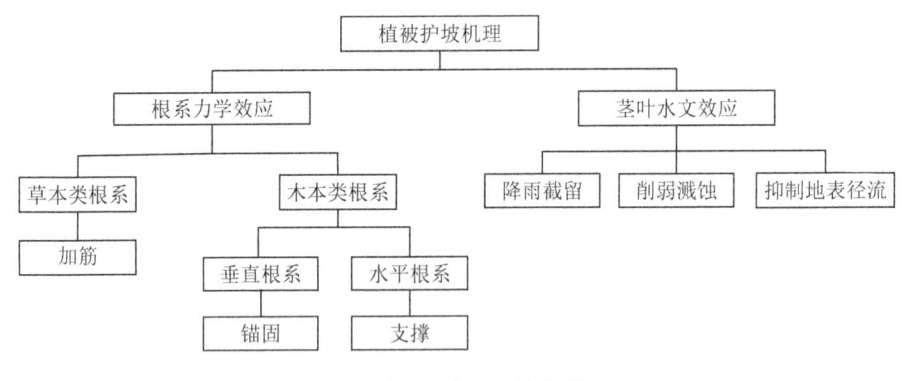

图 2.2-1 生态护坡机理

2.2.1 地上部分——茎叶的作用

2.2.1.1 削弱溅蚀功能

降雨对边坡土体的侵蚀以动能机械作用为主，分为雨滴击溅分离和径流侵蚀、搬运两个过程。击溅力主要是破坏土壤黏结力，使土壤发生分散、土粒移动；此外，雨滴击实地表土壤，堵塞土壤的下渗孔隙，阻碍雨水下渗，从而产生地表径流并扰动水流，增强水流的紊流，进一步分离土体。坡面的地表径流使土体受到冲刷破坏，加剧土壤小颗粒分离的形成，同时对坡面上因雨滴击溅力和冲刷力产生的孤立土粒进行搬运，加剧坡面的水土流失。

植被通过茎叶的阻拦缓冲作用，使大雨滴分散成小雨滴，消耗掉高速落下的雨滴产生的大量动能，从而使雨滴的动能大大降低。当植被生长茂密时，可以明显削弱甚至消除雨滴的溅蚀。

2.2.1.2 降雨截留效应

降雨截留效应是指一部分降雨在到达坡面表土之前就被植物茎叶截留。被截留的降雨一方面通过茎叶组织表面吸收，经植物吸收-释放循环再重新蒸发到大气中；另一方面通过茎叶的持水作用被暂时贮存，最后落到坡面土层或重新蒸发循环到大气中形成水分。通过以上两个过程中的截留作用降低了到达坡面土层的有效雨水量，从而减弱了雨水对坡面土层的冲刷侵蚀。

基于不同植被对环境的适应性不同，护坡植被的植被覆盖度（FVC）、叶面积指数（LAI）和聚集指数（CI）之间存在明显差异，其对截留降雨的作用也不尽相同。总体表现规律为：植被覆盖度越高，叶面指数就越大，植被截留降雨的能力也就越强；当降雨量达到一定强度后，植被截留降雨的能力达到最大，随后不再继续增强，而保持为一个定值。降雨量 P 和植被截留降雨量 E 的关系如图 2.2-2 所示。

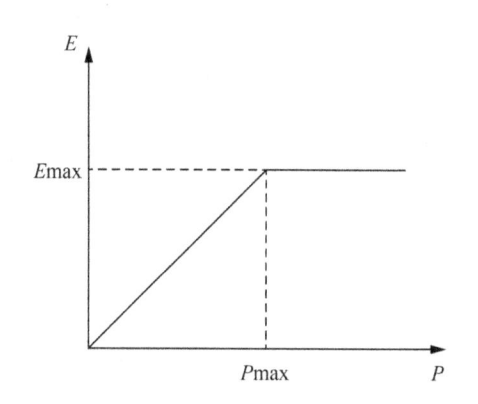

图 2.2-2　植被截留降雨量 E 与降雨量 P 关系图

2.2.1.3 抑制地表径流功能

坡面土体冲刷侵蚀的主要动力是地表径流集中，土体冲刷侵蚀的程度取决于地表径流流速的大小和径流所具有的能量。护坡植物，特别是草本植物，分蘖多、丛状生长，不仅能有效地分散、减弱径流，而且能阻截径流、改变径流形态、减小水力坡降、延长渗流路径，使地表径流在草木丛间迂回流动，由直流变为绕流，从而减弱降雨对边坡的冲刷侵蚀作用。

另外，植物根茎连接处因截留侵蚀土粒形成的微型"拦土栅"和"滤水体"能够降低坡面的径流流速，延长径流路径，进一步减弱坡面表面径流对边坡表层土体的侵蚀作用。研究表明,浓密的草木本植物的覆盖可以有效降低雨水冲刷造成的水土流失。

2.2.2 植物地下部分——根系的作用

2.2.2.1 根系分类

根据所用护坡植被种类不同,护坡植被根系可分为草本植物根系和木本植物根系两大类。

草本植物的根系直径较小,须根一般小于 1 mm,根系总根数的 90% 主要分布在 0~30 cm 的浅层土层以内,分布在深度为 30~70 cm 土层的约占 8%,深达超过土层 70 cm 以上的仅占总根数的 2%;根量的分布规律也相似,总根量的 86% 分布在土层 0~30 cm 范围内,深度达到 30~70 cm 土层只有 8%,深度达到 70~150 cm 土层仅有 6%,如图 2.2-3 所示。

图 2.2-3 须根根系

木本植物根系按形态不同,可分为:主直根型、水平根型和散生根型,如图 2.2-4 所示。主直根型由近乎垂直的主根和许多侧向生长的侧根所构成,主根生长发达,垂直向下生长,深入土层可达 3~5 m。水平根型的主根不发达,主要由呈水平方向延伸的固着根和繁多的链状细根群所组成,侧根或不定根发达,根系多分布在深度为 20~30 cm 的土壤表层。散生根型则没有明显的主根,而由支原生根和次生根构成,大致以根茎为中心,向地下各个方向辐射生长,在土层中的深度分布范围介于主直根型和散生根型之间。周培德等根据根系的不同分布形态,按主根扎入土壤的深浅程度划分为两大类:主根扎入土壤深度小于 50 cm 为水平根系,大于 50 cm 为垂直根系。

(a) 主直根型　　　(b) 散生根型　　　(c) 水平根型

图 2.2-4 木本植物根系

2.2.2.2 根—土力学模型

由植物根系与土体共同组成的复合体称为"根—土复合体",1979年,WU等基于摩尔-库伦定理,首先提出并推导了第一个根—土复合体力学平衡理论公式,即根系产生土体抗剪强度的增量与根系面积的比值和根系平均抗拉强度成正比。20世纪80年代又提出了考虑根的分布和交叉因素的统计模型。2003年,周培德等建立了草本植物根系加筋、木本植物水平根系牵引和垂直根系锚固力学模型,在静力学基础上系统地探索了护坡植被根系的力学作用。2010年,言志信等在前人研究基础上建立了草根—土作用三维加筋力学模型。

(1) 草本植物根—土相互作用力学模型

根据草本植物根系分布特征可知,根系在土层中分布的密度自地表由上而下逐渐减小。在根系盘结范围内,边坡土体可看成由土和根系组成的根—土复合材料,草本植物的根系如同在土体中增加纤维起到加筋作用,因此可按加筋土原理计算分析边坡土体的应力状态,即把土中草根的分布视为三维加筋纤维的分布。

(2) 木本植物根—土相互作用力学模型

① 垂直根系。在木本植物垂直根系的根—土相互作用力学模型中,根据垂直根系的主根可扎入土体的深层,并通过主根和侧根与周边土体的摩擦作用把周边土体与根系联系起来的特点,结合垂直根系分布特点,可以把根系简化为以主根为轴、以侧根为分支的全长黏结型锚杆来分析其对周边土体的力学作用,其锚固力大小可通过计算各侧根与周边土体的摩擦力以及主根与周边土体的摩擦力累加获得。垂直根系力学作用模型见图 2.2-5 所示。

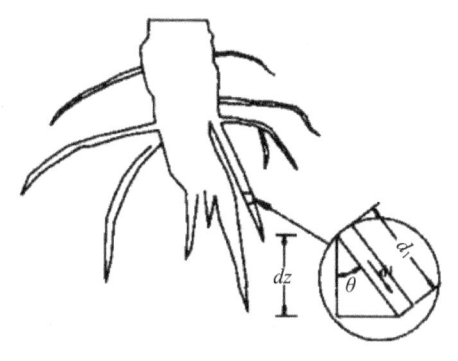

图 2.2-5 垂直根系力学作用模型

整段根的最大静摩擦力合力为：

$$\mathrm{d}f = 2\pi r \cdot K_0 \mu \gamma z \cdot d_l \qquad (式\ 2.2\text{-}1)$$

式中：r——根段的半径；

$2\pi r \cdot d_l$——根段的表面积；

K_0——土的静止土压力系数或侧向压力系数；

μ——根－土间的静摩擦系数；

z——土层深度，m；

γ——土体的天然重度，kN/m^3。

② 水平根系。在木本植物水平根系根—土相互作用力学模型中，因水平根系中木本植物的主根扎入边坡土体深度有限，因此不能同垂直根系木本植物一样将植物根系看作全长黏结型锚杆。水平根系木本植物的根系能否对边坡土体起到稳定作用，还依赖于边坡的类型。水平根系力学分析见图 2.2-6 所示。

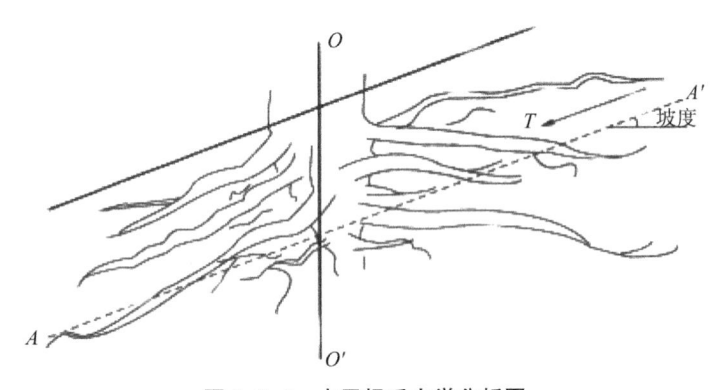

图 2.2-6　水平根系力学分析图

AA' 为滑动面，下滑的土体把剩余推力 T 作用于主根和树干部分，主根及树干再把所受的力传递给各向水平侧根，通过侧根与土体的摩擦阻力平衡下滑土体的剩余推力。图中用 OO' 把水平根系沿主根分为左右两部分，当土体沿软弱面 AA' 滑动时，主根左侧水平根受压，右侧水平根受拉。因植物根茎不能承受压力，所以左侧的水平根对抑制土体的下滑不能起到牵制作用。以上是建立在相关假设的基础上进行的力学分析，仅从定性的角度说明有关问题，定量问题可参考相关文章及书籍，本节不再赘述。

2.2.3 地下部分与地上部分的结合作用

植物的地下部分和地上部分是一个统一有机体,只有通过地下部分与地上部分的协同作用,植物才能正常生长。植物以蒸腾作用、呼吸作用等生理生长活动方式,通过根系吸取土体中水分,改变边坡土壤含水量,从而间接影响边坡的浅层稳定性。此外,植物根系吸收土壤中各种生长所需的矿物质与营养元素,直接改变土体中团聚体和水稳定团聚体的含量、土壤结构,进而影响坡面土体的强度。

2.2.4 负面效应

坡面植物主要通过地下部分——根系、地上部分——茎叶以及根系生理活动(例如蒸腾作用),对坡面表层水土的侵蚀加以控制并提高边坡浅层土体强度和稳定性。但需要注意的是坡面植被在发挥其有利于边坡稳定功能的同时,也会产生负面效应。例如,植被的覆盖增加了土层的渗透性和地表的粗糙度,导致土层渗透性增加,提高了土体的孔隙水压力;高大粗壮的树身在风荷载的作用下可能增加对土体产生的负荷载,加剧边坡浅层土体的不稳定性。所以应从综合角度出发,分析植被的固土护坡作用,选择适宜生态护坡的工况和植被类型,力求充分发挥生态护坡的优势。

参考文献

[1] 张玉昌,刘水,戴金水,等.裸露坡面植被恢复技术原理及在华南地区应用分析[C].// 2008 年边坡工程建设与防护绿化技术交流研讨会论文集,2008:77-84.

[2] 侍倩,刘文娟,王敏强.植被对坡面防护作用的机理分析及定量估算[J].水土保持研究,2004,11(3):126-129.

[3] 张季如,朱瑞康,祝文化.边坡侵蚀防护种植基的微观结构研究[J].水土保持学报,2002,16(4):159-162.

[4] 杨亚川,莫永京,王芝芳,等.土壤-草本植被根系复合体抗水蚀强度与抗剪强度的试验研究[J].中国农业大学学报,1996,1(2):31-38.

[5] Wischmeier W H. Predicting rainfall erosion losses: a guide to conservation planning [J]. Agriculture Handbook,1978,537.

[6] Tien H. Wu, William P. McKinnell Ⅲ, and, Douglas N. Swanston. Strength of tree roots and landslides on Prince of Wales Island, Alaska[J]. Canadian Geotechnical Journal,1979,16(1):19-33.

[7] 周德培,张俊云.植被护坡工程技术[M].北京:人民交通出版社,2003.

[8] 言志信,宋杰,蔡汉成,等.草本植物加固边坡的力学原理[J].土木建筑与环境工程,2010,32(2):30-34.
[9] 付海峰,姜志强,张书丰,等.植物根系固坡效应模拟及稳定性数值分析[J].水土保持通报,2007,27(1):92-94+98.
[10] 宋维峰,陈丽华,刘秀萍.林木根系的加筋作用试验研究[J].水土保持研究,2008,15(2):99-102+106.
[11] 汤万金,吴刚.矿区生态规划的思考[J].应用生态学报,2000,11(4):637-640.
[12] 周群华,邓卫东.植物根系固坡的有限元数值模拟分析[J].公路,2007(12):132-136.
[13] 汤劲松,刘松玉,童立元.植物根系的加筋作用对浅埋公路隧道施工稳定的影响[J].东南大学学报(自然科学版),2009,39(2):334-339.
[14] 晏益力,宋云.植物根系-土体的相互作用力学模型[J].湖南城市学院学报(自然科学版),2006,15(2):10-11,19.

第 3 章

直植型生态护坡

3.1 人工种草生态护坡

3.1.1 人工种草生态护坡简介

人工种草生态护坡,是通过人工在边坡坡面进行简单播撒草籽,草籽生长后形成草坪的一种传统边坡植物防护措施。护坡草坪生长速度快、根系发达,能很好地起到固土护坡作用,保护环境。

人工种草护坡具有施工简单、施工快、造价低廉等优点,但由于易出现草籽播撒不均匀、草籽易被雨水冲走、种草成活率低及见效慢等现象,工程质量难以保证,容易达不到满意的边坡防护效果,从而造成坡面表土流失、形成冲沟及表面坍塌的边坡灾害。

3.1.2 适用范围及施工方法

3.1.2.1 适用范围

人工种草生态护坡的适用范围主要包括以下几个方面:

(1) 边坡条件

人工种草生态护坡常用于适宜草类生长的土质边坡。当边坡土层不适宜种草时,可在坡面上先铺一层厚度为 5~10 cm 的种植土,使其与坡面牢固结合。

(2) 坡率

适用于高度不高、坡度较缓的边坡,坡度不宜陡于 1∶2,若边坡坡度陡于 1∶2,则在铺种植土前将边坡挖成台阶形。

(3) 水位

适用于常水位及以上水位。

3.1.2.2 施工方法

人工种草生态护坡的主要施工流程为:施工准备→种植土耕作→撒播草籽→养护管理→播后管理→定期养护。

(1) 施工准备

清除基体表面的浮土、松石、碎石、杂草、树根等杂物,修整坡面,做好测量工作,确定施工范围。

(2) 种植土耕作

种植土除满足盐分、pH 值要求外,还需质地疏松、有团粒结构、具有一定肥力。否则,土壤质地黏重,通气透水性能差,浇水后易板结,不利于植物生长。如果边坡表层土壤为生土或土层比较瘠薄,则不能直接用于植物种植,需要对土壤进行改良。土壤改良主要是结合原坡面土质情况,按比例混合营养土、种植土或土壤改良材料(如木屑、木纤维等,其目的是增加土壤肥力、渗透性和保持水能力,增加土壤的缓冲力,提供微生物活性和养分,便于根系生长、繁殖和穿插),回填 10~30 cm 厚种植土层。如原坡面土质可以满足草种生长需求,也可以待原土耕松后直接作为种植土使用,松土深度不小于 10 cm。

种植土摊铺一般采用轻型机械和人工整平结合进行施工。

(3) 撒播草籽

撒播前应将种植土耧细耙平,应保持坡面土壤湿润。根据气候条件,草籽撒播前 1~2 天,将草籽浸水。根据设计比例将浸泡好的草籽和混合料拌和,均匀地撒播在已备好的表土区内。

护坡草坪种子可以采用穴播或撒播的方式播种,穴播的成本高,但是种子成活率相对较高;撒播成本低,施工快,但种子成活率不如穴播。为了提高施工效率,通常采用撒播方式,可以采用机械或人工进行撒播作业,将种子均匀地撒在土壤中,做到撒播范围内全覆盖,并覆盖 3~5 mm 细土或按设计要求压种,然后进行浇水。

对于撒播,不同区域的播种时间选择很重要,比如南方温暖潮湿地区常年适于草种的发芽、生长,播种时间跨度长,选择范围大;北方寒冷干燥地区相对而言适宜播种的时间短,应选择在春季和夏末秋初播种,这样可以避开低温和高温的不利季节,避免在干燥的风季和暴雨季节播种。

(4) 养护管理

草籽撒播完工当天应及时用无纺布或稻草覆盖,防止种子被雨水冲走,从上到下平整覆盖,坡顶延伸 30 cm 固定;两幅覆盖材料搭接处宽度不少于 10 cm,然后用石块、竹筷等物体进行固定,固定间距不少于 100 cm,待草长到 5~6 cm 或 2~3 片叶时,揭去覆盖层。

(5) 播后管理

种子前期养护一般为 45 天,发芽期为 15 天。根据土壤肥力、天气情况、湿度等条件,酌情追施化肥并洒水养护。太阳照射强烈时,要在下午 4 点以后,才能进行洒水养护,避免晒伤草种,影响出苗。

(6) 定期养护

前期养护率宜为每天两次，早晚各一次，早晨应在10点之前完成，晚上应在16点之后开始，避免在强烈的阳光下进行喷水养护，以免造成生理性缺水和诱发病虫害。在高温、干旱季节，由于地面温度高，种子幼芽及幼苗容易被晒伤，每天应增加1~2次养护。中期以自然雨水养护为主，每月喷水两次并追施肥料，促苗转青。在整个养护期中，须注意病虫害的防治。

3.1.3 草籽播种量确定

边坡播种植物应综合考虑种子千粒重、发芽率、发芽势、净度、生长速度和岸坡岩性、朝向和坡率等立地条件确定播种量。

草籽播种量的确定可按以下公式计算：

$$W = G \times Q / (1\,000 \times T \times C \times D \times P \times R) \quad \text{（式3.1-1）}$$

式中：W ——植被种子的播种量，g/m^2。

G ——期望的种植密度，株$/m^2$。

T ——含种子层的基质层（土壤）厚度校正率，根据含种子的基质层（土壤）厚度对种子发芽和成苗的影响确定校正率。基质层（土壤）厚度为2~3 cm时校正率为1，随着基质层（土壤）厚度的增加，校正率相应降低。

C ——立地条件校正率，根据坡面土质、坡率、朝向等立地条件对种子发芽和成苗的影响确定校正率。坡度大于45°时校正率为0.7~0.9，阳坡校正率为优良程度时选取0.7~0.9，岩质坡面校正率为0.8~0.9。

D ——施工期校正率，根据施工时间对种子发芽和成苗的影响确定校正率。非季节施工期植物校正率为0.7~0.9。

P ——种子净度，%。

R ——种子发芽率，%。

Q ——种子千粒重，g。

3.1.4 施工质量控制

人工种草生态护坡施工质量控制要素有表土耕作深度和平整度、播种质量、播种密度、种子质量等。

(1) 表土耕作深度和平整度

宜对边坡进行表土耕作，深度不宜小于0.1 m，对于土层瘠薄的边坡可覆盖0.1~0.3 m厚的种植土，填铺后的平整度允许偏差为0~3 cm。

(2) 播种质量

撒播种子时,应做到撒播均匀、全覆盖。

(3) 播种密度

针对当地气候条件选择合适的草种进行播种。宜采用两种及两种以上种子混播,或单品种分区播种。播种密度应符合设计要求。

(4) 种子质量

种子发芽率应满足设计要求。

(5) 种植范围

种植范围内纵、横向尺寸的允许偏差为±0.2 m。

(6) 施工质量控制标准

施工质量控制主要参数见表3.1-1。

表3.1-1 人工种草护坡施工质量控制标准(参考)

单位工程名称				单元工程量	
分部工程名称				施工单位	
单元工程名称、编号				施工日期	年月日—年月日
项次		检验项目	质量要求	检验方法	检验数
主控项目	1	坡面清理	种植土配合比及厚度满足植被生长要求,填铺后的平整度允许偏差为0~3 cm	量测	每50~100 m² 测1次
	2	种子质量	符合设计要求	观察、测量及撰写种子发芽试验报告	每批次1次
	3	植被成活率	90%或符合设计要求	检测	每50~100 m² 测1次
一般项目	1	种植密度	符合设计要求	观察	全面
	2	种植范围	长度允许偏差±20 cm,宽度允许偏差±20 cm	量测	每20 m检查1处
	3	排水沟	符合设计要求	检查	全面

3.2 草皮护坡

3.2.1 草皮护坡简介

铺草皮是在工程中较常用的一种护坡绿化技术,是将培育的生长优良的草坪,用专用的起草皮机或平板铲机械铲起,形成草坪卷,运至需要进行施工绿化的坡面,然后将草坪卷重新铺植,使坡面迅速形成草坪。同人工种草护坡相比,草皮护坡具有以下特点:

(1)草坪成坪时间短

草种从播种到草坪成坪历经的时间较长,一般需要1～2个月,甚至更长。而采用铺草皮方法,可实现"瞬时成坪"。因此,对于急需形成植物防护的边坡来说,铺草皮是首选方法。

(2)护坡功能见效快

植被的防护作用主要通过地表植被覆盖效果和地下根系的力学加筋来实现,草坪在未成坪前对边坡基本没有防护作用。铺草皮可以即时实现草坪覆盖,依靠草皮的地表覆盖,在一定程度上可减轻雨水的溅蚀及坡面径流、减少水土流失,迅速发挥护坡作用。

(3)施工时间限制少

种子的发芽需要适宜的气候条件,冷季型草籽适宜播种的季节是早春和夏末秋初,最适宜的气温为 15～25℃;暖季型草籽最适宜的播种季节是春末秋初,适宜的气温为 20～25℃。在适宜季节以外的时间进行播种,草种的发芽率、生长情况都会受到影响。铺草皮则受此限制较小,除了寒冬季节外,一般其他时间都可施工。

(4)前期管理难度大

虽然铺设草皮具有诸多优点,但新铺的草皮也存在缺点,在前期容易遭受各种灾害,如缺水、病虫害、缺肥等,前期管理难度大。因此,对新铺草皮进行养护,必须加强前期管理。

3.2.2 适用范围及施工方法

3.2.2.1 适用范围

根据国内不同地区、不同类型边坡的草皮护坡应用经验,总结其适用条件主要包括以下几个方面。

(1) 适用地区

在我国各地区均可应用,但在干旱和半干旱地区应保证养护用水的持续供给。

(2) 边坡条件

基体岩性:各类土质边坡均可应用,强风化岩质边坡也可应用。

坡率及坡高:效率一般不超过 1∶1,局部可不陡于 1∶0.75;坡高一般不超过 10 m。

稳定性:边坡自身稳定。

(3) 施工季节

在春季、夏季和秋季均可施工,最适宜的施工季节为春、秋两季。

(4) 水位

适用于常水位及以上水位。

3.2.2.2 施工方法

草皮护坡施工工序为:整平坡面→准备草皮→铺设草皮→前期养护管理。

(1) 整平坡面

首先清除坡面所有石块及其他杂物,并进行边坡土层翻耕,深度不小于 10 cm。若土质不良,则须对土质进行改良,如增施有机肥或覆盖 10～30 cm 的种植土。然后耙平坡面,形成草皮生长床,铺设草皮前应轻振 1～2 次坡面,将松软土层压实,并洒水保持坡面湿润,铺草皮的理想土壤状态应是湿润而不潮湿。

(2) 准备草皮

草皮一般出自专门的草皮生产基地,需要提前在草皮基地将草皮起挖。起挖草皮前一天须对草皮浇水,这一方面有利于起挖作业,同时也可以保证起好的草皮卷中有足够的水分,不易破损,并防止运输过程中草皮失水。草皮可以分切成小方块或长条形,短边长度一般不小于 20 cm。草皮分切成小方块的,长宽一般为 30 cm×30 cm;分成长条形的,长宽一般为 200 cm×30 cm。草皮块厚度为 2～3 cm。为保证草皮和附带的土壤不破损,起出的草皮块须放在用 30 cm×30 cm 的胶合板制成的托板上,装车运至施工地点。采用长条形的草皮可卷成地毯卷,然后装车运输至施工地点。有条件的地方,可采用专门的起草皮机进行起草皮作业,这样起好的草皮块的质量将会大大提高,专业起草皮机作业,不仅作业速度快,而且所起的草皮厚度均匀,有利于铺设施工。

(3) 铺设草皮

铺设草皮时,把起运来的草皮块或草皮卷依次平铺在坡面上,可采用平铺、方格铺、叠铺或间铺等铺设方式。铺设时,草皮块之间应保留 5 mm 的缝隙,以防止草皮块在运输途中失水引起干缩,遇水浸泡后出现边缘膨胀现象。铺设完成后,在块与块之间的缝隙填入细土或种植土。铺设草皮时应尽可能地避免过分伸展和撕裂。若是随起随铺的草皮块,因草皮块不会失水或失水可忽略,则可紧密相接。铺设好的草皮在每块草皮四角用木质或竹质尖桩进行固定,桩长 20~30 cm,粗 2~3 cm,如图 3.2-1 所示。钉尖桩时,应尽量使尖桩与坡面垂直,尖桩露出草皮表面不超过 2 cm,如图 3.2-2 所示。待铺设草皮告一段落后,用木槌把草皮全面轻拍一遍,以便使草皮与坡面紧密贴合。在坡顶和坡面边缘铺设草皮时,草皮应镶嵌在坡面内,与坡缘衔接处应平顺,以防止坡面降雨水流沿草皮与坡面之间的间隙渗入使草皮下滑。草皮应铺至天沟或铺过坡肩 100 cm,坡脚采用砂浆抹面等做保护处理。

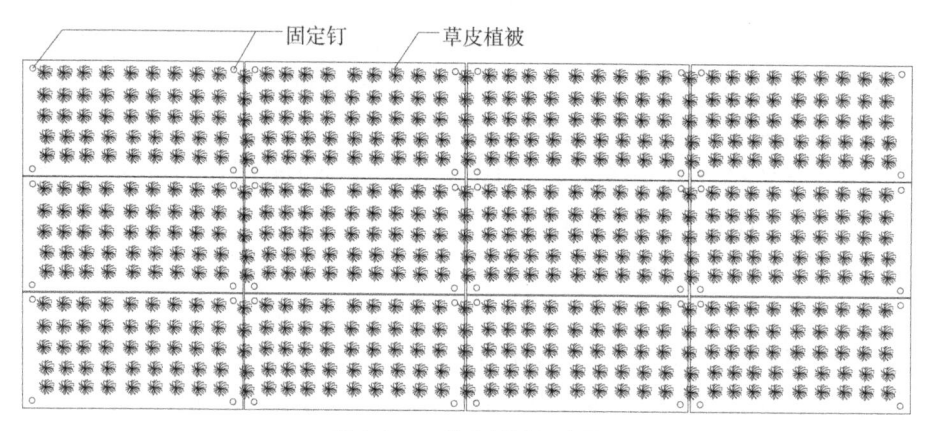

图 3.2-1 草皮铺设示意图

为节省草皮,同时充分利用草坪草分蘖和匍匐茎蔓延的特点,也可采用间铺法、点铺法、条铺法和匍匐茎法等铺设方法。

① 间铺法:草皮块分切成长方形或正方形的,铺设时按照一定的间距排列,如铺块式、棋盘式等。采用本方法铺设草皮时,需要在平整好的坡面上,根据草皮的形状和厚度,在铺设草皮设计区域先铲除一定土层,厚度同草皮厚度,然后将草皮镶入其中,使得草皮块铺设后与四周土面相平。经过一段时期生长,草坪匍匐茎向四周蔓延直至完全接合,覆盖坡面。

② 点铺法:点铺法是指草皮在坡面上不满铺,以间隔的方式铺设在指定位

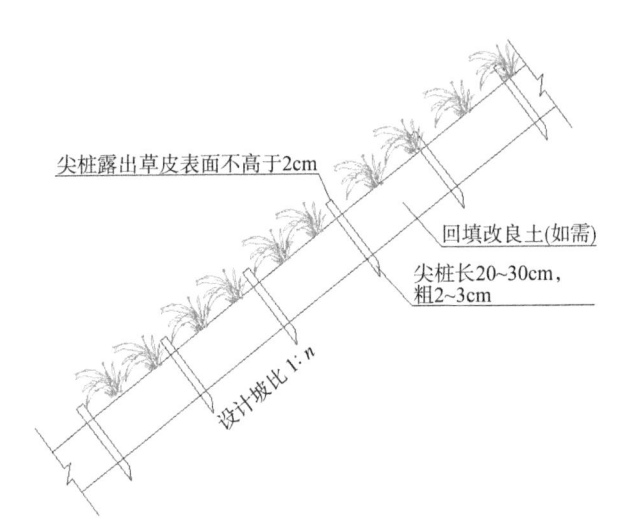

图 3.2-2　草皮护坡典型横断面示意图

置。此时,需在计划铺草皮的地方铲除与草皮厚度相同的土层,然后将草皮以 30~40 cm 间隙镶嵌入坪床,草皮的顶部与土层表面相平。本方法成坪时间较长,适合于匍匐茎和根茎较强的草种。

③ 条铺法:本方法是将草皮先切成 6~12 cm 宽的长条,然后将草皮条等间距铺设,条间距为 20~30 cm。铺设时,在平整好的坡面上,按草皮的宽度和厚度,在计划铺草皮的区域铲除土壤,然后将草皮镶入其中,铺设后保持与四周土层表面相平。历经大约半年后,草皮即可覆盖整个坡面。

④ 匍匐茎法:本方法是将植物种子先行泡发至发芽,然后将发芽的种子均匀地撒播在湿润的土表,撒播量为 $0.2\sim6.4\ g/m^2$,然后在坪床上铺盖一层表土,尽快轻微振压表土并灌溉,此法也称为撒播式蔓植。本方法主要适用于匍匐茎较强的植物品种,如细叶结缕草、狗牙根、匍匐剪股颖等。

(4) 前期养护管理

前期养护管理可以从浇灌、病虫害防治、修剪、追肥等方面进行。

① 浇灌:气候条件、降水量、土壤类型、水分蒸发量以及草坪生长情况的不同,决定了不同的灌水量和次数。土壤含水量是影响草坪草生长的主要因素,水分过多会引起根部缺氧、杂草滋生、病虫害加重及修剪难度增加;水分过少则会导致植物因缺水而萎蔫。一般来说,当5%的草坪草开始出现轻度萎蔫时,应立即进行灌溉,在表层土壤 20 cm 深度范围内田间持水量达到饱和状态时,应停止灌溉。灌水方式应采用喷灌强度较小的节水灌溉系统进行。

② 病虫害防治：病虫害防治采用"预防为主，防治结合"的原则。预防病虫害的常用杀菌剂有甲基托布津、百菌清、多菌灵等。危害草坪的害虫常见的有蜗虫、夜蛾类幼虫、蝼蛄、蛴螬、蚂蚁等食叶和食根害虫。当草苗发生病害时，应及时使用杀菌剂防治，常用的药剂有杀灭菊酯、杀虫双、多菌灵、代森锰锌、福美双、百菌清等。使用杀菌剂时，应掌握适宜的喷洒浓度，根据使用说明配制合理浓度的喷洒剂。为防止抗药菌丝的产生，可用几种效果相似的杀菌剂复合或交替使用。对于常发生的虫害，如蟑螂、地老虎、蝼蛄、粘虫等，可采用药物防治和生物防治相结合的综合防治方法，常用的杀虫剂是有机磷化合物杀虫剂。

③ 修剪：每次修剪时，原则上剪掉的部分应少于草坪草高度的1/3。修剪质量取决于所使用的剪草机类型、修剪时间、修剪方式等因素。修剪时要保持草坪剪草机刀片锋利，修剪速度适中，剪草机速度太快、转弯太急，都会造成草坪草损伤。同时，在高温、高湿季节时，清晨要避免修剪。当草坪草受到不利因素影响时，要适当提高修剪高度，以提高草坪草的抵抗能力。不同草种推荐的修剪高度见表3.2-1。

表 3.2-1　不同草种推荐的修剪高度

暖季型	冷季型	修剪高度(cm)
狗牙根 结缕草	匍匐剪股颖 细弱剪股颖	1.0～2.5
假俭草 地毯草 野牛草	紫羊茅 草地早熟禾 多年生黑麦草	2.5～5.0
巴哈雀稗 钝叶草	高羊茅 黑麦草	5.0～7.5

④ 追肥：为了保证草苗茁壮生长，在有条件的情况下，可以根据草皮生长需要及时进行追肥。不同的土壤和草坪植被品种所需肥料种类不同，应对土壤营养成分进行测定，并根据测定结果来进行施肥。通常来说，春、秋两季适合施加氮肥，夏季多以磷肥和钾肥施用为主。对于肥料类型，缓释肥料使用效果较好，在一定程度上可减少因大量施用速效肥料而造成的环境污染。草坪施肥量使用方案取决于草坪的草种组成、生长季的长短、对草皮质量的要求、天气状况、土壤质地、灌溉频率、草屑的去留以及草皮周围环境条件等因素，可根据这些因素的变化，实时调节施肥量。施肥时应采用机械喷撒的方式以保证施肥均匀。

3.2.3 施工质量控制

草皮生态护坡施工质量控制要素有草皮质量、草皮铺设质量、草皮覆盖率等。

(1) 草皮进场前应进行检疫,防止带虫带病进场,到达现场时不应出现脱水及干枯现象,质量应符合设计要求。

(2) 铺设时从坡脚向上逐排错缝铺设,按设计要求选择平铺、方格铺或叠铺等方式。

(3) 草皮铺设后,采用轻微滚压或拍打方式,使草皮与土壤紧密接触。

(4) 草皮切边时,斜切深度宜为 4～5 cm;草皮铺设范围内纵、横向尺寸的允许偏差为±20 cm。

(5) 草皮铺设覆盖率应满足设计要求,单块裸露面积不宜大于 25 cm^2,发生病虫害及有杂草的面积占比应不大于5%。

(6) 施工质量控制主要参数见表 3.2-2。

表 3.2-2 草皮护坡施工质量控制标准(参考)

单位工程名称				单元工程量	
分部工程名称				施工单位	
单元工程名称、编号				施工日期	年月日—年月日
项次		检验项目	质量要求	检验方法	检验数
主控项目	1	坡面清理	种植土配合比及厚度满足植被生长要求,填铺后的允许偏差为±3 cm	量测	每 50～100 m^2 检测1处
	2	草皮质量	符合设计要求,草皮长宽尺寸基本一致,厚度均匀,杂草面积不超过5%,草高适度,根系好,草芯鲜活	观察	按面积抽查 10%,4 m^2 为一点,不少于5 个点。面积小于30 m^2 应全数检查
	3	植被成活率	90%或符合设计要求	检测	每 50～100 m^2 测1次
一般项目	1	种植密度	符合设计要求	观察	全面
	2	种植范围	长度允许偏差±20 cm,宽度允许偏差±20 cm	量测	每 20 m 检查1处
	3	排水沟	符合设计要求	检查	全面

参考文献

[1] 周德培,张俊云.植被护坡工程技术[M].北京:人民交通出版社,2003.
[2] 中国水利工程协会.水利水电工程生态护坡技术规范:T/CWEA 19—2023[S].北京:中国水利水电出版社,2023.
[3] 中华人民共和国农业部.草皮生产技术规程:NY/T 1175—2006[S].北京:行业标准信息服务平台,2006.

第 4 章

附着型生态护坡

4.1 液压喷播植草护坡

4.1.1 液压喷播植草护坡简介

在边坡绿化防护工程中,喷播是一种典型的生态防护施工技术。液压喷播植草是将草籽、木纤维、黏合剂、保水剂、染色剂、肥料等与水的混合物通过专用喷播设备喷射到预定建植区域的一种高效绿化技术。由于喷出的含有草籽的黏性悬浊液具有明显的颜色和很强的附着力,喷射时不容易产生遗漏和重复现象,可以均匀地将草籽喷播到目标位置。该技术在良好的温度和湿度条件下,可以使草籽迅速萌芽,快速发育成为草坪。

液压喷播技术使播种、覆盖等多种工序一次性完成,大大提高了护坡建植的施工效率,同时可以避免自然条件的不利影响,满足不同自然条件下边坡建植的需要,此项技术逐渐应用于水利、铁路、公路等边坡绿化工程。我国于20世纪90年代引进了液压喷播技术,经过多年发展完善,已在工程中得到广泛应用。

4.1.2 适用范围及施工方法

4.1.2.1 适用范围

根据液压喷播植草护坡在国内不同地区、不同类型边坡的应用经验,初步确定其适用条件包括以下几个方面。

(1) 适用地区

全国各地区均可应用,但在干旱、半干旱地区应保证养护用水的持续供给。

(2) 边坡条件

基体岩性:一般适用于土壤肥沃、湿润且侵蚀轻微的土质边坡,岩土质边坡经处理后可用。

坡率:常用坡率一般为 1:2.0~1:1.5,坡率超过 1:1.2 时应增加挂网措施。

坡高:每级高度不超过 10 m。

稳定性:边坡自身稳定。

(3) 水位

适用于常水位及以上水位。

4.1.2.2 施工方法

液压喷播技术是以水为载体的植被建植技术:将配制好的植物种子(或可以发芽萌生的部分植物体)、木纤维、肥料、保水剂、染色剂、土壤稳定剂等与水充分混合后,再用高压喷枪均匀地喷射到土壤表面。喷播后的混合物在土壤表面形成一层膜状结构,能有效地防止种子被冲刷,并保证在较短时间内植株迅速覆盖地面,以达到稳固边坡和绿化、美化山体的目的。

液压喷播施工工艺流程主要为:坡面平整→排水设施施工→混合材料拌制、挂网(如需)→液压喷播→覆盖土工布→养护管理。液压喷播施工工艺流程如图 4.1-1 所示。

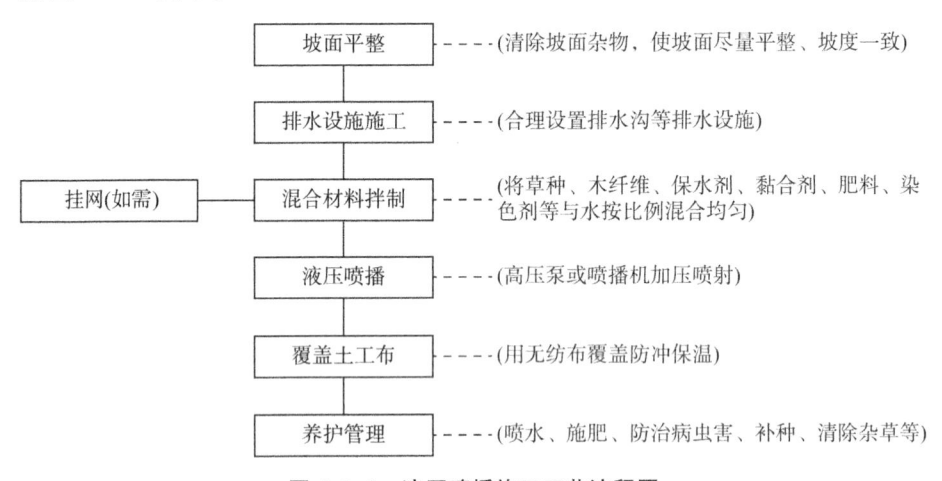

```
坡面平整 ---- (清除坡面杂物,使坡面尽量平整、坡度一致)
       ↓
排水设施施工 ---- (合理设置排水沟等排水设施)
       ↓
挂网(如需)—混合材料拌制 ---- (将草种、木纤维、保水剂、黏合剂、肥料、染色剂等与水按比例混合均匀)
       ↓
液压喷播 ---- (高压泵或喷播机加压喷射)
       ↓
覆盖土工布 ---- (用无纺布覆盖防冲保温)
       ↓
养护管理 ---- (喷水、施肥、防治病虫害、补种、清除杂草等)
```

图 4.1-1 液压喷播施工工艺流程图

(1) 坡面平整

坡面采用人工细致整平,清除所有的植物、树根、岩石、塑料及其他垃圾等杂物。对于土质条件差、不利于草种生长的坡面还应回填客土改良土质,回填客土厚度为 5~8 cm 为宜,并用水润湿让坡面逐渐自然沉降至稳定。若边坡表层土壤 pH 不适宜,还须改良土壤酸碱度,土壤 pH 的改良作业一般应在播种前一个月进行,以增强改良效果。为防止喷后杂草丛生,可根据当地易生杂草种类喷洒除草剂,一般在喷播混合料前 7~10 天喷洒。为方便草种的扎根生长,应在坡面上等高开挖宽度约为 20 cm 的横沟。喷播前最好能喷足底水,以保证植物生长。

(2) 排水设施施工

边坡排水系统的设置是否完善和合理直接影响到边坡植被的生长环境,对于长大边坡、坡脚、坡顶及平台均须设置排水沟,并应根据坡面水流量大小考虑是否在坡面设置排水沟,一般坡面排水沟横向间距为40~50 m。

(3) 混合材料拌制

将适合当地土壤、气候条件的草籽、木纤维、黏合剂、保水剂、肥料、染色剂等与水按比例混合搅拌均匀。水和纤维物质的用量将直接影响喷播混合液的稠度和喷播面积。根据检测的土壤肥力状况,配备植物种子萌发和幼苗前期生长所需要的营养元素,一般采用多元复合肥进行调节。

(4) 挂网(如需)

当有冻土层或坡率大于1∶1.2时,喷播前应增加挂网措施。在边坡顶部挂网时,岩质边坡外延长度一般应大于1.50 m,土质边坡外延长度应大于3.0 m。

挂网可以采用树脂网、镀锌金属网、塑料网等,网孔直径宜为3~6 cm,挂网搭接宽度宜为0.10~0.15 m,挂网与基体表面间距宜为喷播厚度的2/3。

挂网的锚钉宜采用镀锌钢筋,强度等级不宜低于HPB300,直径不宜小于12 mm,入土(岩)长度一般不小于0.50 m。

在铺设网具前,先在坡顶施工一排主锚件,主锚件可以为铁质或木质,其中铁质主锚件采用直径为25 mm的圆钢,长度依据坡面情况调整,一般为30~70 cm;木质主锚件采用直径为35 mm以上的硬质木桩,长度不小于20 cm,主锚件的端部应做锐化处理。

挂网作业应自上而下顺坡进行,先铺设挂网,再钻孔植锚钉,锚钉应垂直坡面或向上倾斜15°。网具拉紧至坡底,用锚杆与网具绑扎固定连接,然后铺设下一幅网具。两幅网具搭接宽度应不少于一个网眼,用铁丝扎紧,两网之间空隙也应扎紧。对于锚固要求高的坡面,宜灌浆后再进行固定绑扎。

(5) 液压喷播

喷播方式一般采用多种植物类别混播;有特殊要求时,可选择单一植物喷播。

采用高压泵或喷播机加压,将混合材料均匀地喷射到土壤表面,形成一层满足设计要求的膜状结构,土质边坡、土石混合边坡喷播厚度通常为5~12 cm。

混合料喷播时应从正面喷射,避免仰喷;采用先上后下、先难后易的方式分片分区喷播;喷射厚度应均匀,对于凹凸部和死角不得漏喷,分区部分避免重叠喷播和遗漏。

喷射一般分三到五次进行,首先喷射2~3 cm厚不含种子的营养基材,再喷 3~4 cm 厚的中层基盘,最后喷含种子的培养基,含种子层厚度宜为 1 cm,播种量一般为 20~41 g/m²。喷播完后,网具被基材覆盖的面积应超过 70%~80%。

喷播作业宜在坡面浸润结束后 3 小时内完成,混合料宜在拌和后 6 小时内完成喷播。液压喷播作业如图 4.1-2 所示。

图 4.1-2　液压喷播作业

（6）覆盖土工布

为了使草种免受雨水冲刷,实现保温、保湿的效果,在喷播完成后应加盖无纺布,促进草种的发芽生长,也可用秸秆编织席、稻草进行覆盖。待植被生长到高度约 5 cm 时,应及时揭去覆盖层,以免阻碍植物生长。

（7）养护管理

洒水养护:根据不同的季节、土壤湿度、苗木种类确定浇水次数和浇水量,做到适时、适量以保持土壤湿润,促进灌草种子发芽、全苗和齐苗。洒水养护时用高压喷雾器使养护水形成雾状并均匀地湿润坡面,喷水时注意控制好喷头移动速度及与坡面的距离,保证无高压射流水冲击坡面形成坡面径流。养护时间根据坡面植被生长情况而定,一般不少于 45 天。

病虫害防治:病虫害的防治可采用综合防治、物理综合防治、化学防治、生物防治及物理人工防治的方法。必要时定期喷洒广谱药剂。

追肥:应根据植物生长需要及时进行追肥,追肥分为春肥(一般在 3~4 月)和冬肥(一般在 10~11 月)两次。

及时补播:草种发芽后,应及时对稀疏无草区进行补播。

液压喷播工程效果如图 4.1-3 所示。

图 4.1-3　液压喷播工程效果图

4.1.3　施工质量控制

液压喷播植草护坡施工质量控制要素主要有种子发芽率、植生混合料配合比及厚度、密度、草皮覆盖率等。

施工质量控制主要参数见表 4.1-1。

表 4.1-1　液压喷播植草护坡施工质量控制标准（参考）

单位工程名称			单元工程量	
分部工程名称			施工单位	
单元工程名称、编号			施工日期	年月日—年月日
项次	检验项目	质量要求	检验方法	检验数
主控项目	1　种子	种子发芽率70%	试验	每批次1次
	2　种子密度	20～41 g/m²	检验	每50～100 m²抽检1次
	3　植生混合料配合比及厚度	组分配合比满足植被生长要求，喷播后的允许偏差为±10 mm	试验量测	每个分部试验1次/每50～100 m²抽检1次
	4　挂网质量（如有）	具有出厂证明及质量合格证，强度、防腐、尺寸满足设计要求	检查测验	每200 m²抽检1次，不少于3次
	5　锚钉质量（如有）	具有出厂证明及质量合格证，强度、防腐、尺寸满足设计要求	检查	总量的1%，且不少于3个
	6　植被成活率	90%或符合设计要求	检测	每50～100 m²抽检1次

续表

项次		检验项目	质量要求	检验方法	检验数
一般项目	1	种植范围	长度允许偏差±30 cm,宽度允许偏差±20 cm	检测	每20 m检测1处
	2	岸坡预处理	无浮石、浮土、洞穴等危害边坡稳定因素,坡面平整允许偏差为0~3 cm	量测	每50~100 m² 检测1处
	3	混合料配合比及厚度	组分配合比满足植被生长要求,喷播后的允许偏差为±1 cm	试验量测	每个分部试验1次/每50~100 m² 检测1处

4.2 客土喷播植草护坡

4.2.1 客土喷播植草护坡简介

客土喷播是从国外引进的一项适合在贫瘠土及石质边坡上进行植被建植的技术。客土喷播技术将稳固剂、种植土及各种添加材料按比例配制成混合土,将混合土喷射到坡面形成一定厚度的固土层,再将植物种子与稳固剂及其他所需材料配制成泥浆,喷洒到坡面。混合基质性质统一,直接为植被提供了生长基础,复绿速度相对较快,形成的群落也具有更好的稳定性,景观效果较好。

客土喷播与一般的液压喷播最明显的区别在于,它可以在土壤比较贫瘠、高硬度的坡面上进行绿化施工。客土喷播植草技术能够在绿化比较困难的坡面,通过人工恢复植物生长所需的土壤层,使裸岩和土石坡面植被的恢复成为可能;在风化岩或陡峭边坡,须配合挂网、骨架格构或者两者结合的措施进行施工,既增加了边坡稳定性,又达到了绿化的目的。该技术具有综合性强、技术专业要求高、可机械化施工、施工效率高等特点。

4.2.2 适用范围及施工方法

4.2.2.1 适用范围

(1) 适用地区

在我国各地区均可应用,但在干旱和半干旱地区应保证养护用水的持续供给。

(2) 边坡条件

基体岩性:对基层的要求不高,土质、岩土质边坡均可使用。

坡率及坡高:坡率一般不超过 1∶1,坡高一般不超过 10 m。

稳定性:边坡自身稳定。

(3) 水位

适用于常水位及以上水位。

(4) 客土喷播技术推荐组合

对于受自然因素影响易产生破坏的边坡坡面,具体应根据气候条件、边坡高度、坡率、岩土性质、水文地质条件、水土保持、环境保护要求、施工条件等因素,根据表 4.2-1,经技术经济比较后,选择适宜的防护措施。坡率大于 1∶1 的岩质边坡不宜选用高大乔木类植被,宜选用低矮灌木、草本类植被。

表 4.2-1　坡面喷播固土技术推荐表

边坡类型		固土技术	客土厚度(cm)	绿化类型
坡度	坡质			
缓坡	土质	铺网	0.3～3.0	乔灌草、灌草、草本
	土石质		2.0～8.0	
	岩质		6.0～20.0	
急坡	土质	铺网/骨架格构+铺网	0.3～3.0	乔灌草、灌草、草本
	土石质		2.0～8.0	
	岩质		6.0～20.0	
陡坡	土质	骨架格构+铺网/隔挡	0.3～3.0	乔灌草、灌草、草本
	土石质		2.0～8.0	
	岩质		6.0～20.0	
特陡坡	岩质	隔挡+其他固土技术	10.0～30.0	灌草、草本

对于特陡坡,应将隔挡和其他固土技术联用;灌溉宜采用自动灌溉和施肥装置相结合的方式确保植物的水分和养分供给。

4.2.2.2　施工方法

客土喷播植草护坡施工工艺流程主要为:施工准备→坡面平整、截排水设施施工→锚杆(锚钉)施工→铺设网栅(骨架格构施工)→固定网栅并绑扎→混合材料(基材)拌制→混合材料喷射→种子基材拌制→种子基材喷播→覆盖土工布→养护管理(见图 4.2-1)。

```
施工准备
   │
   ▼
坡面平整、截排水设施工 ----- (清除坡面杂物,使坡面尽量平整、坡度一致,合理设置截排水设施)
   │
   ▼
锚杆(锚钉)施工 ----- (岩土体稳定性较好,锚杆可以取消,改用锚钉)
   │
   ▼
铺设网栅(骨架格构施工) ----- (对于风化岩边坡,须配合挂网或骨架格构)
   │
   ▼
固定网栅并绑扎
   │
   ▼
混合材料(基材)拌制 ----- (将稳固剂、种植土、复合肥、有机肥、天然纤维等按比例混合均匀)
   │
   ▼
混合材料喷射 ----- (专门喷播机喷射)
   │
   ▼
种子基材拌制
   │
   ▼
种子基材喷播
   │
   ▼
覆盖土工布 ----- (用无纺布覆盖,防冲保温)
   │
   ▼
养护管理 ----- (喷水、施肥、防治病虫害、补种、清除杂草等)
```

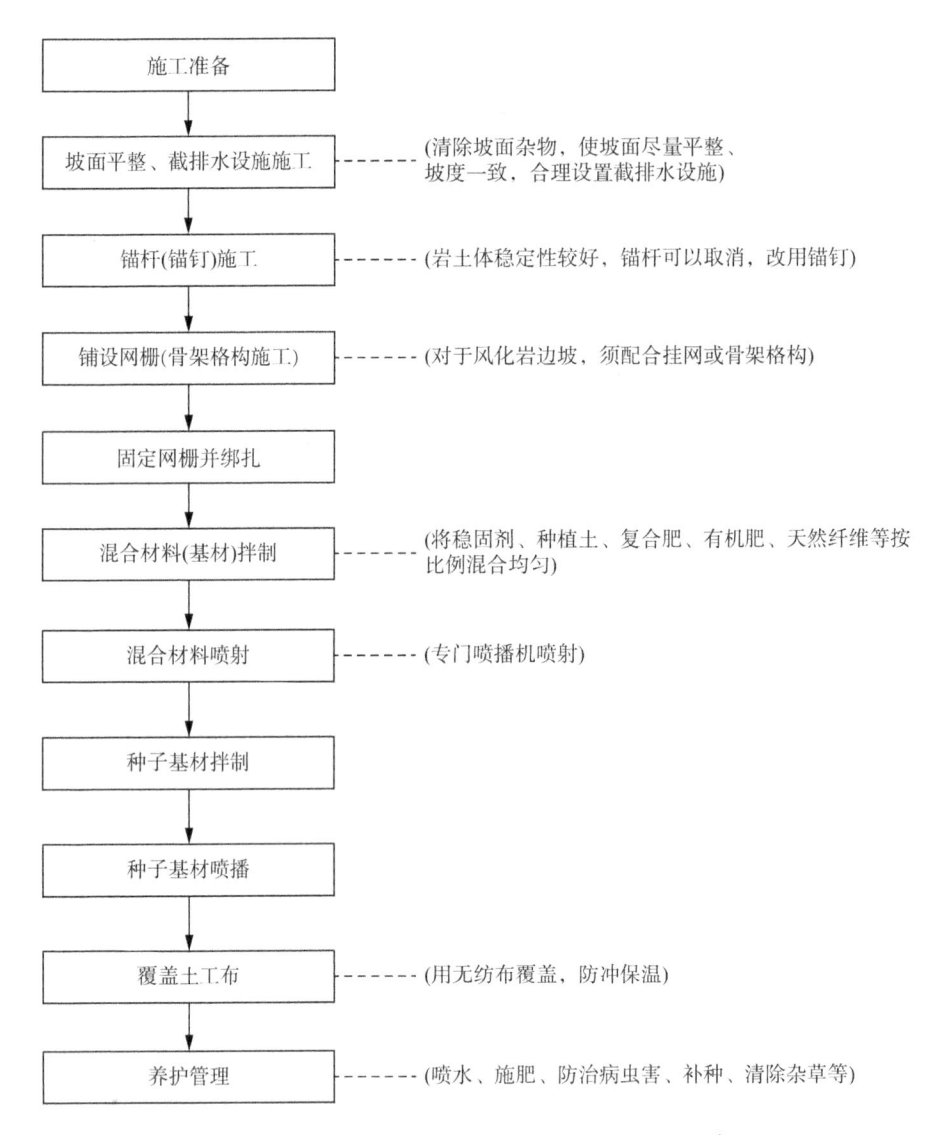

图 4.2-1　客土喷播植草护坡施工工艺流程图

（1）施工准备

施工前,应全面熟悉设计文件和设计交底,掌握工程的难重点、工期、质量和安全等要求,组织相关人员进行现场实勘,充分了解周围环境、水源、土源、电源、道路交通、堆料场地和生活设施位置等工程现场施工条件。对施工区域进行定位测量。

(2) 坡面平整、截排水设施施工

及时清除坡面危石、浮石等,整平边坡至设计坡面,做到平整后的坡面倾斜度一致,无大的石头突出,无其他杂物存在。对于有松动岩石的坡面,一般采用人工方法对坡面的浮石、浮土等进行清理;遇到凹凸不平的硬质岩石坡面,采用风凿进行凿除施工。平整后坡面的凹凸度控制在±10 cm左右,使其有利于基材和岩石表面的自然结合。

坡面修整时要注意以下几点:

① 坡面修整时应自上而下、分段施工,不应上下交叉作业;

② 对于较疏松的岩土混合质边坡,应对坡面进行压实,确保坡面稳定;

③ 对于比较光滑的边坡,应在坡面上打小穴或横向开槽,增加其粗糙程度,以增加网栅和泥浆在坡面上的附着力,防止泥浆层下滑。

边坡修整后,进行设施施工,坡顶与坡脚处应开挖排水沟,分级边坡应设有碎落台与排水沟,坡面应设有纵向排水槽。

(3) 锚杆(锚钉)施工

锚杆的设置应兼顾边坡稳定,宜采用大直径钢筋或锚索,做好防腐处理,施工时要求垂直坡面或与坡面呈向上15°倾斜,深度视岩土体潜在滑面位置而定。若岩土体稳定性较好,可不用锚杆而改用锚钉固定网栅。锚钉宜选用FRP、钢筋、木楔或竹楔,采用长锚钉与短锚钉交错排列,长15~40 cm,横向及纵向间距宜为0.5~1.5 m。

(4) 铺设网栅(骨架格构施工)

将网栅沿坡面顺势铺下,铺设时应拉紧。网栅宜采用高强塑料加强土工网或高镀锌菱形铁丝网,或使用双向土工格栅,网孔直径宜为3~6 cm。

边坡挂网时,岩质边坡顶部外延长度不宜小于1.5 m,土质边坡顶部外延长度不应小于3.0 m。网栅在沟槽内的埋深不应小于0.4 m并充分压实;网垫之间的搭接宽度不应小于5 cm;网栅采用U形销钉固定在相应的坡面上,销钉间距约为1.5 m。挂网与基面间距宜为喷播厚度的2/3。见图4.2-2、图4.2-3。

(5) 固定网栅并绑扎

网栅铺平整顺后,用长锚钉及短锚钉将网自下至上依次固定。锚杆(锚钉)固定时,应使网贴紧坡面,避免出现空网包。

(6) 混合材料(基材)拌制及喷播

用粉碎机、筛土机对客土进行筛分处理,确保土壤最大粒径不大于10 mm,以防在喷播过程中出现大颗粒土壤堵管现象。

图 4.2-2　挂柔性防护网示意图

图 4.2-3　挂金属防护网示意图

混合材料(基材)主要包括种植土、稳固剂、有机肥、复合肥、天然纤维等。混合材料(基材)采用搅拌机拌和均匀,再加入水进行拌和,搅拌好的基材应及时施工。

喷播前先对待喷播的坡面进行洒水润面至坡面微湿。利用喷播机将混合均匀的基材沿坡面从上至下按次喷播,可以分一次或多次喷射。喷射应尽可能正面进行,死角及凹凸部位要充分喷射,避免漏喷或重复喷射。施工时要根据边坡的岩性,合理调整喷射厚度,以保证客土能提供植物生长所需的足够水分和养分。

搅拌机拌制混合材料(基材)见图 4.2-4,客土喷播前后对比见图 4.2-5。

图 4.2-4　搅拌机拌制混合材料(基材)

喷播含有花草种子的基材　　　　　　喷播后的坡面

图 4.2-5　客土喷播前后对比

(7) 种子基材拌制及喷播

按照一定的配比方案,将种子与基材拌和均匀。边坡的草籽与基材配比应以喷播植草设计为准,并根据不同气候特点和土壤性质对灌木与草本种子比例作相应调整。

以山东为例,种子和基材配比可参考表 4.2-2 中的比例进行配制。

表 4.2-2　客土喷播法材料参考配比(基材厚度 10 cm)

材料名称	单位	每平方米配比量
种植土	m^3	0.08
植物种子	g	65～85
复合肥	g	50

续表

材料名称	单位	每平方米配比量
有机肥	m³	0.02
稳固剂	g	350~450
天然纤维	m³	0.02

注：本表的喷播基材平均厚度按 10 cm 计算，厚度可达 30 cm，除种子外各材料可按表格数据等比例放大。

植物种子使用前应测定发芽率，对于不宜发芽的植物种子喷播前应进行催芽处理。采用喷播机将基材喷射至坡面，基材喷播后 3 天内应完成基材种子喷播。

工程实践表明，分层喷播比一次性喷播的绿化效果好、成本低。首先喷播不含植物种子的基质底层，喷播厚度以 8～10 cm 为宜；第二次喷播含植物种子的种子层，喷播厚度以 3～5 cm 为宜，该层喷播常在喷播基质底层完成并风干几个小时后进行。

(8) 覆盖土工布

喷射完成后，及时覆盖无纺布可防止雨水冲刷、阻滞种子流失或在坡面上移动，也可部分防止水分蒸发，起到保温、保湿的作用。覆盖时注意不露边口，无纺布搭接宽度为 10～15 cm，保持表面平整，用竹钉或木桩固定无纺布，两端用土压埋稳固。待植物生长高度约 5 cm 时，应及时揭开无纺布，以免阻碍植物生长。

(9) 养护管理

喷播完成之后，应定期进行养护，养护管理应包括以下内容：

① 在养护前期应保持坡面表层湿润至草种全苗、齐苗；干旱季节，应适当增加浇水次数，雨季可适当减少；浇水时宜将水滴雾化，随植物的生长可逐渐减少浇水次数，并根据降水情况调整；中期主要依靠自然降水养护，中、后期遇干旱浇水应遵循"多量少次"的原则。

② 养护用水 pH 应为 6~8，严禁用海水、盐碱水、污水浇灌。

③ 6 周以后，根据植被生长情况可采取相应的施肥措施，施肥可与浇水同时进行，肥料的使用应符合《化肥使用环境安全技术导则》（HJ 555—2010）的规定。

④ 病虫害防治以预防为主，如不能预防，发现后要及时整治，应采用对环境影响较小的防治措施。

⑤ 施工完成 1 个月后，应调查植物生长情况，如种子萌发率或苗木成活率过低，应进行人工补种，其中空白面积比较大的要进行再喷播，面积较小的进行人工补种。

客土喷播典型断面及客土喷播植草护坡施工效果见图 4.2-6、图 4.2-7。

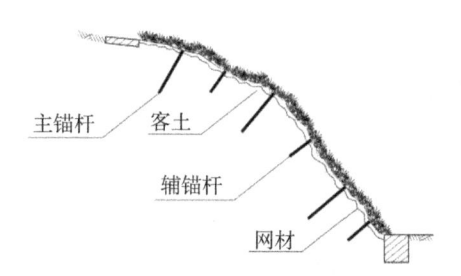

图 4.2-6　客土喷播典型断面结构图

喷播 4 个月后　　　　　　　　　　喷播 1 年 3 个月后

图 4.2-7　客土喷播植草护坡施工效果图

4.2.2.3　主要施工机械设备

主要施工机械包括空压机、喷播机、铲车、搅拌机、抽水机等，其他则选择常规绿化设备。主要设备各自作用如下。

(1) 空压机：用来压缩气体的设备，是将动力机的机械能转换成气体压力能的装置。

(2) 液压喷播机：利用离心泵把混合土通过软管输送喷播到坡面，形成均匀覆盖层。

(3) 铲车：用于配合搅拌批量混合土样、铲运及装载。

(4) 搅拌机：用于搅拌批量混合土样。

(5) 抽水机：主要用于施工用水。

4.2.3　施工质量控制

客土喷播植草护坡施工质量控制要素有混合材料配合比、稳固剂、种植土、草种、肥料、天然纤维等。

（1）混合材料配合比

客土喷播的主要材料包括种植土、稳固剂、种子、有机肥、复合肥、无纺布、天然纤维、锚杆、网栅等。

（2）稳固剂

稳固剂选用应满足下列规定：

① pH 值＝6～7，低黏度，可溶于水。

② 能够增强岩土体颗粒间的黏结性，无污染，适宜植被生长，改良土有较好的水稳性。

③ 应选用成熟可靠的稳固剂，如 PAS 型稳固剂，新型的稳固剂应经过试验鉴定后再进行使用。

（3）种植土

种植土应符合现行国家标准《土壤环境质量　农用地土壤污染风险管控标准》（GB 15618—2018）的有关规定，可选用黏性黄壤、红壤等。选用时应剔除碎石、杂草等杂物，土粒径不小于 2 cm，含水量不低于 30%，使用前宜对土壤进行消毒。

（4）草种

草种应根据当地气候条件、播种季节的降雨量、植物生长特点等因素进行选择，应符合下列规定：

① 宜选择种子、营养体轻重适中、大小适中等适宜喷播的植物种。

② 草本植物种子质量应不低于《禾本科草种子质量分级》（GB 6142—2008）中规定的二级质量标准。

③ 木本科植物种子质量应不低于《林木种子质量分级》（GB 7908—1999）中规定的二级质量标准。

（5）肥料

复合肥各项理化指标应符合现行国家标准《复合肥料》（GB/T 15063—2020）的有关规定，有机肥指标须满足《有机肥料》（NY/T 525—2021）标准，有条件情况下可添加泥炭。

（6）天然纤维

天然纤维宜选用麦秸、木纤维以及发酵处理后可抗虫害的锯木屑等，有条件情况下可添加椰粉。

(7)施工质量控制标准

施工质量控制主要参数见表4.2-3。

表4.2-3 客土喷播植草护坡施工质量控制标准(参考)

单位工程名称				单元工程量	
分部工程名称				施工单位	
单元工程名称、编号				施工日期	年月日—年月日
项次		检验项目	质量要求	检验方法	检验数
主控项目	1	种子	发芽率70%	试验	每批次1次
	2	种子密度	20~41 g/m²	检验	每50~100 m²抽检1次
	3	植生混合料配合比及厚度	组分配合比满足植被生长要求,喷播后的允许偏差为±10 mm	试验量测	每个分部试验1次/每50~100 m²抽检1次
	4	挂网质量	具有出厂证明及质量合格证,强度、防腐、尺寸满足设计要求	检查测验	每200 m²抽检1次,不少于3次
	5	锚钉质量	具有出厂证明及质量合格证,强度、防腐、尺寸满足设计要求	检查	总量的1%,且不少于3个
	6	总覆盖率	≥85%	量测检查	不少于总面积的0.2%
	7	均匀度	>80%	量测检查	不少于总面积的0.33%
	8	总密度	满足设计要求	量测检查	全面
	9	植被成活率	90%或符合设计要求	检测	每50~100 m²抽检1次
一般项目	1	种植范围	长度允许偏差±30 cm,宽度允许偏差±20 cm	检测	每20 m检测1处
	2	坡面清理	坡面无树根、塑料等杂物,坡面平整,允许偏差为0~3 cm	量测	每50~100 m²检测1处
	3	排水沟	符合设计要求	检查	全面

4.3 喷混植生护坡

4.3.1 喷混植生护坡简介

喷混植生护坡技术综合利用工程力学、环境学、水利学、植物学、生物学、生态学、材料学、美学、化学、土壤学等知识,利用客土掺混黏合剂和锚杆加固铁丝网技术,优选植生草种,运用特制喷混机械将种植土壤、肥料、绿色基材、有机物质、pH缓冲剂、保水材料、黏结材料、植物种子等混合干料加水搅拌后喷射到岩面上,形成多孔透水混凝土为加固硬化体。这个硬化体中有足够的孔隙,为植物发芽、生根、生长提供空间,依靠多种生物土壤基质提供生长养分,形成植物根系生长条件,而一定程度的硬化又可防止雨水冲刷,形成有工程结构和生态植物联合防护系统的护坡技术,从而达到恢复植被、改善景观、保护环境的目的,有效保障了植物防护的质量。同时,喷混植生技术还能够起到边坡加固的作用,为边坡制造了牢固的保护网,让边坡不受外界自然环境的侵蚀,是当前工程裸露岩石边坡生态修复的最新模式,是一种岩石边坡工程防护与生态绿化并重的新技术。

4.3.2 适用范围及施工方法

4.3.2.1 适用范围

(1) 适用地区

在我国各地区均可应用,但在干旱和半干旱地区应保证养护用水的持续供给。

(2) 边坡条件

喷混植生技术可分为挂网喷混和不挂网喷混二种,其具体适用范围应满足下列要求:

① 挂网喷混植生护坡技术适用于坡度 45°~70°,且绿化覆盖率要求大于 90% 的岩质陡坡的快速绿化;

② 不挂网喷混植生护坡技术适用于不大于 45° 的坡度,且绿化覆盖率要求不高(60% 以上)的岩质斜坡或陡坡绿化。

(3) 水位

适用于常水位及以上范围。

4.3.2.2 施工方法

喷混植生护坡技术一般与边坡支护相结合,其结构分为工程结构和植生结构。为了使有机基层与坡面更好的结合,可以先在坡面上铺挂一层经过防锈防腐处理的铁丝网,起到"加筋"的作用,然后在有机基层上进行喷播种子、栽植灌木等绿化防护措施,形成挂网喷混植生护坡。

喷混植生技术的作业方式分为干式喷射和湿式喷射两种。干式喷射是用混凝土喷射机将干拌合料压送至喷嘴处,在喷嘴处再与水混合后喷出。其具有喷射设备简单、费用低,能进行远距离压送,喷射脉冲现象少的优点;但存在粉尘多、工作条件不好、设备油耗高、施工效率较低的缺点;雨天不能施工,容易引起堵管现象;施工质量取决于操作人员的熟练程度。湿式喷射是用泵式喷射机将已经加水拌合好的混凝土拌合物压送至喷嘴处,在喷嘴处再加入速凝剂,在压缩空气的推动下喷出。其具有喷射粉尘少、回弹少、工作效率高、节省能源、施工质量易保证等优点;但存在施工设备较复杂、有脉冲现象等缺点。

本章节以挂网湿式喷混植生技术为例,针对施工方法进行说明,具体施工工艺流程见图 4.3-1。

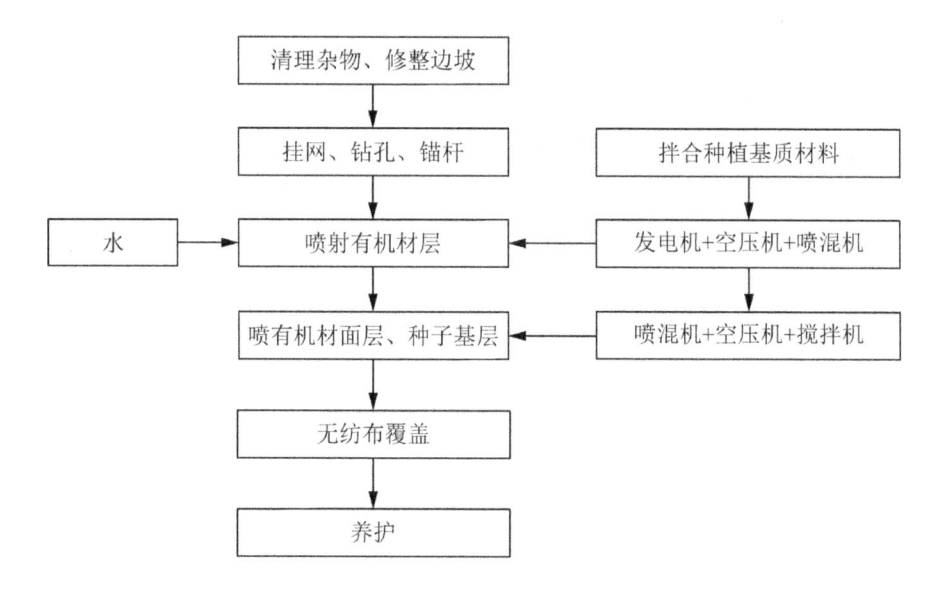

图 4.3-1 喷混植生护坡施工工艺流程图

(1) 清除杂物、修整边坡

施工前应将坡面的浮渣等杂物清理干净,同时对边坡作简易修整。当边坡表面有些凹凸不平时,只要边坡不影响挂网就可以不进行修整。对于特别凸的地方应用工具进行凿除整平,保证边坡的稳定性和挂网的可操作性,坡面尽量平顺,对基岩面进行冲洗湿润。

(2) 挂网、钻孔、锚杆锚固

当坡面较陡时,需要在坡面上铺挂铁丝网进行防护,防止坡面坍塌。铁丝网可选用机编镀锌或过塑网。具体操作方法为:将铁丝网沿坡面自上而下顺势铺设,铺设时应拉紧挂网网面,铺整顺后用锚杆或锚钉将铁丝网固定。坡度越大,对挂网、锚杆要求越高。坡顶与网的搭接长度和网片间的搭接长度按设计标准执行。

挂网施工中应符合以下要求:

① 将铁丝网沿坡面自上而下顺势铺设,铺设时应拉紧网面,用钻机在坡面上打孔,沿坡面铺平整顺后用长锚杆和短锚杆自上而下固定,铁丝网与坡面应保持 3~8 cm 距离。

② 挂网应采用机编镀锌或过塑网,挂网规格为 50 mm×50 mm,$\varphi=3\sim 4$ mm。长锚杆 $L=0.6\sim 1$ m,短锚杆 $L=0.3\sim 0.5$ m,长锚杆与短锚杆交错排列,纵横向间距约为 1 m。

③ 坡度在 50°~70°时,锚杆 $\varphi=10\sim 20$ mm,$L=50\sim 1\,300$ mm,按斜坡行间距 1 000 mm×1 000 mm,长短间隔布置。

④ 钻孔时应垂直于坡面或上倾 10°~15°钻入。

⑤ 在坡顶处,铁丝网应伸出坡顶 30 cm,用锚杆紧埋于土下。挂网网孔尺寸不宜大于 5 cm×5 cm,铁丝网之间搭接应大于 10 cm。

⑥ 长锚杆兼有挂网及固坡的双重作用,在布置长短锚杆时应根据坡面的具体情况,在预先不能清除的危石和节理裂隙较发育处应当加密长锚杆的数量,而在坡面平整、岩体稳定处可用短锚杆代替长锚杆,间距可适当调整。

(3) 拌合基质

喷射混合物由种植土壤、肥料、绿色基材、pH 缓冲剂、有机物质、保水材料、黏结材料、植物种子按一定的比例组成,经强制式搅拌机拌和而成,拌和时间不小于 1 min。该配合比应经过对现场的气候环境条件、边坡结构类型、土壤条件等的调查进行室内、现场试验确定。

基质成分材料选择:

① 种植土壤。选择工程所在地原有地表土或附近农田(黄土、黏土或沙

土,但往往黄土、沙土、黏土肥力不足,一般可用其他肥土以 1∶1 配合使用),粉碎后过 8 mm 筛,含水量不超过 20%。

② 纤维。就地取材,将树枝、杂草等粉碎成 10～25 mm 碎粒。绿化基材要求能提供植物生长期必需的平衡养分,有机质含量要求≥200 mg/kg,有效钾含量≥200 mg/kg,有效磷含量≥200 mg/kg。

③ 混合料掺入水泥。可以在喷布之后形成一定强度,提高边坡抗冲刷能力。水泥标号不低于 P·O32.5。

④ 锯末。造浆时加入一定量的锯末,可以在混合料内部形成一定的蜂窝状结构,改善混合料的透气性、保水性。

⑤ 保水剂。喷混植生岩石表面上的种植基层平均厚度一般为 10 cm,比一般土层厚度要薄,而且岩石基本上不透水,水分极不易贮藏,稍一干旱植物便会凋败枯萎。保水剂是一种无毒无害的功能性高分子化合物,其交联密度低,不溶于水,可将偶然降雨迅速地吸收膨胀成凝胶,将水分贮藏起来,干旱时再慢慢地释放给植物根系。根据实践经验,岩面上绿化用的保水剂可选择吸水倍率较低、吸水重复性好、使用寿命长的丙烯酰胺-丙烯酸盐共聚交联物类的较大颗粒产品。

⑥ 混合草种。混合草种首选禾本科,其次选一定数量的豆科、藤木、灌木和矮生树。禾本科可以采用高羊茅、草地早熟禾、黑麦草等"先锋"草籽,灌木类可采用紫穗槐等品种,具体项目应结合施工现场环境进行选择确定。

(3) 喷有机材料层

根据岩质情况拟出合理的有机材配比搅拌均匀后,利用喷混机械将有机材干料加保水剂、pH 缓冲剂和水搅拌均匀喷射到岩面上。喷播前应保持坡体湿润,喷播均匀,喷播平均厚度要达到 8～12 cm。采用喷播机作业时,喷枪与坡面的夹角宜垂直,严禁仰喷、漏喷,喷播次序由上而下,均匀喷播。喷播分基层和面层两次喷播,在喷播中应找平。

(4) 喷播植物种子

有机层喷播完毕后进行第二层有机材面层喷射,厚度约 3～4 cm,并加入种子。有机材在铁丝网上厚度不少于 5 cm,形成供植物生长发育的基质层,局部凹缓坡面处建植生盆植乔、灌木。

(5) 覆盖无纺布

为了保种子的发芽率,选用 13～20 g/m^2 的无纺布自上至下进行铺盖。无纺布用竹签或 U 型钉固定,注意保持搭界。通过无纺布的覆盖起到保水保温的作用并防止发芽期雨水对坡面的冲刷,待苗出齐后揭除。

(6) 养护

喷播完毕后,草种发芽、成坪期和苗木恢复生根期的养护工作是至关重要的。在这个时期应每天观察基质层的湿润程度。根据天气情况控制浇水量,浇水结合进行病虫害的防治和生长期追肥,使植物顺利进入生长旺盛期。当天气较为干旱时,每天适当增加喷水养护的次数,并且湿润混合料深度宜为2~3 cm。在草苗成坪、苗木生长正常后(约三个月后)逐渐减少浇水次数,锻炼植物自然适应能力。但在一年内(尤其在旱季)要视天气情况对其进行定期护理,逐步进入自然生长状态。

(7) 治理效果

喷播完工后,种子在7~10天内萌动发芽,15~20天齐苗,一个月内基本成坪,三个月后植被覆盖率达到85%以上,水土保持功能初见成效,一年后植被生长茂盛,逐步恢复自然生长状态,彻底实现水土保持、恢复生态的根本目标。

喷混植生护坡技术施工过程及效果见图4.3-2。

(a) 原坡面

(b) 清理、挂网

(c) 拌合

(d) 喷播

(e) 覆盖　　　　　　　　　　　　　(f) 养护成活

图 4.3-2　喷混植生护坡技术施工过程及效果图

4.3.3　施工质量控制

客土喷播植草护坡施工质量控制要素有原材料、混合材料配合比、喷射厚度等。

(1) 做好原材料的进场关。原材料生产厂家须具备生产许可证,能提供原材料出厂合格证、出厂试验报告和质量保证书等相关材料,以备复检、复验。

(2) 加强原材料的检验关。原材料进场后,对进场的原材料进行抽样检查,发现问题及时与厂家联系,并做退场处理。不合格材料禁止使用,材料在使用前的复检要严格执行国家相关规定。

(3) 严控材料配比。严格按照现场生产性试验确定的比例进行拌制,严禁随意调整。

(4) 严控混合料喷播厚度。喷播厚度要满足规范和设计要求,并保持基材混合料的密实度一致。

(5) 及时调整喷播时间。喷混植生施工应尽量避开强降雨天气,在施工完成后及时覆盖一层无纺布,适时开始养护和管理工作。

(6) 严格执行质量验收规定。质量验收工作重点在把控混合料喷播厚度偏差(±10 mm)和植物绿化率(90%以上),对不符合要求的部位应及时进行补喷。

(7) 施工质量控制标准

施工质量控制的主要参数见表 4.3-1。

表 4.3-1 喷混植生护坡施工质量控制标准（参考）

单位工程名称				单元工程量	
分部工程名称				施工单位	
单元工程名称、编号				施工日期	年月日—年月日
项次		检验项目	质量要求	检验方法	检验数
主控项目	1	锚杆/锚钉长度	具有出厂证明及质量合格证，强度、防腐、尺寸满足规范要求	检查、测验	总量的1%，且不少于3个
	2	挂网质量	具有出厂证明及质量合格证，强度、防腐、尺寸满足设计要求	检查、测验	每 200 m² 测 1 次，不少于 3 次
	3	锚杆/锚钉间距	±20 mm	量测	每 20 m 抽查 5 根
	4	种子	种子发芽率90%	试验	每批次1次
	5	植生混合料配合比及厚度	组分配合比满足植被生长要求，喷播后的允许偏差为0~10 mm	试验、量测	每个分部试验1次/每50~100 m² 检测1处
	6	密度	1.3~1.7 g/cm³	检验	每 50~100 m² 抽检 1 次
	7	通气孔隙率	≥25%	检验	每 50~100 m² 抽检 1 次
	8	pH 值	6.0~8.5	检验	每 50~100 m² 抽检 1 次
	9	挂网质量	具有出厂证明及质量合格证，强度、防腐、尺寸满足设计要求	检验	每 200 m² 测 1 次，不少于 3 次
	10	植被成活率	90%或符合设计要求	检测	每 50~100 m² 测 1 次

续表

项次		检验项目	质量要求	检验方法	检验数
一般项目	1	岸坡预处理	无浮石、浮土、洞穴等危害岸坡稳定因素	检测	沿护坡长度方向每 50～100 m² 检查1处
	2	有机料	具有出厂证明及质量合格证，组分及肥力满足植被生长需要	检查	每批次检查1次
	3	藤灌苗木	藤灌配置满足设计要求	检测	每200 m² 检查1次
	4	水泥	具有质量合格证	检测	每批次检查1次
	5	有效含水率	≥15%	检测	每50～100 m² 抽检1次
	6	水解氮	≥60 mg/kg	检测	每50～100 m² 抽检1次
	7	有效磷	≥20 mg/kg	检测	每50～100 m² 抽检1次
	8	速效钾	≥1.0×10^3 mg/kg	检测	每50～100 m² 抽检1次
	9	收缩恢复度	≥90%	检测	每50～100 m² 抽检1次

4.4 三维植被网护坡

4.4.1 三维植被网护坡简介

三维植被网是以热塑性树脂为原料，采用科学配方，经挤出、拉伸焊接、收缩等一系列工艺制成的两层或多层表面呈凸凹不平网包状的层状结构孔网，它具有无腐蚀性、耐酸碱的特点。三维植被网的底层是由单层或多层双向拉伸处理后的一个高模量、均匀方形网格基础层；上部为非拉伸挤出网层，具有一定的弹性和强度，可防止植被网变形，并能有效防止水土流失；表层为一个起泡层，蓬松的网包内有较大的容土空间，植草覆盖率高。这种三维结构保证草籽可以更好地与土壤结合，能有效地保护坡面不受风、雨及洪水的侵蚀。三维植被网的初始功能是有利于植被生长，随着植被层的逐渐成形，它的主要功能是帮助草根系统增强抵抗自然水土流失能力,可代替沥青、块石等坡面材料,用于河道、河堤、公路、铁路等坡面保护。三维植被网结构见图4.4-1。

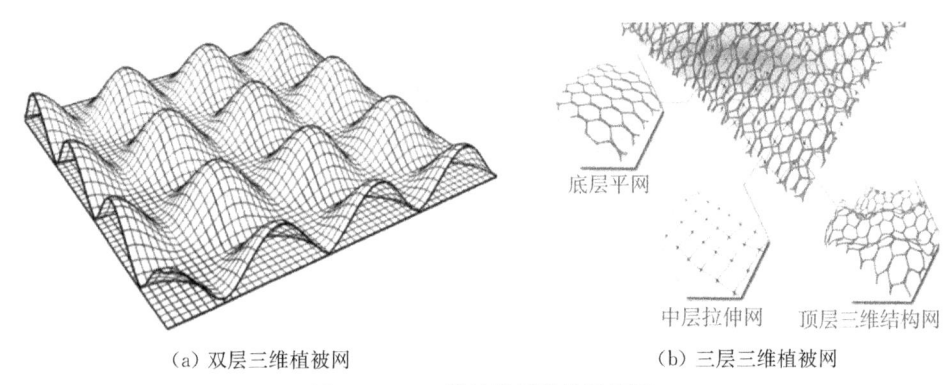

(a)双层三维植被网　　　　　　(b)三层三维植被网

图 4.4-1　三维植被网结构示意图

三维植被网边坡防护主要具有以下特点:

(1)降低雨滴的冲击能量。植被网表面凸凹不平,在网包的作用下,可使风和水流在其表层产生小漩涡,起到缓冲消能作用,降低流速,从而有效地抵御雨水的冲刷。

(2)稳固充填物,减少流失。网包中的充填物(营养土、土颗粒、草籽等)能很好地被稳固下来,减少雨水冲刷下的流失。

(3)起到表土加筋加固作用,有效地预防表层土体的滑移。

(4)有助于植被生长均匀。植被的根系在三维植被网的保护下很容易在坡面土层中扎根生长。

(5)易于异地移植。三维植被网能做成草毯进行异地搬运种植,能解决需快速防护工程的植被要求。

4.4.2　适用范围及施工方法

4.4.2.1　适用范围

(1)适用区域

在我国各地区均可应用,但在干旱和半干旱地区应保证养护用水的持续供给。

(2)边坡条件

基体岩性:适用于易被冲刷的土质、砂砾石或风化石质、混凝土边坡。

坡率及坡高:坡率一般为1∶1.5,通常不超过1∶1.25,大于1∶1.0时慎用;每级坡高不超过 10 m。

稳定性:边坡自身稳定。

(3) 水位

适用于常水位及以上范围。

4.4.2.2 施工方法

三维植被网护坡施工工序为:准备工作→铺设三维植被网→覆土→播种植草→覆盖土工布→前期养护(图 4.4-2)。

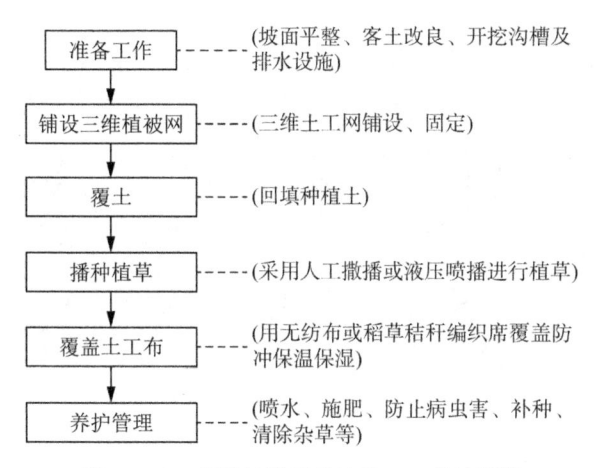

```
准备工作 ----- (坡面平整、客土改良、开挖沟槽及排水设施)
    ↓
铺设三维植被网 ----- (三维土工网铺设、固定)
    ↓
覆土 ----- (回填种植土)
    ↓
播种植草 ----- (采用人工撒播或液压喷播进行植草)
    ↓
覆盖土工布 ----- (用无纺布或稻草秸秆编织席覆盖防冲保温保湿)
    ↓
养护管理 ----- (喷水、施肥、防止病虫害、补种、清除杂草等)
```

图 4.4-2 三维植被网护坡施工工艺流程图

(1) 准备工作

① 平整坡面。为保证三维植被网与坡体的紧密结合,交验后的坡面,采用人工细致整平,清除所有的碎泥块、岩石、垃圾、树根和其他可能引起三维植被网被地面杂物顶起的阻碍物。

② 客土改良。对土质条件差、不利于植被生长的坡面采用回填客土进行改良,回填客土厚度为 5~8 cm,并用水润湿坡面使其自然沉降至稳定。若 pH 值不适宜植物生长,还须对其酸碱度进行改良,改良土壤 pH 值一般应于播种前一个月进行,以增加改良效果。

③ 开挖沟槽。在坡顶及坡底沿边坡走向开挖一条矩形沟槽,沟宽 30 cm,沟深不低于 20 cm。坡面顶沟距离坡面 30 cm,用于固定三维植被网。

④ 排水设施。三维植被网护坡作为一种浅层护坡措施,最终能否发挥出效果受诸多因素制约,而边坡排水系统设置是否合理和完善对边坡植草的生长

环境有直接影响。在长大边坡条件下,坡脚、坡顶及平台均需设置排水沟;是否设置坡面排水沟需要根据坡面水流量的大小进行考虑。一般坡面排水沟横向间距为 40~50 m。

(2) 三维植被网铺设

首先将三维植被网进行剪裁。三维植被网的剪裁长度比坡面长 130 cm,顺坡自上而下铺设。铺网时,应让三维网尽量与坡面贴附紧实,防止悬空褶皱现象。铺设时,应使植被网面保持平整,不产生褶皱,网与网之间要重叠搭接,搭接宽度不宜小于 10 cm(图 4.4-3)。

图 4.4-3 三维植被网铺设示意图

铺网时建议采用 U 型钉或聚乙烯塑料材质的锚钉固定,也可使用钢钉,但需配备垫圈。钉长一般为 20~45 cm,松土用长钉。锚固钉间距一般为 50~100 cm(包括搭接处),在沟槽内也应按约 75 cm 的间距设钉锚固,然后再填土压实(图 4.4-4)。

图 4.4-4 三维植被网固定示意图

(3) 回填土

三维植被网铺设完毕,将回填土均匀覆盖于三维植被网上,为保证覆土充满网包且不压包,应分层多次填土至网包层不外露为止,且洒水浸润。回填土以肥沃表土为宜,对于瘠薄土应填泥炭、有机肥、化肥等提高其肥力,要求细粒土的土壤团粒小于三维网孔径,厚度为 5~20 cm 为宜。

(4) 播种植草

回填土完成后,进行植草施工,可选择撒播草籽或铺设草皮。

① 草种选择。根据气候区划进行草种种类的选择,草种需具有优良的抗逆性,适宜采用两种以上的草种(包括同种不同品种)进行混播。

② 播种方法。可采用人工撒播,也可采用液压喷播。采用人工撒播后,应撒 5~10 mm 细粒土。采用液压喷播时技术要求同本书 4.1,此处不再赘述。

(5) 覆盖无纺布

雨季施工时,为避免草种受雨水冲失,并实现保温、保湿,应加盖无纺布,促进草种的发芽生长,也可采用秸秆编织席、稻草覆盖。若温度太高,则无须覆盖,以免病虫害的发生。待植物高度生长至约 5 cm 时,要及时揭去覆盖层,以免阻碍植物生长。

(6) 养护

① 洒水。采用高压喷雾器使养护水形成雾状均匀地湿润坡面,控制好喷头的移动速度和坡面之间的距离,确保无高压射流水冲击坡面形成表面径流。养护期限根据坡面植被的生长状况而定,一般不少于 45 天。

② 病虫害防治。应定期喷广谱药剂,预防各种病虫害的发生。

③ 及时补播。草种发芽后,对稀疏无草区应及时进行补播。

4.4.3 施工质量控制

(1) 三维植被网质量控制

塑料三维植被网垫型号按层数可分为二层、三层、四层、五层,各型号的纵横向抗拉强度、长度偏差、宽度偏差、单位面积质量、厚度等指标应符合《土工合成材料塑料三维植被网垫》(GB/T 18744—2002)的规定,铺设平整度及搭接宽度要符合设计要求。三维植被网垫技术要求控制指标见表 4.4-1。

表 4.4-1　三维植被网垫技术要求控制指标

项目	EM_1	EM_2	EM_3	EM_4
单位面积质量/(g/m^2)	≥220	≥260	≥350	≥430
厚度/mm	≥10	≥12	≥14	≥16
纵向拉伸强度/(kN/m)	≥0.8	≥1.4	≥2.0	≥3.2
横向拉伸强度/(kN/m)	≥0.8	≥1.4	≥2.0	≥3.2
宽度偏差/m		±0.10
长度偏差/m		±10

塑料三维植被网垫应贮存在阴凉、通风、干燥的地方,远离热源、火源,暴露存放不得超过 3 个月。

(2) 回填土质量控制

应符合现行国家标准《土壤环境质量农用地土壤污染风险管控标准》(GB 15618—2018)的有关规定,可选用黏性红壤、黄壤等细粒土,要求土粒径小于三维植被网孔径,含水量不应小于 30%,使用前宜进行土壤消毒。

(3) 种子质量控制

应根据当地气候、播种季节的降雨量、植物生长特点等因素进行选择,应符合下列规定:

① 宜选择种子、营养体大小适中、轻重适中等适宜喷播的植物种。

② 草本植物种子质量不应低于《禾本科草种子质量分级》(GB 6142—2008)中所规定的二级质量标准。

③ 木本科植物种子质量不应低于《林木种子质量分级》(GB 7908—1999)中所规定的二级质量标准。

④ 目标植物种子使用前应测定发芽率,对于不易发芽的植物种子喷播前进行催芽处理。

(4) 施工质量控制标准(参考)

施工质量控制标准主要参数见表 4.4-2。

表 4.4-2 三维植被网护坡施工质量控制标准(参考)

单位工程名称				单元工程量	
分部工程名称				施工单位	
单元工程名称、编号				施工日期	年月日—年月日
项次		检验项目	质量要求	检验方法	检验数
主控项目	1	三维植被网指标	具有质量合格证,核实强度、完好率;尺寸偏差满足设计要求	检查检测	总量的1%,且不少于3个
	2	种子发芽率	≥70%或符合设计要求	试验检测	每批次1次
	3	植被成活率/覆盖率	符合设计要求	检测	每50~100 m² 测1次
一般项目	1	坡面清理	坡面无树根、塑料等杂物,坡面平整允许偏差为±3 cm	量测	每50~100 m² 检测1处
	2	三维网铺设、搭接、固定	符合设计要求	量测	每50~100 m² 测1次
	3	种植土比及厚度	种植土组分配合比满足植被生长要求,填铺后的允许偏差为±0.03 m	量测	每50~100 m² 检测1处
	4	三维网铺设、搭接、固定	铺设平顺,搭接满足设计要求,坡脚、坡顶、坡面、平台处埋压、固定牢靠	量测	每20 m 检查一个断面

4.5 植生带护坡

4.5.1 植生带护坡简介

植生带是采用专用机械设备,依据特定的生产工艺,把草种、保水剂、肥料等基质按一定的密度定植在可自然降解的无纺布或其他材料上,并经过机器的滚压、针刺或冷粘等复合定位工序,形成的一定规格的绿色产品。植生带的带状载体以纤维为主,如棉、麻、木质等天然纤维和聚乙烯等化学纤维,降解后的纤维可转化为肥料，作为植物生长的营养供给来源之一，具有草种和肥料不易移动、草种出苗率高、出苗整齐、建坪速度快等特点。

按照生产工艺，植生带分类有：双层热复合植生带、双层针刺复合均播植生带和单层点播植生带等，目前双层针刺复合植生带生产工艺应用较多。近期我国又开发了冷复合法生产工艺。

根据载体材质的不同，植生带可分草坪种子植生带、无纺布植生带、纸质植生带、肥料胎植生带、稻草帘植生带、复合泥炭基质植生带、红维棉网植生带等。

根据厚度的不同，植生带还可以分为植生带（厚度较薄，2~3 mm）和植生毯（厚度较厚，约1 cm）。

纤维棉网状高孔隙率植生带（袋）结构见图4.5-1。

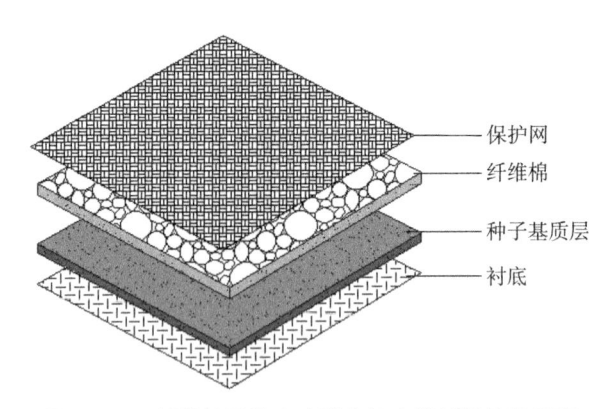

图4.5-1　纤维棉网状高孔隙率植生带（袋）结构示意

本章节以植生毯（图4.5-2）为例进行施工方法和质量控制介绍。

植生毯作为植生带中的一种，又名生态毯、环保植生毯、植物纤维毯，是一种天然的高强度护坡绿化材料，是由草种、天然植物纤维或合成纤维毯、土工织物等复合在一起形成的具有一定厚度的产品，是一种抗冲刷型的护坡绿化材料。植生毯还可以附加一层草籽植生带，植生带里面包括三、四种混播的草籽和保水剂、肥料等供植物生长的营养物质，草籽要根据南北方当地的气候环境进行选择。植生毯在边坡防护与边坡绿化工程中的应用越来越广。

植生毯用锚钉或锚卡固定在边坡上，可以抵制雨水对坡面和植物的伤害，减少地表水分的蒸发，达到保湿保温的目的，为植物提供适宜的生存环境，是堤坝边坡、河道生态治理等理想的护坡绿化材料。

植生毯按照原材料不同可以分为：椰丝植生毯、混合植生毯、秸秆植生毯等；按照抗拉强度不同可以分为：加筋植生毯和抗冲植生毯等。

椰丝植生毯是以椰丝纤维为主要原材料,秸秆植生毯是以秸秆纤维为主要原材料。植生毯所使用的秸秆椰丝混合纤维,统称为植物纤维。植物纤维会随着时间的流逝逐渐降解,降解以后的植物纤维可以转换为腐质,增加土壤中微生物,为植物的生长提供营养物质。

加筋植生毯和抗冲植生毯是在普通的植生毯的基础上做了升级,是由上下两层 PP 加筋网、椰丝纤维或秸秆纤维、植生带在机械下加工而成的边坡绿化护理产品,一般规格 2 m×30 m。加筋植生毯可以固定在任意角度的坡面上,具有孔隙率高、弹性佳的特性,可以提高冲刷面的植物生长率,生长后不会形成"斑秃",在边坡防护与边坡绿化工程中的应用越来越广。

图 4.5-2 植生毯

植生毯护坡原理是在护坡表面铺设植生毯的基础上,种植适合本土生长的植物,通过植物根系将边坡、植生毯三者有机地结合为一体,其特点主要表现为五个方面:

(1) 植生毯网格状粗糙度大,降低了坡面水流流速,将坡面径流变为漫流,减少对坡面冲刷;同时植物纤维可以吸收一部分水分,还能截留部分降雨水,增加坡面保水能力。

(2) 植生毯具有防风、固土、保温、保墒的作用,有利于护坡植物的生长,通过植物的生长又改良了土壤的肥力,二者形成良性循环,边坡永久稳固。

（3）植物根系、植生毯与边坡之间形成了板块结构，限制了表层土的滑动，减弱了持续冲刷坡面时"逐渐破坏"现象的发生。

（4）植物在坡面形成盘根交错的根系，与土壤结合为天然防渗层，减少了因雨水渗透而造成坡体自身重力的增加，减少滑坡的可能性，继而提高了边坡的稳定性。

（5）植生毯护坡可以快速绿化，美观生态，极少维护，生态自然；新型的一体化成型结构，抗流速可达 4 m/s；工法结构科学，草种成活率高，施工后可快速达到绿化效果；同时施工极其简便，缩短工期，且无需特殊工具，完全可以人力施工；运输方便，免去多重中间环节，节约成本，性价比高。

4.5.2 材料指标

植生毯结构分为：上网、植物纤维层、衬纸层、种子层、衬纸层、下网六层（图4.5-3）。

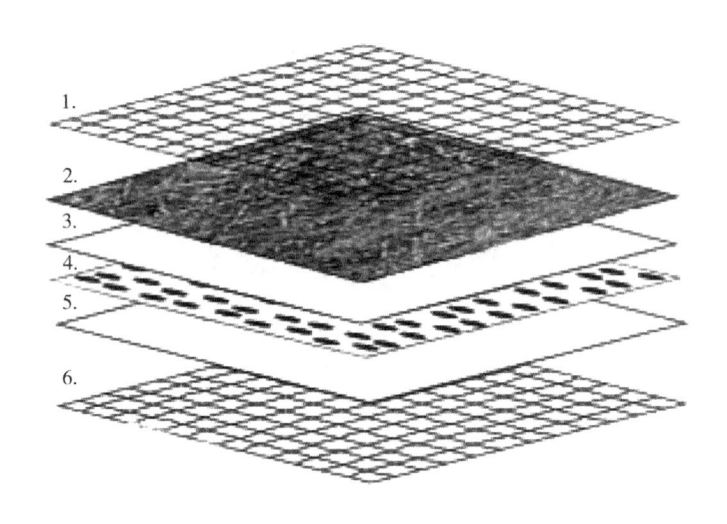

1. 上网 2. 植物纤维层 3. 衬纸层 4. 种子层 5. 衬纸层 6. 下网

图 4.5-3 植生毯结构示意图

植生毯还没有统一的国家标准，现在国内多采用行业标准或企业标准，现列出交通运输部的公路行业标准，仅供参考。

植生毯材料性能指标见表 4.5-1 至表 4.5-5。

表 4.5-1　植生毯的规格

植生毯类型	规格							
	1系	2系	3系	5系	6系	8系	10系	15系
有种子	SC1	SC2	SC3	SC5	SC6	SC8	SC10	SC15
	SR1	SR2	SR3	SR5	SR6	SR8	SR10	SR15
	SW1	SW2	SW3	SW5	SW6	SW8	SW10	SW15
	ST1	ST2	ST3	ST5	ST6	ST8	ST10	ST15
	SCR1	SCR2	SCR3	SCR5	SCR6	SCR8	SCR10	SCR15
	SCW1	SCW2	SCW3	SCW5	SCW6	SCW8	SCW10	SCW15
	SCT1	SCT2	SCT3	SCT5	SCT6	SCT8	SCT10	SCT15
无种子	NC1	NC2	NC3	NC5	NC6	NC8	NC10	NC15
	NR1	NR2	NR3	NR5	NR6	NR8	NR10	NR15
	NW1	NW2	NW3	NW5	NW6	NW8	NW10	NW15
	NT1	NT2	NT3	NT5	NT6	NT8	NT10	NT15
	NCR1	NCR2	NCR3	NCR5	NCR6	NCR8	NCR10	NCR15
	NCW1	NCW2	NCW3	NCW5	NCW6	NCW8	NCW10	NCW15
	NCT1	NCT2	NCT3	NCT5	NCT6	NCT8	NCT10	NCT15

注：规格中"系"前阿拉伯数字与表中英文字母后数字均表示标称抗拉强度值大于或等于该值。

表 4.5-2　植生毯性能指标要求

序号	项目	单位	指标
1	植物纤维含水率	%	≤15%
2	厚度	mm	≥4
3	宽度	m	≥1
4	单卷长度	m	≥10
5	单位面积质量	g/m²	250
6	绗缝针行距	cm	≤7
7	固定网网孔中心最小净空尺寸	cm	≥1

表 4.5-3　均匀度等级

等级	一级	二级	三级	四级
单位面积质量变异系数 $CV1$	$CV1<10\%$	$10\%\leqslant CV1<20\%$	$20\%\leqslant CV1<40\%$	$CV1\geqslant 40\%$
植物纤维组分单位面积质量变异系数 $CV2$	$CV2<10\%$	$10\%\leqslant CV2<20\%$	$20\%\leqslant CV2<40\%$	$CV2\geqslant 40\%$

表 4.5-4　植生毯抗拉指标

抗拉性	产品规格系列						
	1系	2系	3系	5系	6系	8系	10系	15系
纵横向抗拉强度,kN/m	$\geqslant 1$	$\geqslant 2$	$\geqslant 3$	$\geqslant 5$	$\geqslant 6$	$\geqslant 8$	$\geqslant 10$	$\geqslant 15$
纵横向 10% 伸长率下的抗拉强度,kN/m	$\geqslant 0.8$	$\geqslant 1.2$	$\geqslant 2$	$\geqslant 4$	$\geqslant 5$	$\geqslant 7$	$\geqslant 9$	$\geqslant 13$

表 4.5-5　缝合率(S)指标

等级	一级	二级	三级	四级
指标值	$S\geqslant 98\%$	$95\%\leqslant S<98\%$	$90\%\leqslant S<95\%$	$S<90\%$

4.5.3　适用范围及施工方法

4.5.3.1　适用范围

(1) 适用区域

在我国各地区均可应用,但在干旱和半干旱地区应保证养护用水的持续供给。

(2) 边坡条件

基体岩性:适用于易被冲刷的土质、砂砾石或强风化岩质、混凝土边坡。

坡度及坡高:坡度小于 60°;每级坡高不超过 10 m。

稳定性:边坡自身稳定。

(3) 水位

适用于常水位及以上范围,水流速度不超过 4 m/s。

根据植生毯上覆植被类型,分为草本型和灌木林型,其适用范围详见表 4.5-6。

表 4.5-6　植生毯植生类型适用范围

序号	边坡条件	适用植生类型	施工辅助材料
1	填方坡度在 45°以下	灌木林型植生毯	大头钉、PE 钉等固定钉
2	河道边坡流速在 2~5 m/s,坡度在 45°以下	灌木林型植生毯	大头钉、PE 钉等固定钉
3	挖方(土质边坡)坡度在 60°以下	草本型植生毯	大头钉、PE 钉等固定钉
4	河道边坡流速在 5 m/s 以下,坡度在 45°以下	草本型植生毯	大头钉、PE 钉等固定钉
5	河道边坡流速在 2~5 m/s,坡度在 25°以下	草本型植生毯	大头钉、PE 钉等固定钉
6	岩石边坡(有轻微龟裂),坡度在 80 度以下	草本型植生毯	大头钉、PE 钉等固定钉

4.5.3.2　施工方法

植生毯护坡施工工艺流程主要包括:施工方案选定→施工准备→坡面平整→测量放样→撒播种子→开挖锚固沟→铺设植生毯→固定植生毯→养护,见图 4.5-4。

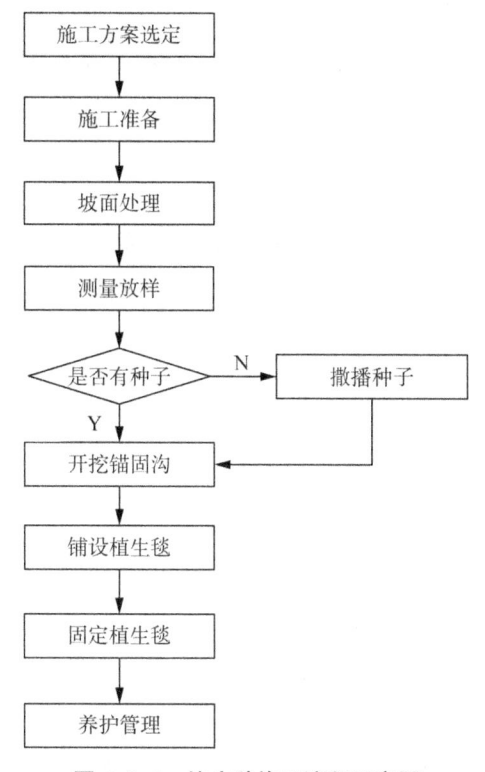

图 4.5-4　植生毯施工流程示意图

(1) 施工方案选定

工程施工方案选定前,应熟悉设计要求,掌握当地气象资料,现场调查和核对边坡与土壤情况。施工方案应根据边坡坡长、坡度、地质状况、气候特征、植生毯材料性能和种子等进行选定。

根据边坡坡度大小,植生毯强度的选择应符合下列要求:

① 坡度大于1∶1时,植生毯拉伸强度≥3 kN/m;

② 坡度为1∶1.5～1∶1时,植生毯拉伸强度≥2 kN/m;

③ 坡度不大于1∶1.5时,植生毯拉伸强度≥1 kN/m。

根据地区年降雨量,植生毯中的纤维类型选择应符合下列要求:

① 地区年降雨量>1 600 mm时,不宜选用含稻草纤维的植生毯;

② 800 mm<地区年降雨量≤1 600 mm时,不宜选用纯稻草纤维的植生毯;

③ 地区年降雨量≤800 mm时,可选用所有类型的植生毯。

根据边坡土质岩性,植生毯中是否添加种子应根据下列要求选择:

① 石质、土夹石等植物立地条件差的边坡应选用有种子的植生毯;

② 土质边坡可选用无种子的植生毯。

种子应针对边坡所处地域位置、土壤特性、气候特点,选择耐旱、耐高温、耐寒、耐贫瘠等的多年生灌木、草本植物种子,优先选用乡土植物。

种子配合比应符合下列要求:

① 种子配合比应以灌木种为主,草种为辅。

② 植物种类和播种量应考虑种子千粒重、发芽率、发芽速度和苗木生长速度,并根据边坡土壤性质、坡向和坡率等立地条件确定。

③ 坡度小于1∶1时,混合灌草种播种量宜为12～20 g/m²。坡率大于1∶1时,混合灌草种播种量宜为20～30 g/m²。

④ 每个品种的种子使用量可参照下列公式计算,具体配合比也可通过试验段总结后确定。

$$W = G/(S \times P \times B \times N) \qquad (式4.5\text{-}1)$$

式中:W ——每个品种的使用量,g/m²;

G ——每个品种的设计生长棵树,棵/m²;

S ——每个品种的每克平均粒数;

P ——每个品种的种子纯度,%;

B ——每个品种的种子发芽率,%;

N——每个品种的补正数值,补正数值应考虑瞎工现场各种阻碍发芽的因素后决定,一般取 0.90~0.98。

(2) 施工准备

工程开工前,应编制专项施工方案,并按项目管理规定报批,做好技术及人员、设备、材料等准备工作。

遵循"边施工、边防护"的原则,在边坡开挖、回填、整修达到设计要求后,应及时进行施工。施工季节宜选择春、秋季,不得在雪天、冰冻等低温天气条件下施工。

原材料的准备主要包括:

① 存放植生毯材料现场应设置防火措施,堆码高度宜控制在 2 m 以内。

② 无种子植生毯,储藏时间不宜超过 3 个月。

③ 带有种子的植生毯贮存时间不宜过长,运至施工现场后宜及时铺设。不能及时铺设的,需要通风避光保存,且不得超过 10 天。

(3) 坡面处理

① 坡面排水系统设置

边坡的排水沟、截水沟等排水设施应符合设计图纸要求。施工中设置的急流槽、拦水埂等临时排水设施应满足现场实际要求。对于深路堑和高路堤边坡,应分级设置排水沟槽和截水沟设施。当边坡出现渗水时,应设置引排措施。

② 边坡整修

开挖或填筑过程中应同步整修边坡,清除边坡表面的浮石、危石、树根等杂物,对凸出部分进行凿除、凹陷处进行回填密实,保证坡面平整顺直,平整后的边坡平整度应在±5 cm 以内。

对于土质贫瘠或石质边坡的坡面,应预先加铺 10 cm 厚种植土。边坡整理完成后,应向坡面洒水,待水渗透后将坡面 1~2 cm 土层耙松。

边坡表土厚度应满足最低厚度要求,其具体要求见表 4.5-7。

表 4.5-7 边坡表土最低厚度要求

植物类型	土层厚度/cm
草本型	30
草本花卉型	30
灌草型	50

对边坡坡面土壤进行消毒,杀灭病菌和害虫,并依土壤肥力情况加施适量的基肥。

(4) 测量放样

边坡整修完成后,测量坡面的坡度、坡长等技术指标。根据进场植生毯规格型号,计算确定植生毯的铺设数量。

不同类型边坡防护衔接处,应通过放样确定植生毯的铺设位置。测量放样后,对于特殊位置需要一次铺设的植生毯应预先订制。

(5) 撒播种子

采用无种子的植生毯时,应预先对边坡进行播种,播种量应符合设计要求。

播种方法应根据植物的生长特性和种子数量确定,可采用条播法、人工撒播法、点播法等。大粒种子覆土厚度宜为种子直径的2~3倍,小粒种子覆土应以盖住种子为宜;细粒种子可不覆土。播种后将坡面轻轻拍实,使种子与土壤紧密接触(图4.5-5)。

图 4.5-5 撒播种子

(6) 开挖锚固沟

锚固沟开挖成矩形或U形,宽度为25~30 cm,深度为20~30 cm。

在边坡的坡顶、坡脚应沿边坡走向分别开挖锚固沟,坡顶锚固沟应距离坡沿50 cm;坡面锚固沟视铺设需要确定;分级边坡应逐级设置。

(7) 铺设植生毯

植生毯应顺边坡等高线垂直方向自上而下铺设,坡顶应向上延伸不少于80 cm,在坡脚位置伸入锚固沟不少于50 cm,水平埋入长度不小于30 cm,待铺设固定后再回填土夯实。相邻植生毯搭接宽度应大于15 cm,搭接顺序按逆风走向,且用锁扣绑扎固定。

植生毯铺设应与坡面紧密贴合、平整无褶皱,作业过程应避免人员在坡面来回踩踏。植生毯铺设及固定见图 4.5-6。

图 4.5-6　植生毯铺设及固定

(8) 固定植生毯

植生毯铺设完成后应用锚固钉固定,锚固钉可选用 U 型钉或 T 型竹签。U 型钉用 $\varphi 3.5 \sim \varphi 6.5$ 的圆钢制作,长度不小于 10 cm,用于石质或坚硬的路堑边坡;T 型竹签长度不小于 15 cm,用于其他土质边坡。植生毯铺设固定示意图见图 4.5-7。

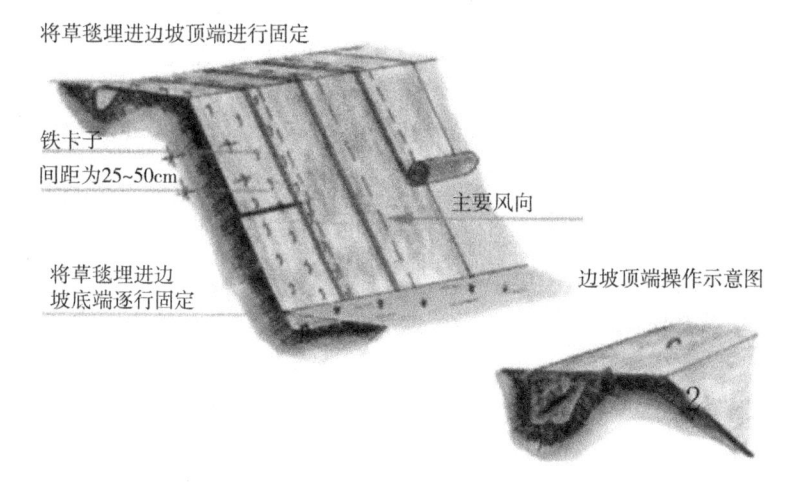

图 4.5-7　植生毯铺设固定示意图

锚固钉呈梅花形布置,间距不大于 100 cm。在上锚固沟处、坡率变化处、坡面陡于 1∶1 时,应加密设置,间距宜为 50 cm。植生毯应采用专用锁扣相互搭接,锁扣间距不大于 100 cm。铺设固定完成后,应对锚固沟处和固定处进行检查处理。铺设固定后应在表层覆土,覆土厚度为 1～2 cm。

(9) 养护管理

① 洒水养护

植生毯铺设完毕后,应立即进行洒水养护。洒水时应控制喷头出水量、移动速度以及与坡面的距离,不能出现旱斑或产生径流。

出芽期应适当增加洒水频率和洒水量,保证整个出芽期间边坡与植生毯湿润。幼苗期持续 14～21 天,应保持护坡表面湿润。生长期可逐渐降低洒水、浇灌频率,并根据降水情况予以调整,保证湿透土层 10 cm 以上。

对植物生长明显不均匀或稀疏无苗区应及时进行补播、补种。

② 病虫害防治

病虫害防治应遵循"治早、治小、治了"的原则。病虫害防治宜采用对环境无污染的物理防治方法,或选用环保型农药,减少对周围环境的影响。

当植物出现坏死、糜烂、凋萎等病害症状时,应及时使用对症杀菌剂进行防治。农药的使用、保管应实行专人管理。

③ 追肥

追肥应采用富含氮、磷、钾的复合肥,或与有机肥料混合施用。根据植物长势判定施肥量和施肥时间,一般宜在每年春季和秋季各施肥一次。追肥可采用人工追肥或叶面喷施。人工追肥一般采用撒施肥料,撒施后应及时淋水。液体肥和可溶性肥料可使用叶面喷施,喷施时应控制好浓度,防止浓度过大造成灼烧。

④ 后期修补

对密度过高的草本植物或木本植物应进行修剪、间苗等处理措施,其中割草时至少要保留地表以上 20 cm 的高度。

质量缺陷责任期内种子萌发率过低或苗木成活率不足时,应进行苗木补种补植。

对冲刷和侵蚀严重的坡面应进行修补,较缓边坡可直接增加覆土植草,较陡坡面应重新铺设植生毯。

4.5.4 施工质量控制

植生毯护坡施工质量控制主要包括坡面处理、锚固沟、植生毯铺设和锚固以及撒播种子质量、品种和配合比等方面。

（1）坡面处理质量控制

在施工前3～4天对坡面进行喷洒除草剂处理，选择不影响护坡草籽的正常生长、不封地面的除草剂，如百草枯和暴风雪；然后清除坡面上已死的杂草、草根、建筑垃圾、较大的石块等不利护坡草籽生长的东西，将这些清除后用铁耙将坡面耧平，这样有利于肥料均匀的挂坡，不至于全部滑落到坡脚，能使植生毯更好地贴在坡面上。

（2）锚固沟质量控制

锚固沟的规格、长度根据坡面而定，应满足设计要求。

（3）种子质量、品种和配合比质量控制

种子的品种及种子配合比应满足设计或目标配合比的要求。

植物种子的质量不应低于GB 6142—2008和GB 7908—1999规定的二级标准。GB 6142—2008和GB 7908—1999中未提及的植物种子应在使用前进行发芽率试验和种子配合比试验，确定合适的种子用量后方可进行大规模施工。

种子在撒播前应符合下列要求：

① 消毒：将种子放入2‰的高锰酸钾溶液或其他消毒液中浸泡2 h。

② 浸种：种子经消毒后用0.1‰的生根粉或催芽剂浸种2 h，打破种子休眠后，再用清水浸种12 h，清水浸种过程中应勤换水。

（4）植生毯铺设和锚固质量控制

植生毯铺设平整，上下两端压实，搭接边缘整齐且满足风向要求。锚固钉固定牢固且无露头，植物纤维毯的搭接采用锁扣连接，且搭接牢固。植生毯护坡植被维护质量控制标准见表4.5-8。

表4.5-8　植生毯护坡植被维护质量控制标准

项次	评价项目	规定值或允许偏差	检测方法
1	灌木类植物群落覆盖率	≥50%且满足设计要求	量测
2	植物覆盖率	≥95%	量测
3	灌木密度	≥3株/m²	每1 000 m²边坡随机抽取10个1 m×1 m测试，取其平均值
4	灌木类植物种类	≥设计种类的70%	量测

（5）施工质量控制标准

施工质量主要控制参数见表4.5-9。

表 4.5-9　植生毯护坡施工质量控制标准(参考)

单位工程名称				单元工程量	
分部工程名称				施工单位	
单元工程名称、编号				施工日期	年月日—年月日
项次		检验项目	质量要求	检验方法	检验数
主控项目	1	植生毯质量	具有质量合格证,核实强度等级、完好率;尺寸偏差满足设计要求	检查、检测	总量的1%,且不少于3个
	2	种子发芽率	70%或符合设计要求	试验、检测	每批次1次
	3	植被成活率/覆盖率	符合设计要求	检测	每50~100 m² 测1次
	4	有草籽植生毯发芽率	符合设计要求	试验、检测	每批次1次
一般项目	1	边坡表土层厚度	≥30 cm	检测	沿护坡长度方向每50~100 m² 检查1处
	2	锚固钉	数量满足设计要求	量测	每个坡面抽查20%
	3	植生毯边沿埋入土体长度	≥30 cm	检测	每50~100 m² 检查1处
	4	相邻搭接宽度	≥15 cm	检测	每50~100 m² 检查1处
	5	锚钉间距	50~100 cm	检查	每50~100 m² 检查1处
	6	种植土配合比及厚度	种植土组分配合比满足植被生长要求,填铺后的允许偏差为±5 cm	量测	每50~100 m² 检查1处

4.6 植生袋护坡

4.6.1 植生袋护坡简介

植生袋是在植生带技术的基础上发展而来的一种产品,它是将植生带与麻网或聚乙烯网进行复合,再将其按照一定规格尺寸缝纫而成的袋状绿化产品。植生袋按照形式分类有单体植生袋、连体植生袋等两种。

植生袋护坡广泛适用于江河堤防、水库、公路、铁路、城市园林绿化等边坡复绿,大面积水土流失区域的生态恢复及高尔夫球场、足球场等运动场绿化。

4.6.2 适用范围及施工方法

4.6.2.1 适用条件

(1) 适用区域

在我国各地区均可应用,但在干旱和半干旱地区应保证养护用水持续供给。

(2) 边坡条件

基体岩性:适用于80°以下的土壤贫瘠岩质陡坡。

坡率及坡高:

① 坡率小于1∶1.0时,宜采用连体植生袋;

② 坡率1∶1.0~1∶0.6、坡面垂直高度不宜超过20 m,则应采用单体植生袋堆垒;

③ 坡率大于1∶0.6时,则需挂网。

坡高:每级坡高高度不超过10 m。

稳定性:边坡自身稳定。

(3) 水位

适用于陆地边坡。

4.6.2.2 施工方法

植生袋护坡施工工序为:平整坡面→装填和码放植生袋→加固植生袋→前期养护。

(1) 平整坡面

清除坡面所有碎石、杂草、根茎及其他杂物。当采用混凝土格构时,清理后的坡面距混凝土格构外表面不小于 20 cm。

(2) 装填和码放植生袋

植生袋采用垒垛形式,每垛完一层植生袋后,就应将植生袋与基面、植生袋与植生袋之间的缝隙用土填严。若在砂石或山石基面上施工,必须从底部开始,每间隔约 1 m 放置一根直径为 3~4 cm 的硬 PVC 管,长约 45 cm,(若为砂石基,应该将 PVC 管的另一头插入砂石基面 5 cm 以上)。每垒到大约 1 m 的高度时,再放置一排 PVC 管,距离是 1 m,以便排出基面里或基面的水,以免长时间浸泡植生袋造成塌方。

植生袋码放时粘有种子的一面必须朝上,由上而下呈梯形堆放,堆放的时应避免袋与袋之间的缝隙过大。在垂直摞或接近垂直叠摞植生袋时,每摞高 1 m 时,应该在基面上打固定桩,把此层植生袋拉紧、固定住,防止墙体倒塌。

植生袋码放情况见图 4.6-1。

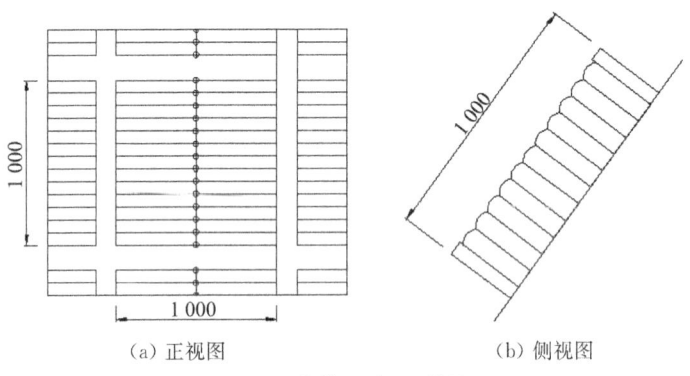

(a) 正视图　　　　(b) 侧视图

图 4.6-1　植生袋码放图(单位:mm)

(3) 加固植生袋

植生袋应选用干燥的土壤装填,填土宜采用种植土、河砂、腐殖质及肥料按一定比例拌合而成。填土植生袋装土前尺寸为 60 cm×40 cm,装土后尺寸宜为 50 cm×30 cm×10 cm,平均每平方坡面使用植生袋不宜少于 18 个。植生袋一旦装土后就不应再进行运输,以免划破内表面。

植生袋垒砌固定方式有两种,一种是借助自身咬合挤压形成坡体并依靠边坡摩阻固定,一种是借助工程设施固定。第一种方式适用的边坡坡度较缓,并且为了稳定性,必须减薄植生袋袋体厚度和坡面厚度。而减薄坡面厚度则无法为植被生长提供有效的土壤厚度,甚至会削弱防风化、水土保持功能;减薄植生袋袋体厚度也不利于为植物种子萌芽生长提供良好条件;在缓和边坡使用植生袋加固方式显然不经济,从此第一种方法在工程中鲜有应用。第二种方法多采用借助框架梁承载植生袋下滑力,保证植生袋结构稳固。框架梁结构为预制或现浇而成的条柱状混凝土构件,以矩形网格或菱形固定于坡面,网格尺寸为3～4 m,加固土质坡面、软弱岩面、强风化岩面。为增强加固效果,一般与锚索、预应力锚杆结合应用;通过锚杆、锚索加强连接框格节点,构成复合体系。每垒砌 4.0 m 高度便通过高强土工格栅包裹固定于锚杆;格栅外部再增设 ϕ 16 mm 钢筋,并和锚杆钢筋焊接后形成网罩,起到固定植生袋坡体的作用。

植生袋+锚杆网罩的固定方式见图 4.6-2。

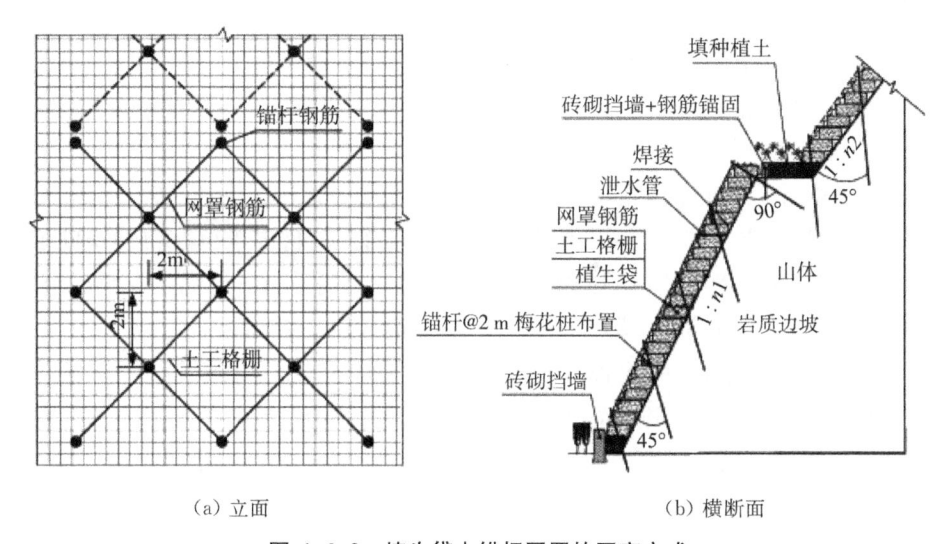

图 4.6-2 植生袋+锚杆网罩的固定方式

单体植生袋堆垒或叠放,用钢钎或锚杆(直径 6～8 mm)等按 3～6 根/m² 的标准将其加固(或纵横向上均按隔行和隔列的方式打钢钎或锚杆),防止倒塌,钢钎或锚杆长度不得小于 70 cm。连体植生袋紧固件采用锚杆或钢钎(直径 6～8 mm,长度 15～40 cm),岩石处用电钻钻孔后用铆钉紧固。紧固件不少于 5 只/m²。

(4) 养护

植生袋边坡的养护分连续性养护和自然式养护两个阶段。

连续性养护阶段:铺植生袋前 1～2 天,应灌足底水,以利保墒。植生袋施工期间应浇水养护,每次浇水量以湿透 10 cm 土层为宜,以保证植物生长需要。植生袋铺设后 15 天内宜早晚各浇水 1 次,16～30 天期间每天浇水 1 次,31～60 天期间每周浇水 2 次,60 天以上可根据长势和天气情况适当浇水。当遇到极端干旱天气时,应适当增加浇水频率和浇水量,当遇到降雨天气时,可适当减少。在持续养护 90 天后便可进入自然式养护阶段,即遵循植被的生长规律,在春、秋、冬三季分次限量灌溉浇水。

追肥:虽植生袋含有一定数量的肥料,但为了保证草苗能茁壮生长,在有条件的情况下可进行追肥。一般在植生袋施工结束 2 个月后追肥 1 次,具体的施肥量根据植被类型、生长情况及季节灵活确定。追肥量可采用尿素,用稀释后的水溶液喷洒。追肥后一定要用清水清洗叶面,以免烧伤幼苗。

4.6.3 施工质量控制

植生袋护坡施工质量控制要素主要有植生袋质量、草种质量、铺设造型及尺寸质量、联结扣等。

(1) 植生袋质量控制

植生袋对无纺布基材要求棉、麻、毛、纸和木质等天然纤维和涤纶、丙纶、尼龙、维尼纶等合成纤维,浆料必须是对植物无害的。基材要求可在自然条件下短期降解、不在环境中残留污染物,在尽量轻薄的前提下有一定强度方便运输,材料的成分和质地应符合草坪草种子发芽、出苗、生长的规律要求。

植生袋规格尺寸应符合设计要求,产品包装应符合 GB/T 191 要求;抗拉强度应按 GB/T 1040.1 进行检测,且不得低于 19 kN/m;断裂伸长率应按 GB/T 17690—1999 进行检测,且不得高于 20%。

植生袋充填种植土后应饱满外观尺寸,使其满足设计要求;码放完成后,外立面平整度应在±50 mm 以内。

(2) 草种质量控制

一般纯度要在 80% 以上,净度要求达 95% 以上,含水量要在 14% 以下。植生袋草籽发芽率总体要求应大于 70%,其根据不同草种的特性有所不同,比如白三叶为 90% 以上,早熟禾、羊茅、剪股颖、星星草等要求 80% 以上。

植生袋种子均匀度非常重要,要求每平方厘米内应有种子 1 粒以上,两平方厘米必须保苗 1 株以上。

(3) 对黏合剂的质量控制

植生袋生产的黏合剂选择是一个关键。黏合剂的黏结程度直接影响到植生袋的质量。黏合剂的黏合程度太高,将会影响种子的发芽率,黏合度低则两层带基黏合不牢,易分离。目前使用的黏合剂多为羧甲基纤维素或甲基纤维+阿拉伯胶+蔗糖的混合物。

(4) 植生袋成品的保管与贮藏

植生袋成品的保管与贮藏这项工作十分重要,比草籽的保管要求还要严格。植生袋作为可降解材料,易吸水、发热,因此要在干燥、凉爽的库房保管,严防潮湿和高温,避免阳光直晒。在存放或运输时,必须要将植生袋捆绑平放,防止草籽移动,影响质量。

(5) 施工质量控制标准

施工质量控制主要参数见表 4.6-1。

表 4.6-1　植生袋护坡施工质量控制标准(参考)

单位工程名称				单元工程量	
分部工程名称				施工单位	
单元工程名称、编号				施工日期	年月日—年月日
项次		检验项目	质量要求	检验方法	检验次数
主控项目	1	植生袋质量	具有质量合格证、抗拉强度、撕裂强力、CBR顶破强力、等效孔径、尺寸偏差满足设计要求	检查检测	每批次
	2	码放外立面平整度	整齐规则,与岸坡协调平整度±0.05 m	检查检测	每 50～100 m² 测 1 次
	3	密度	种植密度±10%	检测	每 50～100 m² 测 1 次
		种子	种子发芽率大于70%	检查检测	每批次 1 次
	4	植被成活率/覆盖率	90%或符合设计要求	检测	每 50～100 m² 测 1 次
一般项目	1	锚杆	符合设计要求	检查检测	每 50～100 m² 测 1 次
	2	尺度	成品标准长度误差±0.02 m;	测量	每批次

4.7　土工格室柔性护坡

4.7.1　土工格室柔性护坡简介

土工格室柔性护坡是在表层稳定性差、缺少植物生长土壤条件的坡面上固定土工格室,然后在格室内填充种植土,喷播适宜的草种,从而形成植被防护体系的一种边坡防护型式。土工格室柔性护坡是将土工格室与植被相结合的一种生态护坡形式,一方面土工格室对格室内填土的限制作用,能够减少土体的位移,改变水流方向,从而减少降水对边坡的冲蚀作用;另一方面能使坡面快速恢复植被,形成自然生态边坡,起到有效防治强风化石质边坡和土石混合边坡的水土流失作用,恢复边坡生态环境。

土工格室护坡具有节省施工时间、劳动力和成本的优点,是一种耐用的土工材料,在河道、道路交通等护坡等工程中起着重要作用。

4.7.2 材料分类及性能指标

土工格室是一种由高强度的 HDPE 宽带、呈长条形的热塑性塑料片材,经超声焊接、注塑、栓接、插接、铆接方式进行连接,拉展后呈蜂窝状的三维立体网状结构。土工格室的高度、格室片的厚度、焊接距离等因素对土工格室的工程性能有着重要的影响。

土工格室材料具有以下特点:

(1) 伸缩自如,运输时可缩叠,使用时可张拉成网状,填入泥土、碎石、混凝土等松散物料,形成具有大刚度和强大侧向限制的结构体。

(2) 材质轻、耐磨损、耐光氧老化、化学性能稳定、耐酸碱,适用于不同土质条件。

(3) 较高的侧向限制和防滑,防变形,有效的增强承载能力和分散荷载作用。

(4) 改变土工格室高度、焊距等几何尺寸可满足不同的工程需要。

(5) 伸缩自如,运输体积小;连接方便、施工速度快。

4.7.2.1 土工格室分类

土工格室按主要原料成分可分为聚丙烯(PP)土工格室和聚乙烯(PE)土工格室。

土工格室按是否需要打孔可分为有孔土工格室和无孔土工格室(图 4.7-1)。

土工格室常用高度为 50 mm、100 mm、150 mm、200 mm,常用孔径为 200 mm、250 mm、300 mm、350 mm、400 mm,常用厚度为 1.0 mm、1.1 mm、1.2 mm、1.5 mm、1.6 mm。

长条片材的宽度即为格室的高。格室未展开时,在同一条片材的同一侧,相邻两条焊缝之间的距离为焊接距离。

单组塑料土工格室见图 4.7-2。

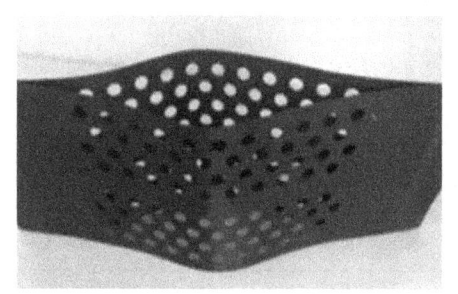

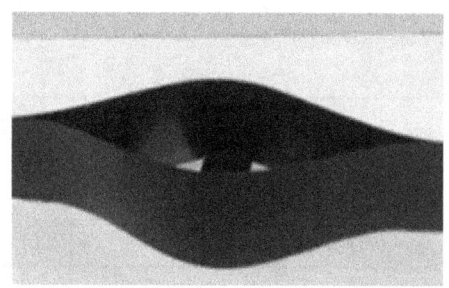

图 4.7-1 有孔土工格室和无孔土工格室

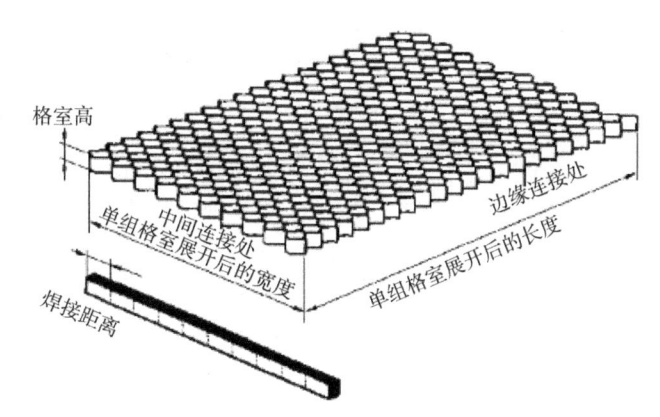

图 4.7-2 单组塑料土工格室的示意图

4.7.2.2 土工格室性能指标

生产土工格室时需使用配混料，应含有必需的添加剂，且添加剂应均匀分散。生产原材料应满足表 4.7-1 基本性能的要求。

表 4.7-1 塑料土工格室性能指标要求

序号	项目	单位	聚丙烯材料	聚乙烯材料
1	环境应力开裂 F_{50}	h	—	≥800
2	低温脆化温度	℃	≤−23	≤−50
3	维卡软化温度	℃	≥142	≥112
4	氧化诱导时间	min	≥20	≥20

单组土工格室的展开面积应不小于 4 m×5 m。格室片边缘联结处与邻近的焊接的距离应不大于 10 cm。土工格室的尺寸及偏差应满足表 4.7-2 要求。

特殊规格的土工格室，可由供需双方商定。

表 4.7-2 塑料土工格室的尺寸偏差

序号	格室高 H /mm 标称值	偏差	格室片厚 T /mm 标称值	焊接距离 A /mm 标称值	偏差
1	100< H ≤200	±2	≥1.1	330≤ A <800	±15
2	H ≤100	±1			

土工格室的力学性能指标应符合表 4.7-3 的规定。

表 4.7-3 塑料土工格室的技术要求

序号	测试项目		单位	材质为PP的土工格室	材质为PE的土工格室
1	外观			格室片平整、无气泡、无沟痕	
2	焊接处抗拉强度		N/cm	≥100	≥100
3	格室片的拉伸屈服强度		MPa	≥23	≥20
4	格室组间连接处抗拉强度	格室片边缘	N/cm	≥200	≥200
5		格室片中间	N/cm	≥120	≥120

4.7.3　适用范围及施工方法

4.7.3.1　适用范围

（1）适用区域

在我国各地区均可应用，但在干旱和半干旱地区应保证养护用水持续供给。

（2）边坡条件

基体岩性：适用于泥岩、灰岩、砂岩等岩质边坡。

坡率及坡高：坡率不陡于 1∶0.5，常用坡率不大于 1∶0.75，每级坡高不超过 10 m。

稳定性：稳定边坡。

（3）水位

适用于常水位及以上范围。

一般施工选在春季和秋季进行，应尽量避免在暴雨季节施工。

4.7.3.2 施工方法

土工格室植草护坡施工工艺流程为:坡面平整→排水设施施工→土工格室施工→客土回填压实→植草→盖无纺布→养护。

(1) 坡面平整

坡面的平整度是影响土工格室柔性护坡工程效果的关键因素,坡面凹凸不平容易导致土工格室铺设后产生应力集中,使得土工格室焊点开裂,造成格室垮塌。因此,可以采用人工方式进行边坡修整,清除坡面浮石,危石等,整平坡面达到设计要求。

(2) 排水设施施工

边坡排水系统设置的合理性和完善性直接影响到边坡植被的生长环境,对于长度较长的大边坡而言,坡脚、坡顶及平台均须设置排水设施,如排水沟;根据坡面水流量的大小考虑是否设置坡面排水沟,坡面排水沟横向间距一般为40~50 m。

(3) 土工格室施工

土工格室应以主受力方向由上向下、从坡顶往坡底顺势均匀铺设,使格室片材垂直于边坡,绝不可横向铺设(图 4.7-3)。

① 采用插件式连接法连接土工格室单元。连接时对齐未展开的土工格室组件,将相应的连接塑件对准,插入特制的圆销后展开。连接时,根据坡率的不同采用不同单元组合形式。当坡率大于 1∶1 时,采用平铺式护坡形式;当坡率为 1∶1~1∶0.5 时,采用叠置式护坡形式。土工格室采用叠砌时应保持上下层间联结牢固,总高度大于 3.0 m 时,应设置戗台分级过渡,分级高度宜为1.50 m,戗台宽度不宜小于 0.80 m。

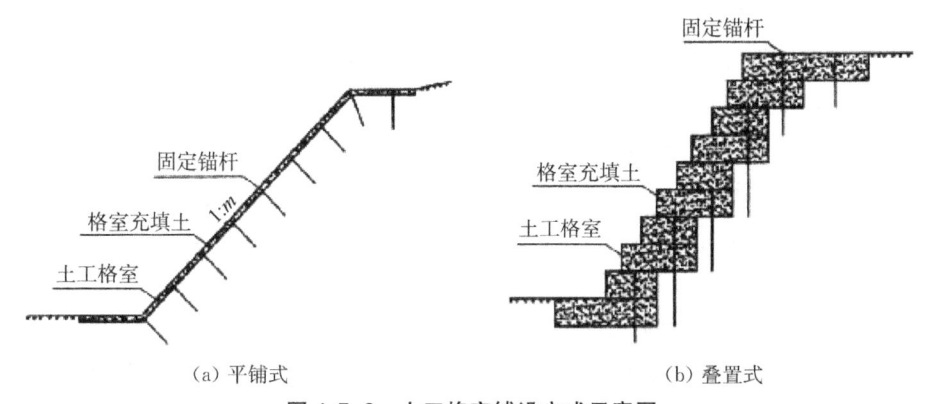

图 4.7-3 土工格室铺设方式示意图

② 在坡面上放样锚杆位置,锚固宜采用钢筋或锚钉,锚筋直径不小于 8 mm。采用直径为 $\Phi 38\sim\Phi 42$ 的钻杆进行钻孔,按要求进行冲孔,冲孔完成后对孔内进行砂浆灌注。根据岩石坡面破碎状况,锚杆长度一般在 200~300 cm,锚杆间距宜为 50~100 cm,入土长度宜为 20~50 cm。

③ 按设计要求加工制作锚杆,并做除锈、防锈处理,悬在坡面外的锚杆应套内径为 $\Phi 25$ 的聚丙烯或聚乙烯软塑料管,管内用油脂充满,端部进行密封。

④ 铺设时,打开土工格室网,将其平放在斜坡上,在坡顶先用固定钉或 U 形锚进行固定,按设计图纸要求开展,在坡脚用固定钉或 U 形锚固定,其间按图纸要求用锚杆固定。当在土工格室上加铺三维植被网时,土工格室应预系土工绳,以备与三维网连接绑扎。

⑤ 锚固斜坡中间的网格。固定顶部后,先固定张拉土工格室网左右两侧的边缘,然后用锚定器临时固定底部开口。然后,根据图纸尺寸安装并定位在斜坡中间的网格。

⑥ 锚固底端网格。将底端的土工格栅网格边缘埋入坡底,填入填压沟,并用 J 型锚杆锚固土工格栅网格边缘。

⑦ 按照上述方法,一个接一个地铺设土工格室网成一组土工格室网络。对齐相邻的土工格室网络,两侧相互连接,并使用特殊的搭扣将端部连接在一起,从而将相邻的土工格室网络连接成一个整体。

⑧ 进行边坡平台及第一级平台填土施工,用于在坡面上固定土工格室。

(4) 客土回填压实

土工格室固定好后,及时向格室内回填种植土。边坡上回填土壤时,首先从边坡顶部开始填充,充分填满每一个格室单元,不留有空隙,而且要保证回填土基本与格室齐平。充填时用振动板使之密实,靠近表面时使用潮湿的黏土回填,并保持预系的土工绳露出。

第一段铺设完毕后,即可进行下一段的铺设,直至最终完成。土工格室内填土要从最上层开始分段进行,初期铺设时,上端一定要锚固好,可新增附加锚钉。一般情况下,上部至少每间隔一个格室增设一个锚钉或锚杆,等全部铺设完成并填充压实后,可取掉附加锚钉。

依据现场施工条件,填土可采用机械或人工施工。土工格室上的第一层填土摊铺宜采纳轻型推土机或前置装载机,填料不应直接卸在土工格室上面,必须卸在已摊铺完毕的土面上,填土前禁止机械设备碾压土工格室。

填土完成后使用碾轧设备进行夯实工作,以防移位。为了防止重物冲击对已完成坡面的破坏,要求碾轧设备的势能高度不得超过 1 m。

(5) 植草

选用当地乡土灌草种。植草可以采用人工或喷播方式。人工种草是在回填土表面距格室上沿 2 cm 时,播入植物种,然后再完成覆土。喷播方式是按设计配合比配制草种、木纤维、黏合剂、保水剂、染色剂、肥料及水的混合料,经过机械充分搅拌,形成均匀的混合液,然后通过高压泵的作用,将混合液高速均匀地喷播到已处理好的坡面上,形成均匀的覆盖物保护下的草种层,多余的水渗入土中,纤维、胶体形成半透明的保湿表层。

除了铺种草籽外,坡面也可点缀 2~3 年生的花灌木,以增强后期坡面景观效果。

(6) 盖无纺布

草种播完后立即覆盖无纺布。无纺布搭接处(不少于 15 cm)及每片无纺布的头尾均用铁丝钉或竹签加以固定,并撒上少量的细砂或细土压边。无纺布的主要作用是减少坡面水分蒸发、实现保温保湿、改善种子发芽生长环境、防止鸟禽啄食种子,同时还可以减轻强降水对种子的冲刷。当草苗长至 3~5 cm 时应趁阴天或下午 3 点以后,及时掀去无纺布,经一夜露水提苗,使幼苗能尽快适应大自然的气候环境。也可采用稻草、秸秆编织席覆盖。

(7) 前期养护

洒水养护:用高压喷雾器使养护水形成雾状均匀地喷洒坡面,注意控制好喷头移动速度以及与坡面的距离,做到无高压射流水冲击坡面形成表面径流。养护时间视坡面植被生长状况而定,一般不少于 45 天。

追肥:应根据植物生长需要及时追肥。

病虫害防治:定期喷广谱药剂,及时预防病虫害的发生。

及时补播:草种发芽后,对于稀疏无草区应及时进行补播。

土工格室施工过程及效果见图 4.7-4。

4.7.4 施工质量控制

土工格室护坡施工质量控制要素有坡面平整度、土工格室铺设质量、草种质量及发芽率、土工格室质量及连接牢固度、回填土质量及压实度等。

(1) 坡面平整度质量控制。

铺设土工格室的坡面平整度应满足设计要求。

(2) 土工格室铺设质量控制。

铺设施工过程中格室的张拉是关键,要确保格室处于张力状态,不得有放松现象,应拉直平顺并紧贴下承层,保证受力均匀张拉至正菱形。为避免土工

图 4.7-4 土工格室施工过程及效果示意图

格栅张拉状态受温度影响,宜在每天气温最高时铺设。

土工格室锚固牢固度及连接处牢固度应满足要求。

(3) 回填土质量控制

回填土应符合现行国家标准《土壤环境质量农用地土壤污染风险管控标准》(GB 15618—2018)的有关规定,可选用黏性红壤、黄壤等细粒土,含水量不应小于30%。使用前宜进行土壤消毒。土工格室内填土应密实,确定填筑压实质量达到规范要求。

(4) 土工格室材料性能及储存质量控制

土工格室材料性能指标应满足第4.7.2章节所列指标要求及《土工合成材料塑料土工格室》(GB/T 19274—2003)规定。

土工格室在装卸和运输过程中不得重压,严禁使用铁钩等锐利工具,避免划伤,运输时不得在阳光下曝晒。

(5) 种子质量控制

应根据当地气候、播种季节的降雨量、植物生长特点等因素进行选择,应符合下列规定:

① 宜选择种子、营养体大小适中、轻重适中等适宜喷播的植物种。

② 草本植物种子质量不应低于《禾本科草种子质量分级》(GB 6142—

③ 木本科植物种子质量不应低于《林木种子质量分级》(GB 7908—1999)中所规定的二级质量标准。

④ 目标植物种子使用前应测定发芽率,对于不易发芽的植物种子喷播前进行催芽处理。

(6) 施工质量控制标准

施工质量主要控制参数见表 4.7-4。

表 4.7-4　土工格室护坡施工质量控制标准(参考)

单位工程名称				单元工程量	
分部工程名称				施工单位	
单元工程名称、编号				施工日期	年月日—年月日
项次		检验项目	质量要求	检验方法	检验数
主控项目	1	土工格室片质量	具有质量合格证、核实强度、焊接质量、完好率;尺寸偏差、抗老化指标满足设计要求	检验	每50组检测1处,不少于3次
	2	种子发芽率	70%或符合设计要求	试验检测	每批次1次
	3	植被成活率/覆盖率	符合设计要求	检测	每 50～100 m² 测1次
一般项目	1	坡面平整度	坡面无树根、塑料等杂物,坡面平整允许偏差为±3 cm	量测	每50～100 m² 检测1处
	2	种植土配合比及厚度	种植土组分配合比满足植被生长要求,填铺后的允许偏差为±3 cm	量测	每50～100 m² 检测1处
	3	土工格室搭接件	锚固孔完好,锚筋或高强纤维连接牢固	检测	每批次1次
	4	土工布质量	土工布单位质量、强度符合设计要求	检测	每批次1次
	5	覆土厚度	无U形钉、土工格室外露现象,表面平整	量测	每20 m检查一个断面,用直尺确定厚度

4.8 生态袋护坡

4.8.1 生态袋护坡简介

生态袋属于工合成材料中的一种,其概念由"土工袋"概念衍生而来。生态袋护坡和植生袋护坡的主要区别在生态袋的不可降解性、持久耐用性。生态袋护坡主要由生态袋、联结扣、填充材料、土工格栅、编织土工布等构成。

对于松散的土颗粒来说,在尤斯特龙效应影响和水流的搬运作用下,容易被搬离原地。生态袋中装入密实的土料后,按一定排列方式堆砌,袋与袋之间通过联结扣组成一个牢固的护坡系统,这样即使再大的水流,也不能将土颗粒轻易搬运。

生态袋有一定强度、一定规格,其一端开口,可以填充种植土或营养土。填充的物质是植物生长发育的基质材料,填土与袋体对植被具有支撑作用和涵养作用,并在缓冲和稳定环境变化方面起着重要作用。因此,生态袋产品问世后得到了迅速的推广应用,通常被用于水利、市政、交通等行业需要进行快速生态修复的永久工程中,后来不断扩大应用范围,甚至被用于支挡防护结构、收缩坡脚。

由于生态袋具有透水不透土的过滤功能,边坡具备高度透水性的特征,对土壤流失、边坡塌方、局部泥(土)石流等具有很强的稳定和防护作用,可成为永久性高稳定自然边坡。

生态袋护坡具有以下优点:

(1) 柔性永久结构良好。生态袋结构为柔性结构,对不均匀沉降有良好的适应性,能承受一定的沉降和位移,在发生一定程度的变形时不产生明显的应力集中;对冲击力有很好的缓冲作用、减震抗震性好。在植物根系的作用下,结构面层同自然坡面结构形成一个有机的整体,不宜产生分离或崩塌等现象;随着时间的推移,植物根系进一步壮大发达,结构的牢固性和稳定性还会进一步加强。

(2) 生态效应友好。生态袋护坡不用钢筋、水泥、混凝土等传统建材,不产生建筑垃圾和施工噪声污染,可以与生态环境和谐融合。袋内的植物种子分布更加均匀,不受水流冲刷和人为因素的扰动,节约了种子的播种时间。植物种子的选择更加多样化,可以乔、灌、藤、草结合,植物成活率高、成长速度快,坡面绿化效果好,充分发挥植物的水土保持、生态修复功能,有利于生态系统的快速恢复。

（3）施工简单快捷。生态袋由工厂定制而成，材料轻便，易运输易储存；填料大多可以就地取材。施工无需大型机械，对施工设备和施工人员的专业技术要求低。

4.8.2 生态袋护坡结构形式

生态袋利用"生态袋＋连接扣＋植被"，通过正三角稳固堆积方式构成3D护坡植生绿化系统，形成三角内摩擦紧缩结构，整体受力稳定，具有科学的稳定性，再加上植被根系穿透生态袋扎入边坡使得边坡更加稳固（见图4.8-1和图4.8-2）。

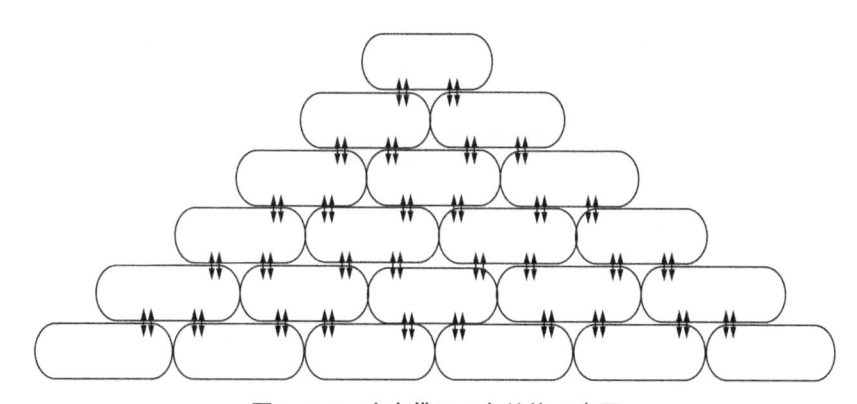

图4.8-1 生态袋正三角结构示意图

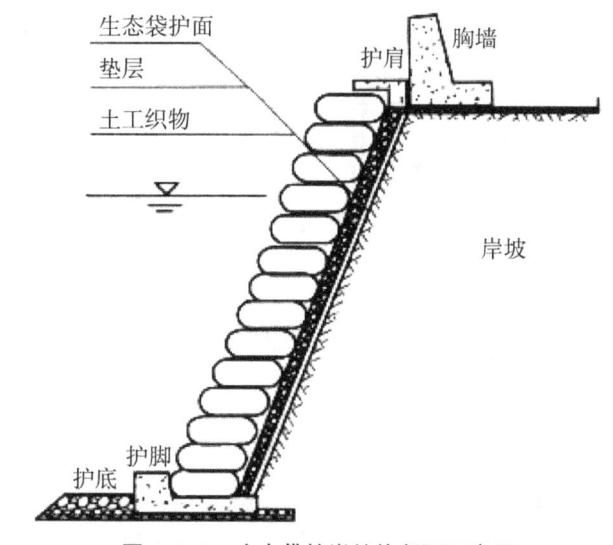

图4.8-2 生态袋护岸结构断面示意图

生态袋护岸的护肩宽度可以取 1～3 m，厚度应根据使用需求确定。坡肩宽度不宜小于 1 m，且至少大于一个生态袋的实际厚度。护底部位应根据河势和岸坡稳定要求确定，护底块石厚度应大于护底块石粒径的 2 倍。常年的水下结构部分可不做垫层，采用无纺布作为反滤层；对于水上结构部分，可采用不小于 15 cm 厚的素土层作为垫层。

对于坡度平缓的河道边岸，还应设置肩台，如图 4.8-3 所示。肩台的垫层可以采用 10～15 cm 厚的碎（卵）石层，肩台可采用 20 cm、强度不低于 C20 的混凝土。

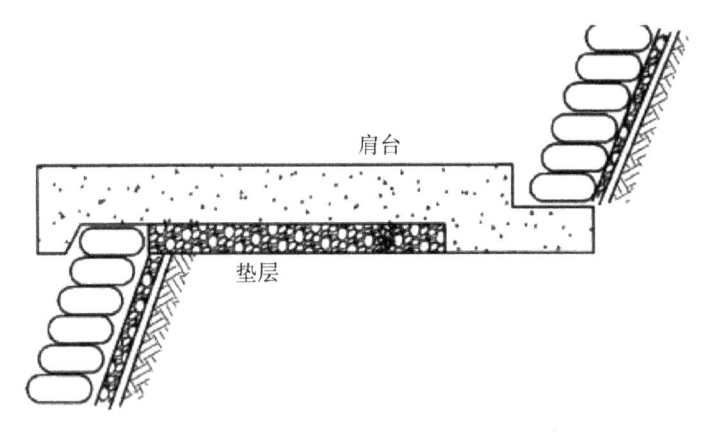

图 4.8-3　护岸型生态袋结构肩台断面示意图

对于坡度较陡、墙体较大、墙面承受较大流水侵蚀或波浪压力的河道边岸，宜采用生态袋护岸结构防护骨架堆叠法结构，如图 4.8-4 所示。这类边岸

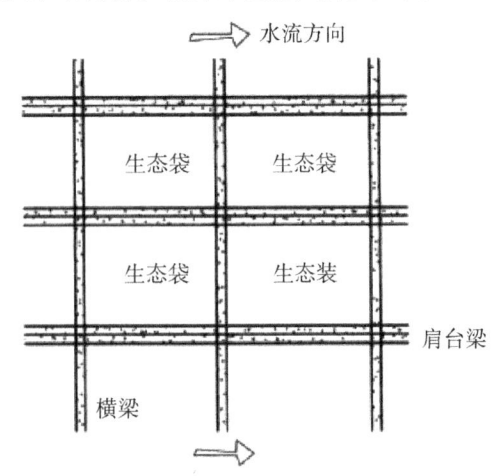

图 4.8-4　护岸型生态袋结构防护骨架示意图

用刚性防护骨架承受来自坡面内外的绝大部分受力。防护骨架采用混凝土浇筑,一般尺寸不低于3 m×3 m;防护骨架内预埋设好生态袋的连接构件,顺水流方向的梁应局部或整体加筋。

4.8.3 材料分类及性能指标

4.8.3.1 生态袋

生态袋常用规格有815 mm×430 mm、800 mm×400 mm。生态袋袋体材料由不可降解的高强抗紫外线、抗冻融、耐酸碱的生态合成材料针刺制成,通常采用PP(聚丙烯)或PET(聚酯纤维)为原材料,具有良好的抗高低温、抗紫外线、抗老化、无毒、不助燃、裂口不延伸等特点,透水不透土。袋内装填营养土,植物种子混入袋内营养土中;或植物种子内嵌在袋体内侧,将营养土作为基土。抗冲生态袋面层见图4.8-5。

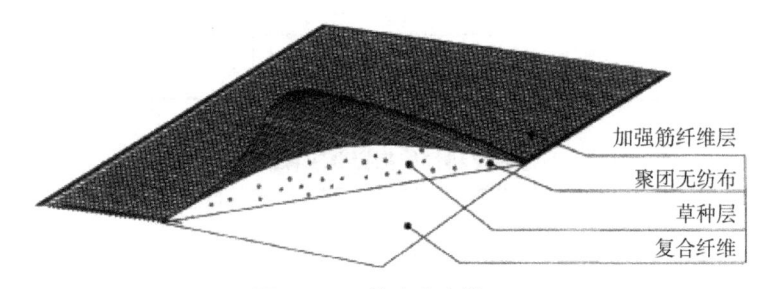

图4.8-5 抗冲生态袋面层

目前对于生态袋材料性能指标,还没有国家统一标准,多是地方标准或企业标准,此处简单列举行业标准、地方标准和国内企业标准。

生态袋材料性能指标可参照表4.8-1～表4.8-3。

表4.8-1 生态袋材料性能指标要求(水利行业标准)

序号	项目		单位	指标要求
1	断裂强度	经向	kN/m	≥8
		纬向	kN/m	≥10
2	断裂伸长率	经向	%	20～60
		纬向	%	20～100

续表

序号	项目		单位	指标要求
3	纵横向撕破强度		kN	≥0.2
4	CBR顶破强力		kN	≥1.4
5	抗老化指标(强度保持率/照射时间)	荧光紫外试验		≥80%/150 h
		氙弧辐射试验		≥70%/500 h
6	耐冻融断裂强度保持率(−40℃,120 h)			≥80%
7	单位面积质量		g/m²	≥90
8	保土性 $O_{95}<nd_{85}$/mm			0.1~0.2
9	渗透系数		cm/s	≥0.4
10	防堵梯度比 GR			<3

表4.8-2 生态袋材料性能指标要求(江苏省地方标准)

序号	项目	单位	指标要求	备注
1	单位面积质量	g/m²	≥50	
2	纵向断裂强度	kN/m	≥12	
3	横向断裂强度	kN/m	≥12	
4	断裂伸长率	%	<28	
5	CBR顶破强力	kN	≥1.4	
6	抗紫外线老化断裂强度保持率	%	≥70	Ⅱ型荧光紫外灯照射150 h
7	耐冻融处理断裂强度保持率	%	≥80	−40℃,120 h

第 4 章　附着型生态护坡

表 4.8-3　聚丙烯生态袋材料的性能指标要求（Q/BF 02—2020）

序号	项目	单位	指标要求									
1	单位面积质量	g/m²	100	150	200	250	300	350	400	450	500	600	800
2	克重偏差	g/m²	-8	-8	-8	-8	-7	-7	-7	-7	-6	-6	-6
3	厚度	mm	≥0.9	≥1.3	≥1.7	≥2.1	≥2.4	≥2.7	≥3	≥3.3	≥3.6	≥4.1	≥5
4	断裂强度	kN/m	2.5	4.5	6.5	8	9.5	11	12.5	14	16	19	25
5	CBR 顶破强力	kN	≥0.3	≥0.6	≥0.9	≥1.2	≥1.5	≥1.8	≥2.1	≥2.4	≥2.7	≥3.2	≥4
6	撕破强度	kN/m	≥0.08	≥0.12	≥0.16	≥0.2	≥0.24	≥0.28	≥0.33	≥0.38	≥0.42	≥0.46	≥0.6
7	抗酸碱性能（强度保持率）	%	≥80										
8	抗氧化性能	%	≥80										
9	抗紫外线老化断裂强度保持率	%	≥80										

从以上数据可以看出,针对生态袋的材料指标标准差距还比较大,因此在设计或施工时应根据项目实际情况进行选用。

4.8.3.2 填充土

生态袋材料采用种植土、砂土、底肥、有机料、改良剂和水混合后填充,如果采用草种散掺时,还含有草种。袋内材料可以就地选择适合植物生长的无污染土料,结合周边环境、土质、防护植被类型、施工季节等选择成活率高的多年生草本植物种子。

土壤成分包含:有机物质10%~15%;小于50 mm大于2 mm的颗粒、大于0.05 mm小于2 mm的颗粒、黏土。填充土的指标要求详见表4.8-4。其对过滤方面的要求须满足在经历至少10分钟的中到大雨或水冲刷60分钟后不能看见任何驻水。

肥料采用商用肥料产品或有机肥。

表 4.8-4　生态袋袋装种植土指标要求(体积比)

序号	项目	单位	指标要求	备注
1	有机物质	%	10~15	
2	小于50 mm大于2 mm的颗粒	%	60~70	
3	大于0.05 mm小于2 mm的颗粒	%	10~15	
4	黏土	%	0~5	

4.8.3.3 联结扣

生态袋联结扣(见图4.8-6)是由聚丙烯材料挤压成型的,可以快速连接或

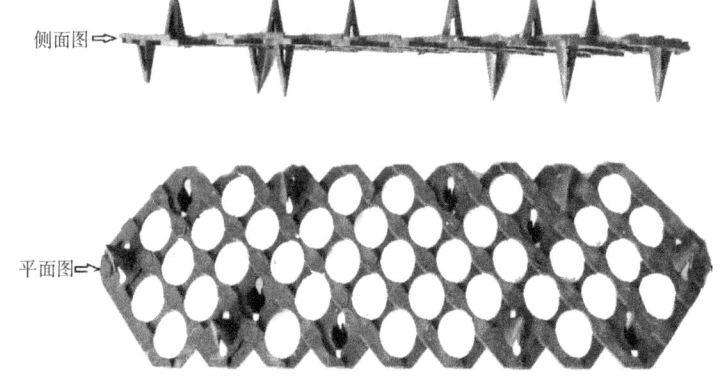

图 4.8-6　生态袋联结扣

分离两个物体。联结扣与袋子紧密相连,主要用于增强生态袋之间的剪切力,位置分布与结构力学相匹配,合理分散集中应力,增强生态袋护坡结构的整体性,充分发挥柔性结构的受力作用,形成稳定的正三角形内加强锁结构。联结扣性能指标要求见表4.8-5。

表 4.8-5 联结扣性能指标要求(参考)

序号	项目	内容	参数
1	规格外观	长度	335 mm±5 mm
2		宽度	120 mm±5 mm
3		颜色	黑色
4	技术指标	倒钩棘爪的剪切力(测试速度:50 mm/min,实验室环境:23±2℃,50±5%RH)	≥400 N
5		抗紫外线性	断裂强度保持率≥90%
6	特殊要求	降解时间	≥80年

4.8.3.4 土工格栅

土工格栅是采用聚氯乙烯、聚丙烯等高分子聚合物经热塑或模压而成的二维网格状或具有一定高度的三维立体网格屏栅。通常在生态袋护坡结构的回填土区水平铺设,可以提高地基承载力,增加填土稳定性;可以增加回填土连续性和整体性,减少沉降及有效控制不均匀沉降。土工格栅单位长度抗拉强度要求大于50 kN/m。在施工时将土工格栅伸入并固定在结构面层中,可增加生态袋结构的整体性。

4.8.4 适用范围及施工方法

4.8.4.1 适用范围

(1) 适用区域

在我国各地区均可应用,但在干旱和半干旱地区应保证养护用水持续供给。

(2) 边坡条件

基体岩性:适用于土质、砂砾石、岩石或混凝土等基体。

坡度及坡高:

① 坡度小于30°时,宜阶式压边扣紧平铺或顺坡挤密展铺,通过联结扣或

锚钉扞插入边坡基体内。

② 坡度为 30°～60°时，宜分层退台叠砌，退台宽度为 0.10～0.20 m、上下层丁顺搭配垒砌；总高度大于 3.0 m 时，应设置戗台进行分级过渡，分级高度一般为 1.50 m，戗台宽度宜大于 0.80 m；坡趾应采取防冲措施。

③ 当坡度大于 60°时，生态袋后侧则宜设置土工格栅。

稳定性：边坡自身稳定。

(3) 水位

适用于常水位以上及以下，常水位以下袋内填料应具有透水性，砂砾石或 10～50 mm 的级配碎石填充占比不宜小于 30%；水流速度不应大于 1.5～2.0 m/s，浪高不大于 1.5 m。

4.8.4.2 施工方法

生态袋护坡施工工艺流程为：场地准备→挡土结构及护岸结构基础施工→生态袋结构施工→排水设施施工→植被种植或喷播→洒水及养护（图 4.8-7）。

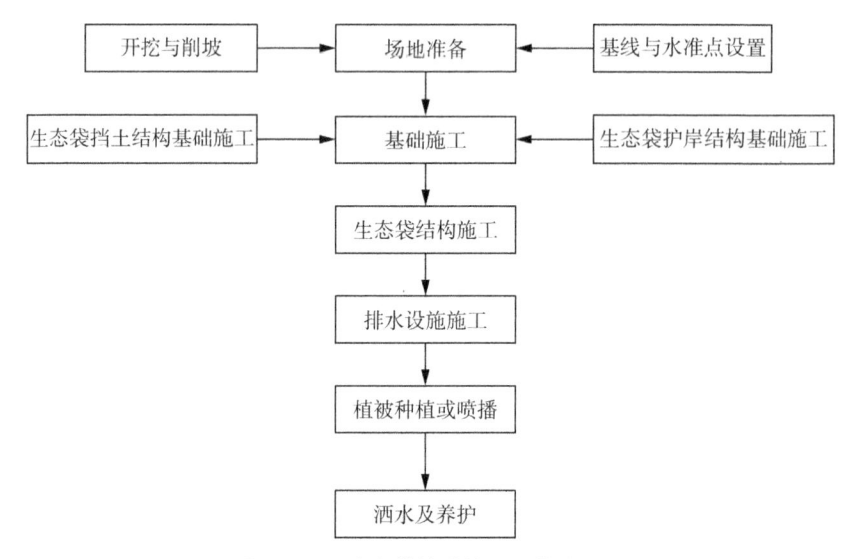

图 4.8-7 生态袋护坡施工工艺流程图

(1) 场地清理

① 基线与水准点设置

施工基线应选择视野条件好、不易发生位移和沉降、受施工和其他影响较小的地点,以便于施工期间进行检查和校核。施工水准点也应选择在不易发生位移和沉降、受其他影响较小的地点,在不同水位条件下均便于测量生态袋结构各部位;设点不宜少于两个,并设置在不同标高处。依据现场工地实际情况和设计图纸要求,准确地确定生态袋结构的平立面位置,以满足施工的要求。

② 开挖与削坡

施工前,应进行断面测量并布设断面控制标志。按照边坡设计坡度进行坡面清理和平整,清理后的基面采用小型机械进行整平压实。整平后的基面应及时进行报验,验收后避免扰动或长时间暴露,应尽快进行生态袋护坡体的施工。基面清理整平后若不能立即进行下一步施工,应做好坡体基面保护,护坡体施工前应再检验,必要时重新清理与整平压实。

对于需要开挖削坡的部分,应保证边坡的稳定性,弃土可就近存放以便用于填充生态袋。

图 4.8-8 清理边坡

(2) 基础施工

① 生态袋挡土结构基础施工

生态袋挡土结构基础施工包含地基面施工和垫层施工。

基面施工是指生态袋挡土结构的基层。对于变形要求、面层沉降不是很严格的生态袋结构而言,其基面平整度不做要求,只要基面大体平整即可。

基面施工较为简单,清除表面浮土并适度整平,清理后的基面应不含杂物、腐殖土、松土、树根、空洞松石以及尖锐的石块等;之后就可以放置底层生态袋,埋深为 1/8 坡高。生态袋护坡的基础包括直接与生态袋接触部分和生态袋后填土中有土工格栅的范围。

直接与生态袋接触部分的基础需要具有较小变形和较高承载力，以保证护坡结构稳定和外观的平顺。该部分基础通常采用碎石回填、灰土回填、水泥砂浆混凝土砖砌甚至素混凝土地基（图 4.8-9），或者仅进行简单的地基处理，厚度为 20~30 cm。在混凝土或水泥砂浆未凝固之前放入三维排水联结扣，同时每隔 2 m 留排水孔。

图 4.8-9　生态袋素混凝土基础

在生态袋后填土中有土工格栅的地基范围内，一般仅需地基土在含水率不高于最优含水率 4% 的条件下压实度不小于 80% 即可。

垫层的主要作用是排水，材料可选用具有排水功能的建筑废料或者矿渣。垫层的压实可选用板式压实设备，压实度要求不小于该材料最大干密度的 90%。垫层材质对填充后的生态袋不应造成损坏。垫层的厚度不宜小于 15 cm，垫层侧边距邻近墙踵和墙趾至少 15 cm，基础埋深不小于 50 cm 为宜。通常在垫层与生态袋面层之间宜设置土工布，起到分隔作用以防止基底土颗粒的流失。

② 生态袋护岸结构基础施工

护岸的护脚和护底应根据设计的要求、自然条件和施工能力等条件进行分层分段施工。开挖过程中要检查原坡面土质是否满足要求，若场地土质较差，不能满足压实或整平要求，可增设一层碎石垫层，整平好的表面上不宜再受扰动，以免影响平整度。

当生态袋和基体之间有渗透稳定和反滤要求时，生态袋码放之前须铺设符合要求的反滤土工布,单重规格不小于 300 g/m²。土工布在大多数情况下可以代替碎石垫层,但是当生态袋面层需要承受波浪荷载时,碎石垫层则不能省略。土工布主要起到反滤作用,允许水体渗出,同时避免土体流失,防止发生渗透破坏现象。土质基上应避免土工布搭接,若必须搭接时,搭接宽度不少于 50 cm。铺设反滤土工布现场见图 4.8-10。

图 4.8-10 铺设反滤土工布

对于基层边坡稳定性不能满足要求的边坡或高陡边坡,可使用锚杆进行锚固,以增强边坡稳定性。锚杆一端与生态袋结构连接,另一端锚固在基层内,利用锚固力来维持生态袋护坡结构稳定。坡面可采用梅花形式布置,间距 2 m、向上 15°锚入基层。在边坡边缘、坡转折处及 1/3 坡高处应适当增加锚固深度和锚杆数量。边坡基层锚固现场见图 4.8-11。

图 4.8-11 边坡基层锚固

(3) 生态袋结构施工

生态袋结构施工主要包含生态袋的充填、生态袋垒砌。

① 生态袋的充填

为了减少处理和运输成本,生态袋中填充料尽可能就地取材。对于不同领域、不同类型的袋体,最佳填充度略有不同,可以通过现场试验确定装填土后袋体的体积。通过计算生态袋填充后的体积,由实验室确定压缩填充土压实后的重度,可以通过控制单个袋体的重量,即袋体中土的密度来控制袋中土的填充度,通常生态袋填充率宜为 $75\%\sim85\%$;在人工充填时,以极限填充程度的 85% 作为理想填充程度。填充好后,可以用特制的拉扣,采用手工扎口或者工业用手提缝纫机,扎好口带。

生态袋充填后应饱满且具有扁平稳定形状,装袋后不小于 55 cm×30 cm×15 cm。以人工铺设为主的生态袋,每个袋体重量不宜超过 50 kg,摊平长宽尺寸一般为 75 cm×55 cm;以机械铺设为主的生态袋,根据机械设备的不同,摊平尺寸可为 1 m×1 m×0.3 m、1.2 m×1.2 m×0.35 m 等不同规格。生态袋填土后进行缝口,缝口线与袋口边缘距离宜大于 3 cm,避免漏缝、错缝。装土及封装后的生态袋见图 4.8-12。

图 4.8-12　装土及封装后的生态袋

对于植物种子混合在充填材料中的生态袋,植物种子与充填材料应按确定比例混合均匀。对于植物种子黏附在袋子内侧的生态袋,应选择合适的黏合剂,将种子按照适当的分布密度定植在生态袋内侧;填充材料时,避免蹭落种子。内附草籽生态袋见图 4.8-13。

② 生态袋垒砌

生态袋结构施工较为简单便捷,常见的施工方法有普通层堆法、加筋堆叠

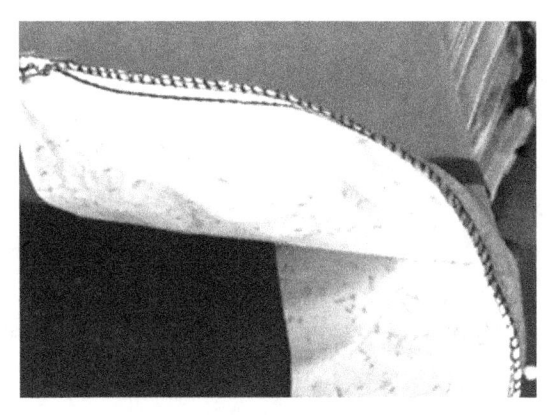

图 4.8-13　内附草籽生态袋

法、防护骨架法等。普通层堆法适用于坡高较低、坡度较缓的挡土结构及无水、波浪作用的河道边坡,仅需将生态袋紧贴坡面分层错位码放即可。加筋堆叠法适用于回填型的、坡面较高的、坡度较大的河道边坡,在被支挡区域或填土区设置拉筋,增加被支挡结构与生态袋面层的整体性,以减小不均匀沉降。防护骨架法适用于坡度较陡、墙体较大、墙面承受较大波浪压力或流水侵蚀的河道边坡,借助刚性防护骨架承受绝大部分坡面受力。三种不同的垒砌方法具体施工步骤在第 4.8.4.3 节详细说明。

(4) 排水设施的施工

为了排除墙后填料中的水分、防止坡内积水、避免生态袋结构面层承受额外的静水压力、降低拉筋与填料之间的摩擦力,生态袋护坡应在坡顶或坡面设置排水设施,并应与墙体结构同步施工、同时完成。

对于基层为膨胀土的边坡,为了防止雨水从坡面和坡顶通过生态袋渗入边坡,须在生态袋与土坡基层之间设置一层防渗土工膜。

当采用细粒土填料并有地表水渗入时,宜在面层后设置 30～50 cm 的排水层,用来加强填土区排水,减少墙后的静水压力,用土工布将墙后填土与排水层分隔开来。坡顶可以设置截水沟,坡面可以安装泄水管,泄水管应能够保证加筋土层的水及时自流到坡体区域以外,排水管的出口应与排水沟连接或与坡后不影响坡体稳定性的集水口连接。排水管可用塑料波纹管或弹簧软管。排水管外侧用土工布进行包裹,起到过水滤土作用。积水主要用自身重力通过排水管排出坡外。生态袋坡体后的主排水管的直径不宜小于 75 mm,支排水管的坡度最小应不小于 2%,保证支管中的水能及时汇集到主排水管。护坡排水设

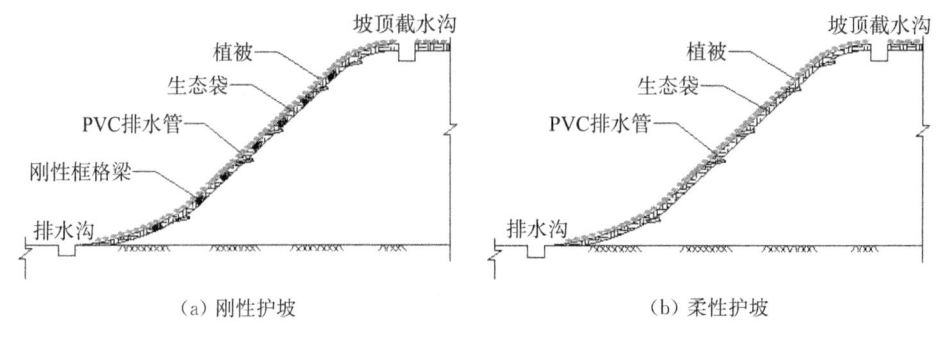

置见图 4.8-14。

图 4.8-14 护坡排水设置示意图
（a）刚性护坡　　（b）柔性护坡

(5) 生态袋结构绿化施工

生态袋护坡结构通过调配生态袋内的基质,形成了可达 30～40 cm 厚土层,生长环境较好,同时解决保肥、保水、防风蚀的问题,草本植物、小型的灌木,甚至一些小乔木都可以非常良好地生长,能很好地形成生物岛效应,植被效果良好。

生态袋结构施工完成后,尽快对生态袋面层进行绿化,使植物尽快覆满生态袋面层,减少生态袋因为风吹、雨水侵蚀、老化等而影响强度和寿命。当坡面绿化施工时间受限,生态袋暴露时间超过 3 个月时,使用其他遮盖物进行临时覆盖。

生态袋结构面层绿化施工方式主要有喷播、内黏播和插播等。

① 喷播

喷播是将草籽和营养肥、粉质物、纤维物、粒状物均匀混合,通过专门的大功率喷射机械喷洒在生态袋的表面,形成均匀的生物生长基覆盖层。喷播设备、施工方法基本同液压喷播植草护坡,此处不再赘述。

喷播完成后应采取必要措施防止草种脱落和移位,并使草籽尽快萌芽。喷播适用于大面积绿化作业,施工快捷方便,植被种子选择广,对环境适应性强,适应于各种边坡坡度,成本相对较低,是草本植物最常用的播种方式;但在水位变动区域不适用,要避免暴雨天气施工。

② 内黏播

在喷播方式中,由于生态袋的阻挡作用,草的主根系不能完全深入袋体内从而减弱绿化效果。与喷播绿化方式相比,内黏播可避免水流对草籽的冲刷及鸟类啄食造成种子损失;内黏播生态袋可以保证出草的均匀性、出草率,减少种子使用量,降低成本,出草速度快,成活率高;而且植物根系可以完全接触植物生长基,能较好地吸收土壤中营养,可长期保持良好的绿化效果。

如果内黏夹层采用纤维棉夹层,其内黏草种可选用豆科和禾本科草种,不宜使用豆科灌木,因为豆科灌木叶片较大,不易穿透纤维棉;如是无纺布,其内黏草种应选用禾本科草种,不宜使用豆科草种,因为豆科种子发芽时难以穿透无纺布夹层。

③ 插播

当采用苗木种子时,可在生态袋固定好之后将种子插入生态袋内的填充材料之中;依据苗木根系带的土球大小,在生态袋切割合适的一"丁"字小口,然后将苗木植入到"丁"字小口中,再用土壤回填到土穴缝边,然后埋土压实。幼苗根系的埋深以 2~3 cm 为宜。

(6) 洒水及养护

为保障高效地发挥绿化效益,生态袋铺设及植草完成后,应及时对其进行养护,养护措施可采用洒水养护、遮阳网覆盖及病虫害防治等,养护期不得少于 45 天。

当在夏季施工时,应及时覆盖遮阳网,当袋内植物草籽发芽长出后应及时撤除遮阳网。

生态袋洒水养护应遵循以下原则:

① 根据工程区气候特点、植物生长阶段与需水特性、袋内营养土配置及含水量情况等制定洒水养护方案;

② 避免使用工业废水或被污染的水进行养护;

③ 夏季洒水时间宜选在早晨或傍晚进行;

④ 洒水时应确保生态袋基本整体湿润,宜采用雾状喷淋方式养护。当使用喷枪洒水时,要避免喷枪正面对准边坡冲击,水滴要呈发散或雾状。

当需进行病虫害防治时,应选用环保的防治措施,减少对环境的破坏和影响。

4.8.4.3 生态袋垒砌施工方法

(1) 普通层堆法

施工时,首先按照设计坐标进行施工定位放线,在地形复杂区域宜多设置控制点。先将装填好的生态袋码放在垫层基础之上,创建底层,必须保证生态袋与垫层完整接触,埋深一般为 1/20~1/8 墙高。生态袋垒砌前先在坡面铺设一层反滤土工布,生态袋垒砌应由低到高、层层错缝施工,上下层搭接宽度不小于生态袋装填后宽度的 1/3。

第一层生态袋放实并保证外观平顺后,将第二层袋体错位码放在第一层袋体上。将联结扣水平放置在两个袋子之间、靠近袋子边缘的地方,以便每一个联结扣骑跨两个袋子,摇晃上层生态袋以便每一个联结扣刺穿袋子的中腹正下面。联结扣布置见图 4.8-15。

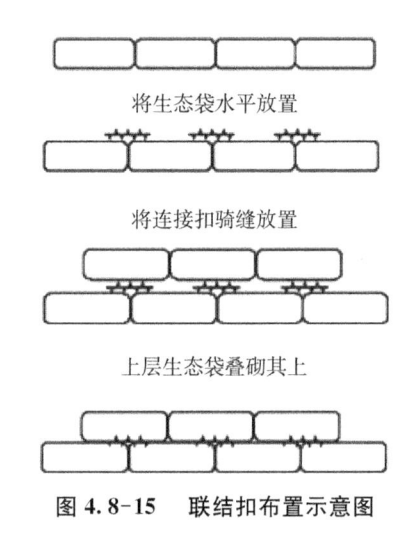

图 4.8-15 联结扣布置示意图

每层袋子铺设完成后需人工进行夯实,压力大小最好为四层生态袋的重力,确保联结扣和生态袋之间良好的互锁性,重复上述施工砌叠步骤,顺次码上各层生态袋,控制好各层立面倾角,必须检查各层生态袋平面水平度和纵向平直度;固定好顶层的生态袋,直至完成。铺设生态袋时,应将生态袋的缝线结合一侧向内摆放,确保外观整洁统一。每天的垒砌最大垂直高度一般不超过 2.0 m,要浇水做预,同时动态注意沉降后的情况。

垒砌时袋体与坡面间的回填土同步升高并逐层夯实,在转折处宜增设 T 形袋,袋与袋之间缝隙用土填实,袋体外侧应保持整齐平顺。建议采用细粒含量低于 50% 的沙砾土或细粒含量高于 50% 的低塑性细粒土用作回填土。位于地下水位以下的部位,应选择透水性材料回填;填料不应对生态袋造成化学、机械、生物的损害。

填土须分层碾压,松铺厚度宜为 20~30 cm;压实含水率误差不超过最优含水率±2%。每层填料摊铺后应及时碾压,如雨季施工,应做好遮盖和排水措施,防止填料摊铺后因不及时碾压而引起填料含水量变化;每天施工结束前的最后一遍碾压形成的坡向应与生态袋墙面的一致,以便填土区雨水能及时排走。卸料和摊铺机械与生态袋面层距离应不低于 1.5 m,以防止机械设备撞动了堆叠好的生态袋层。在距离生态袋墙面 1.5 m 范围内,只能用手工轻型机械振压,至少振压 3 遍,并满足设计要求。在结构的顶部,生态袋长边垂直于墙沿放置,以提供一个可靠的顶部。用回填土把结构顶部完全覆盖并压实;根据工程需要,可选择混凝土块或者不同厚度的条石作为生态袋结构的压顶。

普通层堆法施工见图 4.8-16。

图 4.8-16　普通层堆法施工示意图

(2) 加筋堆叠法

为了改善回填土性质、增加回填土区与生态袋面层之间的整体性,工程多在回填土区增设土工格栅或土工布,从而形成加筋作用,土工格栅和土工布也可称之为加筋材料。加筋堆叠法面层的施工方法和普通堆叠法类似,但主要是增加了加筋材料的施工。填料要求和普通层堆法一致,不能对加筋材料造成损害。

加筋材料采用反包设计,一般间隔 1.5～2 m 设置一层,折回包裹长度不小于 2 m,并用其顶层生态袋进行压紧固定。

加筋材料通常用生态袋结构面层上留出的锁定装置进行固定,一般采用标准联结扣,标准联结扣可以增加生态袋结构面层的整体性,将整个回填土、加筋材料和生态袋通过加筋结构形成一个有机的整体。加筋材料在生态袋结构中的设置如图 4.8-17 所示。为把加筋材料同标准联结扣连接,将加筋材料套在钩上,然后将其拉紧。一旦加筋材料被固定牢固,按水平方向放置要求的长度铺平,回填区通过从后向前的顺序进行回填土的填置,回填的重量将帮助加筋材料保持平整性。

当生态袋按要求码放好后,在墙后进行填土施工,当填土压实后的标高达

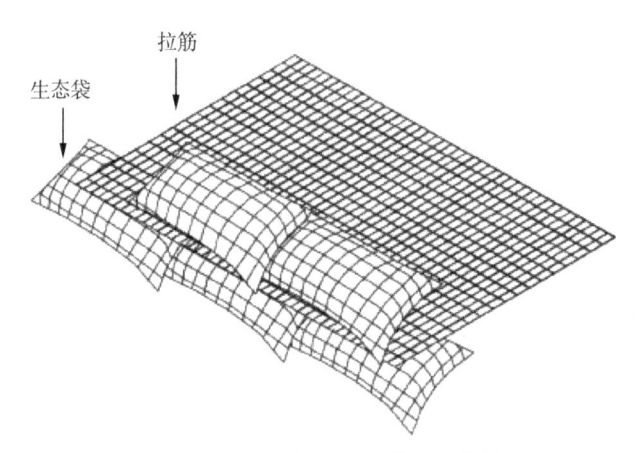

图 4.8-17　土工格栅在生态袋结构中的设置

到土工格栅安装标高时，开始安装土工格栅。土工格栅的施工对整个结构的变形控制与稳定性起到极为关键的作用。生态袋结构设计的受拉方向垂直于护坡挡土墙墙面方向，该方向只能由连续的一整片拉筋组成，不可将土工格栅进行搭接。在平行于生态袋护坡的方向，加筋材料可以搭接形成填土区，搭接长度不小于 50 cm，加筋材料覆盖率达到 100%。铺设时应尽量拉平绷紧，使土工格栅平行于水平面。为了提高工程质量，可以将土工格栅绷紧并用锚固在下层碾压土上，及时回填至少厚 15 cm 的回填土覆盖土工格栅。

对于墙面为弧形的生态袋结构，拉筋在填土区要实现 100% 的全覆盖，位于同一层中的土工格栅不可避免要产生搭接现象，这样就会影响生态袋结构的整体性。对于内弧生态袋结构（如图 4.8-18 所示），当在设计标高处放置拉筋网片后，可以在下一层生态袋上摆放拉筋网片，覆盖上原有拉筋网片处的空缺位置；在前一层拉筋网片未回填土覆盖前铺设好下一层补空拉筋网片。如遇到必须搭接土工格栅的情况，搭接部分的土工格栅一定要在底层格栅回填了一定厚度的回填土后才能铺设；上层格栅可以与水平面有小角度夹角。

摆放好拉筋网片后，采用倒退法进行分层墙后填土，每层填土厚度 15~20 cm，压实度不低于 95%。碾压设备行驶方向与格栅受力方向相垂直，在未覆盖填料的筋带上不得行驶或停车，避免造成拉筋网片的损坏或失效。回填土压实过程中，第一遍速度应缓慢一些，防止壅土将筋带推起；之后速度可以稍微快些，直到达到密实度要求。土工格栅加筋土工袋护坡见图 4.8-19。

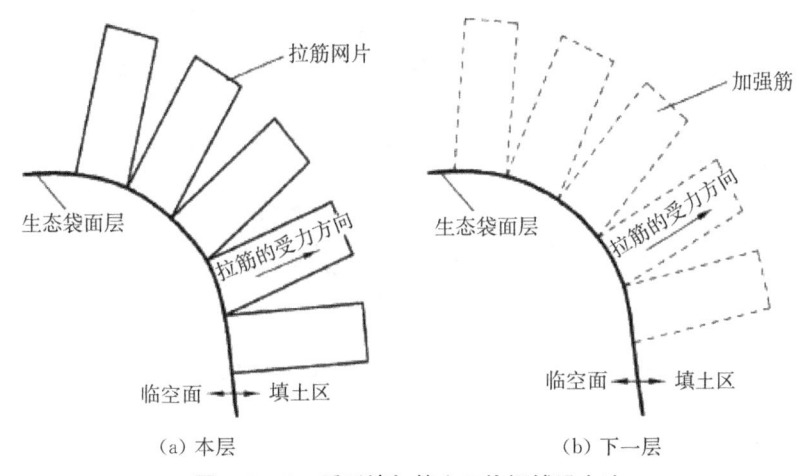

图 4.8-18　弧形墙加筋土工格栅铺设方法

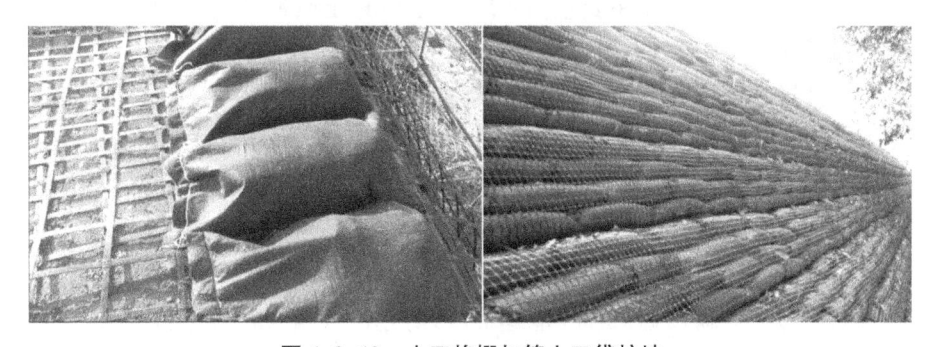

图 4.8-19　土工格栅加筋土工袋护坡

(3) 防护骨架法

防护骨架用于需要承受较大波浪压力或者流水侵蚀的河道边岸。这类边岸主要用刚性防护骨架保持边坡稳定，然后在框格内填充生态袋，形成生态护坡。

生态袋固定挂钩在框架梁浇注时进行预埋；对于已经利用原有或施工已完成的框格梁结构，可在原框格梁上增设锚固螺栓，作为生态袋的固定挂钩。每个袋体均用连接绳或联结扣和相邻的生态袋进行连接，增加整个坡面的整体性，加上袋体的自重，可以有效减小水流对坡面的冲刷和侵蚀，防护框格内的生态袋如图 4.8-20～图 4.8-21 所示。

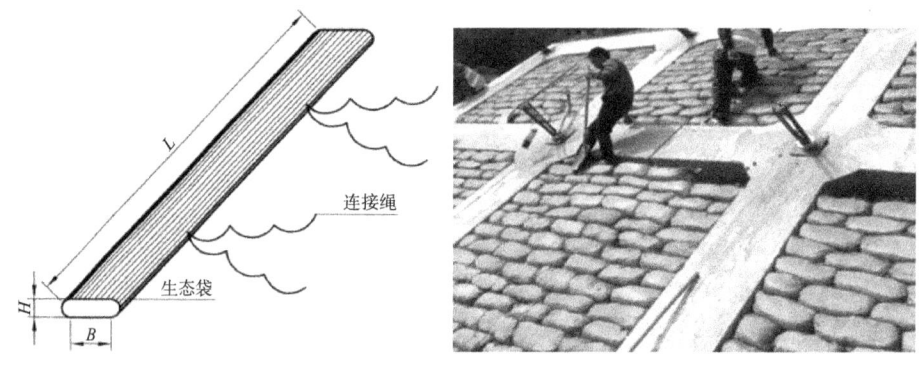

图 4.8-20　防护骨架中的生态长袋　　图 4.8-21　防护框格生态袋施工效果图

4.8.5　施工质量控制

生态袋护坡施工质量主要包括基层处理、种植土质量、生态袋质量、生态袋铺设垒砌质量、种子质量、养护等几个方面。

(1) 材料质量控制。生态袋尺寸、摩擦系数、材料拉伸强度、耐久性和透水性应符合设计要求和工程需要;草种发芽率应满足设计要求,并通过试验检验发芽率;肥料要检测其肥力。

(2) 生态袋填料。生态袋填料充满度宜为85%;袋体封口应牢固,缝合线无跳针漏缝现象。

(3) 生态袋垒砌。生态袋应错缝堆放,防止水体直接流过袋间空隙;且必须将袋口朝内或尽量隐蔽,以达到整齐美观的效果;三维排水连接扣骑缝放置,提高竖向排水能力和保证互锁结构的稳定。垒砌时,每层应留有约 5 cm 边缝,以保障垒砌体的稳定。

(4) 生态袋夯实。每层生态袋垒砌后,应对其进行夯实,压实度要满足设计要求。

(5) 排水系统布设。土体含水率是导致护坡失稳的重要影响因素。在生态袋护坡施工过程中,应做好排水处置。

(6) 施工质量检查。施工过程中安排专职质检人员全程随时进行质量控制,严格按照设计要求、施工技术要求和相关施工技术标准规范进行绿化施工,杜绝不合格材料及返工、不合格工序与工程的出现。

(7) 施工质量控制标准

施工质量主要控制参数见表 4.8-6～表 4.8-9。

表 4.8-6　生态袋护坡施工质量控制标准（参考）

单位工程名称			单元工程量	
分部工程名称			施工单位	
单元工程名称、编号			施工日期	年月日—年月日

	项次	检验项目	质量要求	检验方法	检验数
主控项目	1	生态袋质量	具有质量合格证，抗拉强度、撕裂强力、CBR顶破强力、等效孔径、尺寸偏差满足设计要求	检测	每批次测1次
	2	生态袋单位面积质量	符合设计要求	检测	每批次测1次
	3	造型及尺度	整齐规则、与岸坡协调，平整度允许偏差±0.05 m	检查检测	每50～100 m² 检查一次
	4	生态袋铺设	平整压实，无间隙，层间错缝	检查	每层抽测1次
	5	植被成活率/覆盖率	符合设计要求	量测	每50～100 m² 检查一次
	6	种子发芽率	大于70%或符合设计要求	试验检测	每批次测1次
一般项目	1	固坡水平宽度	不小于设计要求		底层、中层、顶层各抽测1处
	2	排水、反滤设施	符合设计要求	检查	每处抽测1次
	3	种植土配合比	种植土组分配合比满足植被生长要求和设计要求	检测	每100 m³ 检查一次
	4	联结扣	联结牢固	检查	每50～100 m² 检查一次
	5	土工布铺设与反包	符合设计要求	检查	每处抽测1次

表 4.8-7　基面处理工序质量检验项目与标准(参考)

单位工程名称				单元工程量	
分部工程名称				施工单位	
单元工程名称、编号				施工日期	年月日—年月日
项次		检验项目	质量要求	检验方法	检验数
一般项目	1	土基基面	基面无腐殖土、杂物、树根、松土、松石以及尖锐的石块等	观察,检查施工记录	全面
	2	基面顶、底高程	±50 mm	水准仪	沿长度方向 10～20 m 测 1 点
	3	坡脚基面	开挖至地面以下 0.3～0.5 m,向坡前延伸 0.5～1.0 m	检查、量测	沿长度方向 10～20 m 测 1 点
	4	坡度	1:(1±2%)n	试验检测	沿长度方向 10～20 m 测 1 点
	5	表面平整度	坡面无明显凹凸	观察	全数

表 4.8-8　生态袋制备工序质量检验项目与标准(参考)

单位工程名称				单元工程量	
分部工程名称				施工单位	
单元工程名称、编号				施工日期	年月日—年月日
项次		检验项目	质量要求	检验方法	检验数
主控项目	1	生态袋袋体材料质量(含缝口)和规格	符合设计和规范要求	观察,量测和试验	每种规格 3 000 只土工袋取样 1 组
一般项目	1	装填料	符合设计和规范要求	观测、量测	每一料源取样 3 个
	2	充填率	符合设计和规范要求	观测、量测	每层土工袋取样 5 个
	3	缝口	缝口线至袋口边缘的距离不小于 3 cm,不漏缝、错缝	观测、量测	每层土工袋取样 5 个
	4	种子质量	符合设计和规范要求	检测	全数
	5	种子混合(黏附)	符合设计和规范要求	检查	全数

表 4.8-9 生态袋铺设工序质量检验项目与标准(参考)

单位工程名称				单元工程量	
分部工程名称				施工单位	
单元工程名称、编号				施工日期	年月日—年月日
项次		检验项目	质量要求	检验方法	检验数
主控项目	1	护坡体顶高程	1：(1+2%)n	水准仪	沿长度方向 10～20 m 测 1 点
	2	护坡体坡度	平整压实,无间隙,层间错缝	量测	检查 5 个点
	3	生态袋铺设	±50 mm	检查	每层检查 1 次
一般项目	1	土工布铺设与反包	符合设计要求	检查	每处检查 1 次
	2	排水、反滤设施铺设	符合设计要求	检查	每处检查 1 次
	3	生态袋养护	符合设计要求	检查	全数
	4	植物种子发芽率及生长情况	70%或符合设计要求	检查	全数

4.9 生态混凝土护坡

4.9.1 生态混凝土护坡简介

生态混凝土,目前在我国尚未有一个统一定义和标准,通常又称之为"生态绿化混凝土""植被混凝土""植生混凝土""绿化混凝土""生态反滤植生砼""多孔混凝土""透水混凝土"等,叫法繁多,界定尚不清晰。按照不同的分类标准,生态混凝土可进行不同的划分。按照是否含有细骨料,可分为无砂型生态混凝土和有砂型生态混凝土,有砂型生态混凝土只含有少量的细骨料;按照对环境影响结果可分为生物相容型生态绿化混凝土和环境友好型生态绿化混凝土;按照制成方式可以分为预制生态混凝土和现浇生态混凝土。

整体来说,生态混凝土是由骨料(一般采用大粒径或小粒径粗骨料,可不含细骨料)、减水剂、胶凝材料和特殊添加剂均匀拌制后形成具有一定强度、大孔隙、大孔径、低碱度的混凝土。相较于传统混凝土,生态混凝土主要以粗骨料为支撑骨架、胶凝材料包裹粗骨料而形成,内部形成大量的贯通孔隙,具有类似土壤的透气性和透水性,孔隙内可以填充满足植物生长所需的物质,植物根系通过孔隙穿过混凝土基体,深入到下部土壤涵养层,从根本上克服了传统混凝土护坡无法生长植被的缺点。

生态混凝土具有如下特点:

(1) 透水性高。由于自身多孔性且为连通孔隙,孔隙率一般要求达到25%以上,具备类似于"沙琪玛"一样的骨架,具有良好的排水和透水性能,能够为植物的穿透生长提供条件;

(2) 内部碱度低。通过加入特殊添加剂,在保证混凝土强度满足要求的情况下,尽可能地降低混凝土碱度,以适宜植物生长。一般生态混凝土通过改善孔隙内部水环境 pH 值,将碱度控制在适合耐碱性植物生长的 pH 值 7.5~8.5 之间。

(3) 生态环境友好。生态混凝土护坡连续的孔隙可以使水、空气自由渗透,不仅在坡面上形成植被生长带,更明显的是由于其孔隙内部以及外部表面能附着和栖息微生物、藻类及小动物类等,为植物或微生物提供栖息繁衍空间,营造生物的生长与生存环境,有效地提高水体的自然净化能力。

(4) 工程防护性能好。由于表面呈凹凸构造,具有良好的抗滑和吸声功能,同时还具有防冲刷、自然排水、透水不透土的反滤等作用,保证工程边坡稳定。

生态混凝土植物根系见图 4.9-1。

图 4.9-1 生态混凝土植物根系生长图

4.9.2 适用范围及施工方法

4.9.2.1 适用范围

(1) 应用地区

各地区均可应用,但在干旱、半干旱地区应保证养护用水的持续供给。

(2) 边坡条件

基体岩性:土质、风化岩石、岩石的边坡。

坡率:一般不超过 1∶1,坡高一般不做限制。

稳定性:边坡自身稳定。

(3) 水位

水位一般不做限制,水上及水下部位都可适用。

4.9.2.2 施工方法

本节以无砂型生态绿化混凝土护坡为基础,介绍一种生态绿化混凝土现浇护坡的施工方法。该技术也可用于硬质护坡原位改造,即在原有普通混凝土护坡基础上直接进行改造,而无须拆除原有硬质护坡。

生态绿化混凝土现浇护坡的施工工艺流程为:测量放线→坡面清理及整平→浇筑底梁或其他形式护脚→生态绿化混凝土浇筑→压顶浇筑→回填种植土→种植植被→养护管理(图 4.9-2)。

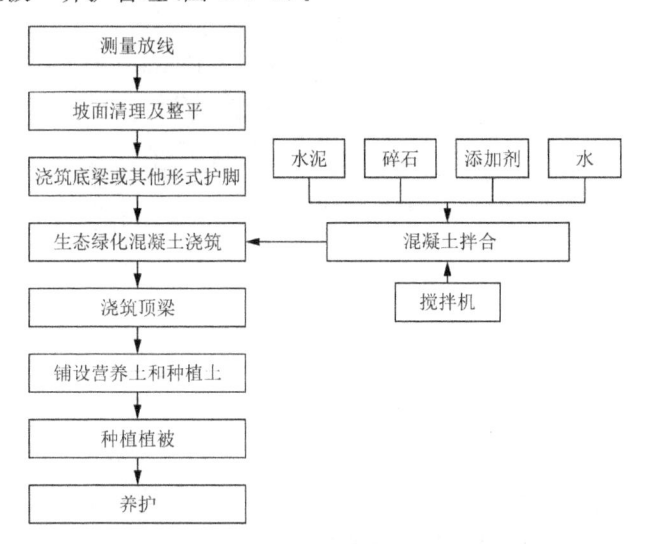

图 4.9-2 生态绿化混凝土现浇护坡的施工工艺流程图

(1) 测量放线

根据设计图纸,对图上控制点进行复核,使用水准仪、全站仪等测量仪器进行测量放线,确定施工边界。

(2) 坡面清理及整平

清除边坡表面的杂物,根据护坡设计坡率及结构要求,通过翻松、加填或挖除以保持表面的平整,覆盖表土范围内的地表面应进行深翻,将土块打碎使成为均匀的种植土,不能打碎的土块及大于 25 mm 的砾石、树桩、树根和其他垃圾应清除并外运至指定地点。如原边坡为砂性土,则需要在铺设生态绿化混凝土之前加铺无纺土工布作为反滤层,防止细小颗粒的流失,造成内部掏空;边坡处理完毕后即可浇筑。如在硬质护坡进行原位改造,清理原硬质护坡表面碎石、垃圾等即可。

(3) 浇筑底梁或其他形式护脚

根据需要,在坡脚处浇筑普通混凝土底梁或打设木桩以护住生态绿化混凝土护坡的底部。如采用普通混凝土底梁,混凝土强度不宜低于C20。木桩护脚可以采用松木桩、杉木桩等(图 4.9-3)。

图 4.9-3 松木桩护脚

(4) 生态绿化混凝土拌合

现浇生态绿化混凝土是由碎石、水泥、水与添加剂按一定比例进行配制,使用搅拌机拌合。外添加剂允许偏差应不超过±1%,其他材料的允许偏差应不超过±2%。根据工程量的大小,配置不同容量的机械搅拌器,在机械搅拌器的一定范围内的地面处,应设置防止水和物料散落的回收设备,以保护施工环境的卫生,减少施工后的清理工作。生态混凝土不能采用人工搅拌,需要使用普通混凝土搅拌机械进行搅拌。搅拌时按物料的规定比例及投料顺序将物料投入搅拌机,先将胶结料和碎石搅拌约 30 s 后,使其初步混合,再将外添加剂加入;拌合水不可一次性加入,需要将规定比例的拌合水分 2~3 次依次加入,继续高速搅拌 2~3 分钟,浆体均匀包裹集料后即可出料。视搅拌均匀程度,可适当延长机械搅拌的时间,但不宜过长时间的搅拌,以骨料被水泥浆充分包裹、表面无流淌为度。

拌合场地依据施工现场条件,可以现场拌合,也可在拌合站拌合,拌合站地点距离作业面运输时间一般不宜超过 30 分钟。生态绿化混凝土在运送途中,应避免阳光暴晒、风吹、雨淋,防止形成表面初凝或脱浆。如有表面初凝现象,应进行人工拌和,符合要求后方可入仓。生态混凝土属于干硬性材料,如拌合场地与施工现场有一定距离,需要根据气候条件在混凝土配比时考虑适当的添加剂,调节混凝土初凝和终凝时间。

(5) 生态绿化混凝土浇筑

生态绿化混凝土达到现场后,骨料进入仓内应及时平整摊铺,宜采用人工摊铺,摊铺要求厚度均匀、平整。生态混凝土现场浇筑护坡应采用后退浇筑方法,表面不得有水泥浆出现,不得将生态孔径堵塞。大面积施工时可采用分块隔仓方式进行摊铺物料。将混合物均匀摊铺在工作面上,用括尺找准平整度和控制一定的坡度。生态绿化混凝土可选用滚压工具、专用低频振动器或平板振动器进行压实,不宜采用高频振动器,在压实过程中进行补料找平,避免局部或单点过度密实。采用专用工具对混凝土进行插捣拍打成型,并在混凝土体上造设分布均匀的直径 25 mm、深 60~80 mm 的孔洞,有利于其内部储存一定数量的营养土及水分;做到表面无浮浆,底部无沉浆。当天的气温高于 35 ℃时,施工时间应避开中午,选择在早晚进行施工。

生态绿化混凝土铺摊结束后,应立即进行覆盖塑料薄膜或草帘洒水养生,温度在 15~25 ℃时,应在 12 小时后开始浇水养护;温度在 25 ℃以上时,应在 3~4 小时后开始喷洒养护,但喷水量不宜过大。养生期一般不得少于 7 天,使其强度逐渐达到设计要求。

生态绿化混凝土浇筑完成图见图 4.9-4。

(6) 铺设营养土和种植土

生态绿化混凝土浇筑并养护一段时间后,进行营养土和种植土铺设。表面撒适量保湿剂,然后撒专用营养土,洒水后再铺 4 cm 厚种植土,使保水剂和营养土能充分渗入到生态绿化混凝土孔隙里,更有利于植草的生长。铺设营养土和种植土现场见图 4.9-5。

图 4.9-4　生态绿化混凝土浇筑完成

(a) 铺设营养土 　　　　　　　　(b) 回填种植土

图 4.9-5　铺设营养土和种植土

(7) 种植植被

根据当地气候,选择适当的植物品种,可选用人工撒播、铺设草皮、扦种、栽种等方式,也可选用喷播方式进行绿化。人工撒播绿化呈现效果慢,时间略长,需要预防植被种子的损失,但是成本低;铺设草皮效果呈现最快;喷播方式绿化覆盖效果较好,但造价相对较高;扦种和栽种适合于小型灌木。植被种植方法同前面章节内容,不再赘述。

(8) 养护管理

草籽撒播或草皮铺设完成后,及时做好养护管理。养护措施可采用遮阳网覆盖、洒水养护与病虫害防治等,养护期不得少于 45 天。夏季施工时应及时覆盖遮阳网,植物种子发芽长草后撤除遮阳网。

生态混凝土护坡典型断面见图 4.9-6。

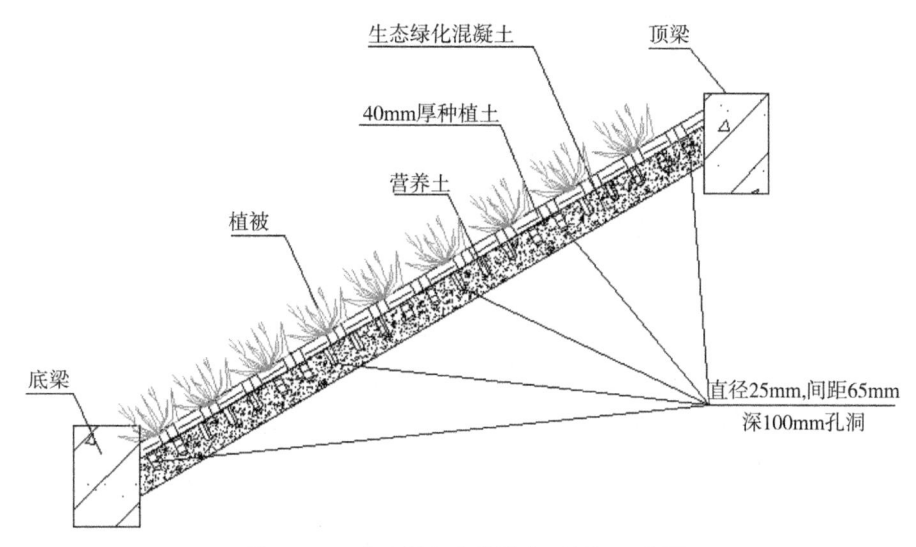

图 4.9-6　生态混凝土护坡典型断面示意图

4.9.3　施工质量控制

生态绿化混凝土现浇护坡施工质量控制主要包括材料质量、混凝土孔隙率和抗压强度、植被覆盖率等方面。

（1）生态混凝土的骨料宜采用单级配，粒径控制在 20~40 mm 之间。针片状颗粒含量不宜大于 15%，逊径率不宜大于 10%，含泥（粉）总量不宜大于 1%。

（2）生态混凝土应采用通用硅酸盐水泥作为胶凝材料，包括硅酸盐水泥、普通硅酸盐水泥、矿渣硅酸盐水泥、火山灰质硅酸盐水泥、粉煤灰硅酸盐水泥或复合硅酸盐水泥。采用其他胶凝材料应进行科学试验及论证。采用通用硅酸盐水泥时，应满足现行国家标准《通用硅酸盐水泥》(GB 175—2020)的要求。

（3）生态混凝土内应添加盐碱改良材料，以改善孔隙内生物生存环境。盐碱改良材料应具有下列功能：

① 不破坏维持混凝土稳定性、耐久性的碱性环境；

② 避免混凝土析出的盐碱性物质对生态系统的不利影响。

用于水上护坡生态混凝土宜添加缓释肥或通过盐碱改良材料与混凝土析出物相互作用提供植物生长必需元素。对有抗冻融要求的地区，生态混凝土应添加引气减水剂，以提高抗冻能力。如需要进一步提高混凝土抗压强度时，可添加减水剂或环氧树脂、丙乳等聚合物黏合剂。

（4）铺设生态混凝土时施工人员应穿软底鞋。

（5）施工质量控制标准

施工质量主要控制参数见表4.9-1～表4.9-2。

表4.9-1　生态混凝土材料及配合比质量标准

序号	材料名称	单位	含量
1	骨料粒径	mm	20～40
2	水泥用量	kg/m³	280～320
3	水灰比	—	≤0.5

表4.9-2　现浇生态混凝土护坡施工质量控制标准（参考）

单位工程名称				单元工程量	
分部工程名称				施工单位	
单元工程名称、编号				施工日期	年月日—年月日
项次		检验项目	质量要求	检验方法	检验数
主控项目	1	有效孔隙率	≥25%	检测	每500 m² 抽测1组
	2	抗压强度	≥5MPa	检测	每500 m² 取样1次，且不少于3次
	3	抗冻性：冻融循环50次质量损失率/%	≤5	量测	每500 m² 取样1次，且不少于3次
	4	植被覆盖率	≥95%	量测	每500 m² 抽测1组
一般项目	1	混凝土铺料厚度	符合设计要求，允许偏差为±5 mm	检测	每200 m² 抽取1点
	2	造型及尺寸	整齐规则，与岸坡协调，平整度±0.05 m	检查检测	每50～100 m² 取一个测点
	3	植被成活率或覆盖率	符合设计规定	检查	每50～100 m² 取一个测点

第5章

砌块型生态护坡

砌块型生态护坡可采用混凝土或砌体框格填土、自嵌式砌块、格网石笼、多孔植生砌块、透水混凝土砌块、预制篮筐等型式。本章节选取框格填土、自嵌式砌块、格网石笼和多孔植生砌块这4种型式进行介绍，以供参考。

5.1 框格填土生态护坡

5.1.1 框格填土生态护坡简介

框格填土生态护坡是采用框格防护结合铺草皮、土工格室、三维植被网、喷播植草或栽植苗木等方法形成的一种护坡技术。

框格防护通常用浆砌块（片）石、混凝土等材料，在边坡上形成格状骨架，起到稳固坡面和绿化边坡的目的。框格的主要作用是防止在坡面汇水冲刷下形成冲沟，提高边坡表面地表粗糙度系数，减缓坡面水流的速度，使冲刷限于框格内的局部范围。采用框格防护与种草或灌木防护结合起来的方法，提高了防护效果，同时美化了环境。框格防护多用于填方边坡，是一种综合性的防护措施。框格形状根据需求可以做出各种造型，如拱形、人字形、菱形、矩形等（图5.1-1、图5.1-2），可广泛地应用于水利、公路、铁路、公园、城镇建设等建设项目。

图 5.1-1 拱形和人字形框格填土生态护坡

图 5.1-2　矩形和菱形框格填土生态护坡

5.1.2　材料性能指标

(1) 浆砌片石骨架砌体砂浆抗压强度等级不宜小于 M7.5。片石须质地坚硬，不易风化，无裂缝，片石表面不得有水锈，强度不小于 MU30，片石表面的污渍必须予以清除，大小依设计而定；

(2) 混凝土骨架的混凝土强度不应低于 C20，混凝土可以采用现浇或预制型式。

5.1.3　适用范围及施工方法

5.1.3.1　适用范围

框格填土生态护坡适用范围如下：

(1) 应用地区

各地区均可应用，但在干旱、半干旱地区应保证养护用水的持续供给。

(2) 边坡状况

边坡土质：适用于各类土质和土石的边坡，强风化石质边坡也可应用。

其中钢筋混凝土框格生态护坡适用浅层稳定性差的高陡岩坡和贫瘠土坡。

坡率：常用坡率 1∶2.0～1∶1.0，坡率超过 1∶1.0 时慎用。

坡高：每级高度不超过 10 m。

稳定性：边坡自身稳定。

(3) 框格尺寸

框格宽度不小于 20 cm，一般为 40～60 cm；厚度不小于 30 cm，一般宜为 30～60 cm；间距宜为 1.5～3.5 m。

(4) 施工季节

一般施工应在春季和秋季进行，应尽量避免在暴雨季节施工。

(5) 水位

适用于常水位以上部位。

5.1.3.2 施工方法

下面以人字形截水型混凝土框格植草护坡施工方法为例，介绍混凝土框格植草护坡，浆砌石框格施工方法与之类同。人字形截水型混凝土框格铺草皮护坡施工工艺流程为：测量放样→坡面平整→混凝土护脚浇筑→混凝土框格施工→回填客土→铺草皮→盖无纺布→前期养护。

(1) 测量放样（图 5.1-3）

按设计图纸要求进行设计标高、控制点施工放样，确定边坡边界、确定法线方向、测定坡率，放出基槽开挖尺寸。放样可采用挂线或石灰划线。

图 5.1-3 测量放样

(2) 平整坡面

清除坡面的危石、松土或其他松散杂物，整平凹凸等，按设计坡度要求挂线清刷边坡，将坡面拍实，使坡面平整度满足设计要求。

(3) 开挖、平整沟槽(图 5.1-4)

① 开挖沟槽

根据不同地质情况采用合适的开挖方法,土质部位采用人工开挖;石质部位采用小型空压机供风、风镐进行开挖,局部采用人工辅助开挖。

② 整平沟槽

沟槽开挖完成后,应及时清理沟槽内的松土、杂物等,沟槽内部须进行人工整平、压实、无土体松动。

图 5.1-4　沟槽开挖

(4) 浇筑混凝土护脚

人字形框格护脚可采用混凝土现浇施工,当沟槽整平、清理完成后,对护脚进行混凝土浇筑,浇筑厚度为人字形沟槽厚。采用振动棒进行振捣密实。振捣时不能靠近沟槽边,离沟槽边 5~10 cm,防止沟槽外土体随振动棒振捣夹入混凝土而影响混凝土质量。混凝土采用拌和站拌制,由混凝土罐车运送至现场。混凝土浇筑完成后,覆盖土工布,进行洒水养护 7 天,保持土工布湿润,以防浇筑后的混凝土开裂。

(5) 混凝土框格施工

框格梁浇筑可以分区进行,顺序按照先下后上进行,可以采用现浇或预制型式。框格梁交叉部位可设置钢筋锚杆,锚杆强度等级不宜低于 HPB300,直径不宜小于 16 mm,长宜为 1.0~5.0 m。

① 现浇混凝土框格

现浇混凝土框格施工主要包括钢筋制安、模板安装和混凝土浇筑。

(a) 钢筋制安

框格沟槽清理、密实处理完毕后,在框格梁节点和中部设置插筋,以及在坡面上打设短钢筋锚钉进行锚固,并在基层先铺设一层砂浆垫层。框格梁钢筋接头一般采用绑扎连接,钢筋安装在水泥砂浆垫层之上,与坡面保持一定距离,并和锚钉连接牢固。

(b) 模板安装

坡面以上模板采用小型钢模板或木模板,用铁丝拉住模板或在坡面上打设短锚杆以支撑模板。模板每 5 m 放一控制点挂线施工,保证线形顺畅,符合施工要求。模板表面刷抹脱模剂,模板拼装要做到严实、平整、净空尺寸准确,符合设计要求。模板可采用拉筋、锚钉进行支撑固定,模板底部要与基层紧密接触,以防胀模、跑浆。

(c) 混凝土浇筑

人字形骨架和截水肋条采用同等级别混凝土标号制作。现场浇筑时,混凝土施工前,由实验室进行相应配合比设计,现场根据配合比进行称量,通过小型混凝土拌和机进行拌制;或者采用商品混凝土。在沟槽内安装模板,混凝土入模后进行振捣,保证混凝土密实。振捣过程中严格控制时间,避免出现泌水现象。振捣完成后,进行覆盖洒水养护 2 天后拆模,之后继续洒水养护至 14 天。

② 预制混凝土砌块骨架施工

当采用预制块时,预制块可以从预制生产厂家直接购买或在施工现场自行预制。预制生产设备有模振和台振两种,模板可采用小型定型钢模板或木模板。人字形框格常用预制块尺寸为 29 cm×19 cm×14 cm,截水肋条常用预制尺寸为 5 cm×24 cm×49 cm。

砌筑框格前要按设计要求在每条框格的起讫点挂线放样,然后开挖框格沟槽,沟槽尺寸根据框格尺寸而定,要求施工完成后的框格大面平整,表面顺直,人字形框格护坡混凝土砌筑顺序应自下而上分层砌筑,施工时先砌筑框格衔接处,再砌筑截水肋条和其他部位框格,两框格衔接处要处于同一高度。支框格做成 L 性,用于分流地表水,支框格与主框格呈水平 45°角,按人字形铺设,在沟槽下侧设置与框格同等级的挡水缘。

预制块用小型施工车辆运至现场。搬运时轻拿轻放,以防止混凝土预制块出现啃边、掉角现象。安装前预制块需洒水湿润。安装时接缝应严密,缝隙应用砂浆填塞,以保证外形美观、整齐。

混凝土预制块采用 M10 砂浆进行砌筑,砂浆拌合好后用翻斗车运至施工现场。砂浆必须严格按照试验室提供的砂浆配合比采用机械拌合,投料顺序应先倒砂子、水泥、掺加料,最后加水。自投料完算起,拌制时间宜为 3～5 分钟。拌合好的砂浆有良好的和易性和适当的流动性。砂浆的稠度以砂浆稠度仪测定的下沉度表示,宜为 10～50 mm,每批砂浆均应制作试件。砂浆应随拌随用,一般宜在 3 小时内使用完毕,气温超过 30℃时,宜在 2 小时内使用完毕。当贮存或运输过程中发生泌水、离析现象时,砌筑前要重新拌合;已凝结的砂浆不得使用。

砌块不得大面平铺,应错缝砌筑,错缝一般为 7～8 cm,严禁通缝。砌体砂浆必须饱满、密实,不得有悬浆。主框格每隔 2 m 设置一道防滑坎。框格要与坡面密贴,框格流水面应与坡面平顺。

为了避免不均匀沉降引起混凝土预制砌块开裂,沿砌筑方向每隔 15 m 设置一道 2 cm 宽的沉降缝,用木板安放在沉降缝的位置,以保证沉降缝通畅、顺直,木板两侧同步砌筑,沉降缝随着砌筑高度同步抬升。一段框格砌筑结束后,取出木板,然后用沥青麻筋进行全断面填缝。

人字形框格护坡典型断面见图 5.1-5。

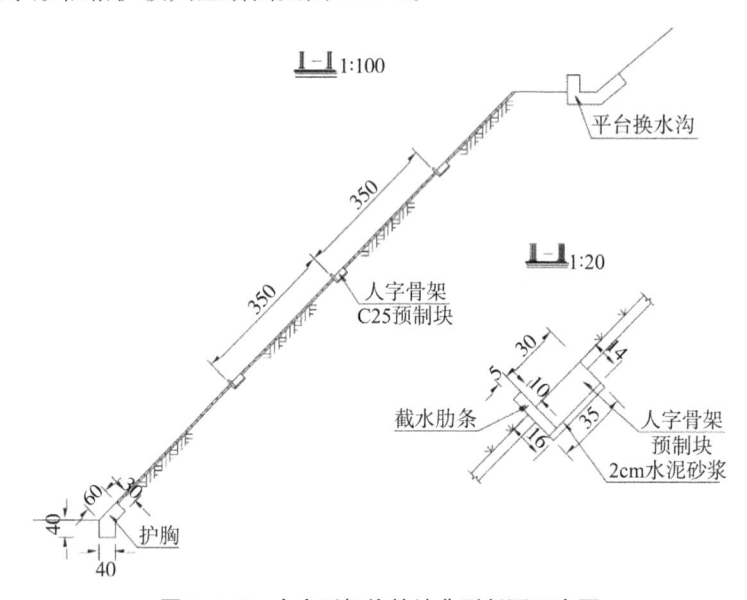

图 5.1-5　人字形框格护坡典型断面示意图

(6) 回填客土

框格砌筑完工后,即可向框格内填充改良客土,填充时要采用振动设备进行平整、压实,靠近表面时用潮湿的黏土回填,回填土表面低于框格顶面 2～3 cm,以便于蓄水并防止土壤、种子流失。人字形框格开挖砌筑见图 5.1-6。

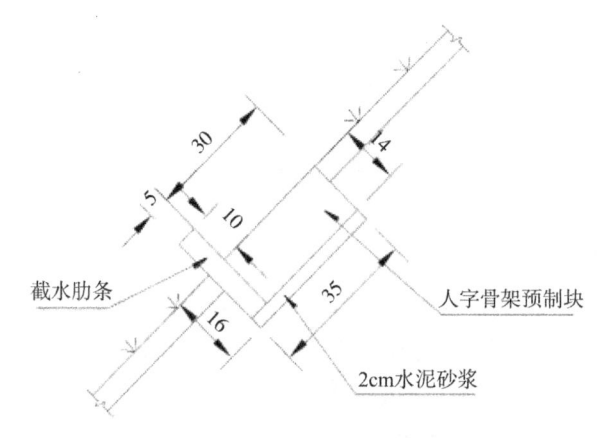

图 5.1-6　人字形框格开挖砌筑示意图

(7) 植被施工

框格内植草可采用撒播植物种子或铺种草皮等。撒播作业可采用人工穴播、点播、撒播、喷播等方式。如采用三维植被网、土工格室、植生毯等喷播草籽,可参见相应章节的施工方法;如采用铺植草皮,施工方法参见第三章第二节草皮护坡施工方法。

(8) 盖无纺布

采用播种草种时,播种后采用无纺布,也可以用稻草或草片等进行代替。无纺布搭接处(不少于 15 cm)及每片无纺布的头尾均用铁钉或竹签加以固定,并撒上少量细砂或细土压边。无纺布的主要作用是减少坡面水分蒸发,实现保温保湿,改善种子发芽生长环境,防止鸟禽啄食种子,同时还可以减轻强降水对种子、土壤的冲刷。当草苗长至 3~5 cm 时应趁阴天或下午 3 点以后,及时掀去无纺布,经一夜露水提苗,使幼苗尽快适应大自然的气候环境。

(9) 前期养护

洒水养护:用高压喷雾器使养护水形成雾状均匀地喷洒坡面,注意控制好喷头移动速度以及与坡面的距离,做到无高压射流水冲击坡面形成表面径流。养护时间视坡面植被生长状况而定,一般不少于 45 天。

追肥:应根据植物生长需要及时追肥。

病虫害防治:定期喷广谱药剂,及时预防病虫害的发生。

及时补播:草种发芽后,对于稀疏无草区应及时进行补播。

5.1.4　施工质量控制

框格填土生态护坡施工质量主要包括坡面平整度、混凝土强度、混凝土块质量和砌筑质量、植被成活率或覆盖率等几个方面。

（1）施工前应清理坡面浮土，填补坑凹，坡面大致平整。

（2）砌筑框格前，准确定位每条框格起止点控制桩，人工开挖框格沟槽保证平整度，框格嵌入坡面深度必须满足主支框格埋深。

（3）框格应与坡面密贴，框格流水面应与草坡表面平顺，灰浆饱满不留缝隙、勾缝平顺、坚实美观。

（4）混凝土内实外光，无蜂窝、麻面。预制件应带线安装，保证线性顺直，大面平整；预制块缝隙整齐，砌筑后的平面应满足要求。

（5）边坡存在地下水时，引入排水系统后排走，不可堵塞。

（6）加强植被养护，保证植物长势良好，确保植被成活率或覆盖率满足要求。

（7）施工队必须严格按设计规范和施工技术交底施工。施工中应严格按设计规范和施工技术交底施工，对不合格工序须进行返工整改，直至合格后，方可进行下道工序施工。

（8）施工质量控制标准

施工质量主要控制参数见表 5.1-1。

表 5.1-1　混凝土或砌块框格填土生态护坡施工质量控制标准（参考）

单位工程名称				单元工程量	
分部工程名称				施工单位	
单元工程名称、编号				施工日期	年月日—年月日
项次		检验项目	质量要求	检验方法	检验数
主控项目	1	坡面清理	基面清理平整、无砾石、树根和其他杂物	量测	全数检查
	2	混凝土预制块外观及尺寸	符合设计要求，允许偏差为±5 mm，表面平整，无掉角、断裂	观察、量测	每 50~100 块检测 1 块
	3	植被覆盖率	符合设计要求	检测	每 1 000 m² 抽测 10 处
	4	混凝土强度	符合设计要求	试验	每 500 m² 取样 1 次，且不少于 3 次
	5	坡面平整度	允许偏差为±1 cm	量测	每 50~100 块检测 1 块

续表

项次		检验项目	质量要求	检验方法	检验数
一般项目	1	外观质量	顺直、完整、缝线规则	检查	全数检查
	2	植被生长情况	植被长势良好，无病害	检查	全数检查
	3	混凝土块铺筑	应平整、稳固、缝线规则。	检查	全数检查

5.2 自嵌式砌块生态挡土墙护坡

5.2.1 自嵌式砌块生态挡土墙护坡简介

自嵌式砌块生态挡土墙护坡是一种重力结构，由自嵌锁扣、锚固孔连接纤维、垫层或土工布、种植土、植被等构成边坡防护体系，主要依靠自嵌块块体的自重来抵抗动静荷载，使岸坡稳固；施工不需要砂浆砌筑，主要依靠自身重量和带锚固棒或有后缘的自嵌块锁定功能来防止滑动倾覆；在地基土质较差、墙体较高或有动荷载的情况下，可增加玻璃纤维土工格栅来提高整个墙体的稳定性。

自嵌砌块形状多样，具有水平锁扣或竖向卡扣及锚固孔等自锁功能，块内可镂空或实心。

自嵌式砌块生态挡土墙护坡（图 5.2-1）具有如下优点：

（1）防洪抗冲能力强。自嵌式砌块生态挡土墙护坡结构为层层错位码放，无砂浆砌筑，水流可快速进出，减少了波浪对墙体的破坏。

（2）生态循环环境良好。墙体砌筑采用干垒工艺，挡墙允许水持续排出，有效降低了挡土结构承受的墙后水压力，增强整体稳定性。墙体挡而不隔的渗透性可以促进地下水和河水交换，有效抑制藻类的生长繁殖，发挥水体自我净化作用，调整生态微循环系统；水面以下的自嵌式砌块孔隙结构形成特有的鱼巢结构，可以为植物生长提供空间，同时为鱼虾类等动物提供良好的栖息地，从而重建河道以及河堤的生态系统。

（3）节约材料、造型多变。自嵌式砌块内部为空心，自重较传统混凝土挡墙较轻，可以节约材料；同时可以根据需要做成不同类型，如曲面型、直面型、景观型和植生型，满足不同河岸形态的需求。

（4）地基承载力要求不高，变形适应能力强。自嵌式结构为柔性结构，在承受一定的沉降和位移情况下而不产生明显的应力集中，对小型基础沉降或遇到短暂的非常荷载时具有良好的变形适应能力，特别适于在松软基础上应用。

（5）抗震性能好。自嵌式砌块在垂直方向错位干码，用锚固棒形成三位一体，水平方向上使用工格栅块体、反滤层和回填土形成一体，为地震力提供了附加的转移受力路径，增强了结构抗震性。

（6）施工简便，施工周期短，施工无噪音，后期拆除方便。

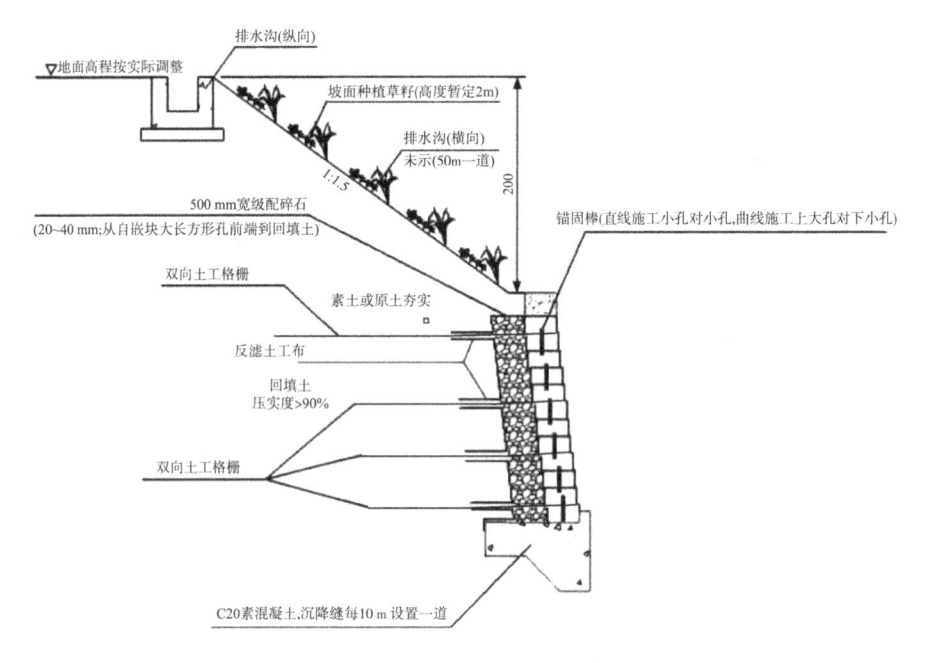

图 5.2-1 自嵌式砌块生态挡土墙护坡典型剖面示意图

5.2.2 材料性能指标

（1）自嵌式砌块

自嵌式砌块可为矩形、三角形、扇形或圆形等形状，砌块间可采用联锁式、铰接式或穿孔锚结等方式连接，利用高强度纤维或钢筋贯穿锚固孔锚固。

自嵌式砌块性能指标要求见表 5.2-1。自嵌式砌块综合性能见图 5.2-2。自嵌式砌块结构见图 5.2-3。

表 5.2-1　自嵌式砌块性能指标要求

序号	项目	单位	指标要求	备注
1	抗压强度等级	MPa	≥7.5	宜工厂化制作
2	砌块高度	cm	25～50	
3	壁厚	cm	5	
4	容重	kN/m³	≥19	
5	平面尺寸允许偏差	mm	±4	
6	厚度尺寸允许偏差	mm	±2	

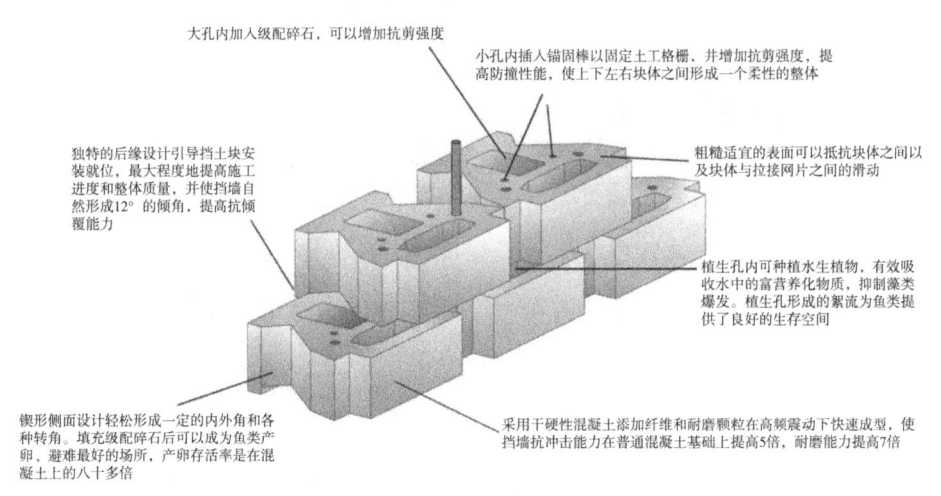

图 5.2-2　自嵌式砌块综合性能示意图

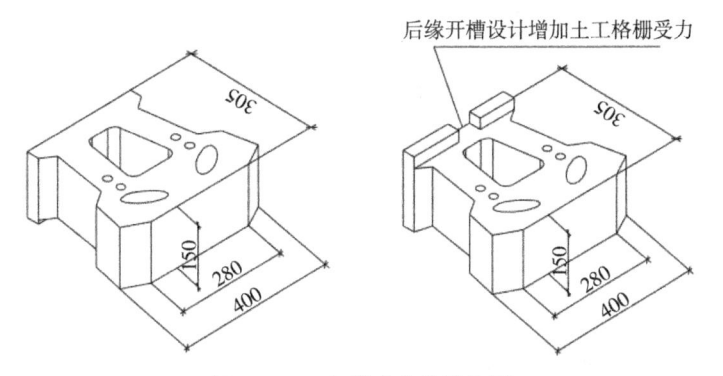

图 5.2-3　自嵌式砌块结构图

(2) 土工织物（表 5.2-2）

表 5.2-2　土工织物性能指标要求

序号	项目	单位	指标要求	备注
1	等效孔径	mm	$O_{95} \leqslant nd_{85}$	
2	透水性	cm/s	$k_g \geqslant k_s$	被保护土级配良好，水力梯度低和预计不致发生淤堵（净砂、中粗砂等）时
			$k_g \geqslant$ 发生 k_s	排水失效导致土结构破坏，修理费用高，水力梯度高，流态复杂时

(3) 现浇混凝土基础或封顶强度等级不宜小于 C20。

(4) 砌块塞缝砂浆强度不宜小于 M7.5。

5.2.3　适用范围及施工方法

5.2.3.1　适用范围

(1) 适用区域

在我国各地区均可应用，但在干旱和半干旱地区应保证养护用水持续供给。

(2) 边坡条件

基体岩性：适用于土质、全风化基体。

坡率：原始坡率不做要求，成墙后坡率常为 1∶0.5～1∶0.2 之间。

坡高：叠砌挡墙高度不宜大于 5 m。

稳定性：边坡自身稳定。

(3) 水位

适用于平均水深不大于 20 m 的江河、湖泊、水库和渠道的护坡工程。

5.2.3.2　施工方法（图 5.2-4）

自嵌式挡墙施工便捷，施工工艺简单，景观效果好，整体稳定性好，其施工工艺流程如下：

(1) 基础开挖整理

挡墙护坡基槽通过测量放样（图 5.2-5），确定开挖位置和边界，根据设计开挖深度，采用人工或机械开挖，开挖过程中应注意实时控制开挖标高，及时清除表面的松土。对需要填方的基础，按照要求进行基础夯实。

第5章 砌块型生态护坡

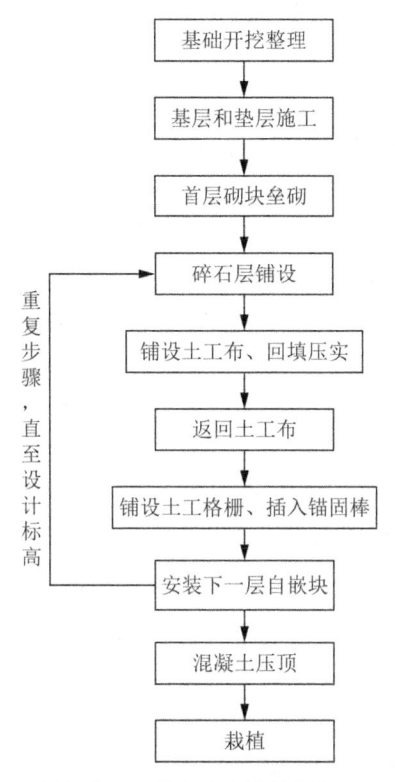

```
基础开挖整理
    ↓
基层和垫层施工
    ↓
首层砌块垒砌
    ↓
碎石层铺设 ←──┐
    ↓        │
铺设土工布、回填压实  │重复步骤，直至设计标高
    ↓        │
返回土工布    │
    ↓        │
铺设土工格栅、插入锚固棒
    ↓        │
安装下一层自嵌块 ──┘
    ↓
混凝土压顶
    ↓
栽植
```

图 5.2-4　自嵌式砌块生态挡土墙护坡施工工艺流程图

基槽底沿纵向可按阶梯状开挖，每台阶长度不应小于 3 m，且与砌体长度模数相一致。加筋体和基槽底部的基础在横向的倒坡在 3%～5% 之间。当遇到因地形变化而调整基础标高时，应注意保持与砌体的高度模数相吻合。

（2）基层（垫层）施工

基槽通过验收后，及时进行碎石垫层或混凝土基础的施工，碎石垫层的碎石粒径控制在 10～30 mm 之间，碎石垫层或混凝土基础的厚度、宽度及表面平整度须

图 5.2-5　测量放样

满足设计要求。混凝土基础浇筑的过程中，需要实时控制表面平整度和顶面高程。混凝土完成振捣后要及时用靠尺对其表面平整度进行检查，满足要求后再

对混凝土表面进行拉毛处理,拉毛方向与底板轴线的方向保持一致。

现浇混凝土基础厚度不宜小于 0.3 m,基础宽度应在砌块底宽两侧各超出 0.5 m。基础底板上边临水侧设置一道齿墙,其作用是抵挡自嵌式砌块挡墙护坡的水平推力,这对整体结构的稳定性起到十分重要的作用,为保证齿墙强度,底板支模时,齿墙使用吊模方式进行支模加固,和底板一次浇筑成型,控制好齿坎墙的尺寸和位置,对于控制后续自嵌式砌块砌筑质量带来很大的便利。

为适应底板热胀冷缩和不均匀沉降,防止挡墙护坡的变形开裂,底板每 10 m 或 15 m 设一道伸缩缝和沉降缝,缝宽 2 cm,采用聚乙烯低发泡接缝板进行填缝,为保证分缝处的底板耐久性和安全性,分缝处在墙后铺设 1 m 宽无纺土工布(300 g/m^2)进行防护。

(3) 自嵌块垒砌(图 5.2-6)

在基础混凝土达到设计强度的 75% 之后即可进行墙体的垒砌,垒砌时应注意观察墙体的外边线,控制墙体线型。砌块与砌块之间应注意接缝紧密。砌块在垒砌之前,要剔除掉拐、缺边及表面不平的砌块。

第一层自嵌块垒砌(图 5.2-7)质量尤为重要。第一层自嵌块应用水泥砂浆找平铺设,砂浆强度与自嵌块砌块同标号且不宜小于 M7.5,后边沿应紧贴在齿坎边上,按照控制边线挂线标定依次摆放。对于弧形挡墙,应按差分原理细分段长并弥合砌筑,确保弧线段自嵌块摆放后所形成的后沿平整。第一层自嵌块摆放后所形成墙面的水平和垂直误差均应控制在 ±3 cm 范围内,摆放完成后从水平和垂直两个方向对其进行检查,确保满足设计要求。

第一层自嵌块垒砌质量在很大程度上影响了后续自嵌块的施工质量,进而影响整个挡墙土护坡最终施工质量,因此在施工过程中需要引起足够重视。在施工过程中需要保障自嵌块与垫层之间无空隙,第一层自嵌块后采用黏土填土封闭,避免上部水下渗影响基础。在第一层自嵌块的基础上,本着自嵌块错台咬接的原则逐层进行摆放。

在放置第一层砌块后,将锚固棒插入砌块的后排孔中。在进行第二层砌块的摆放时,将上层砌块的前排孔套入第一层尼龙棒上即可。摆放时,上下层砌块要错位放置,使砌块的上下层、左右得到锚固。锚固棒长度略小于两个砌块的厚度,不至于影响下一层砌块码放的平整度。

然后重复上述步骤继续安装自嵌块。垒砌时,上下层砌块应入槽卡固、用锚固棒销固。上下层砌块错缝长度不应小于砌块长度的 1/4。边垒砌边逐块检查安放位置,发现偏差及时调整。同层相邻砌体水平偏差不大于 2 mm,轴线偏差每 10 m 不大于 10 mm,砌缝小于 3 mm。每层垒砌完成之后均需从平面和垂面两个方面进行检查,确保墙体误差在设计要求范围内,否则需要重新进行调整;每三层砌体垒砌完毕后均应进行标高和轴线测量。

图 5.2-6　自嵌式砌块垒砌

图 5.2-7　第一层砌块砌筑

(4) 砂石层铺设

墙体透水是自嵌式砌块生态挡土墙护坡的一个重要特点,因此无须单独设置排水管进行排水。为防止排水带走墙后土体,应在自嵌块护坡与土体之间设置砂石层或土工布。砂石层可采用砂、砾石或碎石、石渣,厚度不应小于 10 cm,风浪大的坡段碎石层可适当加厚。

砂石层级配设计应根据土体性质同时考虑滤土和排水要求,砂粒径满足 $0.1 \text{ mm} \leqslant D_s \leqslant 0.3 \text{ mm}$,砂、石料 D_{90}(下包线)和 D_{10}(上包线)的粒径关系宜符合表 5.2-3 的规定,应采用级配砂石料。

表 5.2-3　防止分离的 $D90$(下包线)和 $D10$(上包线)的粒径关系

D_{10} (mm)	D_{90} (mm)
<0.5	20

此时砂石层起到反滤层作用,采用级配碎石,随着墙体升高逐层摊铺,并整平压实;另外在自嵌块的大孔隙中也需用碎石填充。

(5) 铺设反滤土工布,回填压实

反滤土工布铺设在砂石层填料和填土之间,常用规格为 150~250 g/m²。土工布根据每层土工格栅的分层情况设置,在垂直轴线方向至少要埋入填土中 30 cm,搭接长度不宜少于 30 cm。自嵌式砌块生态挡土墙护坡的填土与墙体同步施工,填土分层回填压实,每层厚度不超过 30 cm,且是砌块厚度的整数倍最佳。压实时应先轻后中、先中间后两边;距砌块 1 m 范围之内使用打夯机等小型压实机具夯实,超过 1 m 范围使用压路机进行压实,压实度应满足设计规范要求。

在填土压实完成之后,将反滤土工布反包,注意土工布压进土体至少 30 cm。主要为了预防回填土流失和墙后水体及时顺利排出,起到保土、透水和防淤堵的作用。

(6) 铺设土工格栅,插入锚固棒(图 5.2-8)

叠砌挡墙护坡高度超过 1.5 m 时,回填土内应设置土工格栅并用尼龙棒等与砌块墙体锚固连接,起到加筋作用。土工格栅分层埋设在回填土内,底层长度不宜小于 0.8~1.2 倍墙高,墙高者取大值,并且计算复核边坡稳定性;土工格栅的锚固长度亦可按《水运工程土工合成材料应用技术规范》(JTS/T 148—2020)第 8.2.6.3 条计算确定。回填土压实度不宜低于 0.91。

土工格栅铺设时,先将自嵌砌块表面清理干净,保证砌块表面平整;确保锚固棒穿透土工格栅,以保证土工格栅能与护坡墙体连接承受拉力。土工格栅铺设时应按设计要求或 1%~3% 倒坡铺设并拉紧,必要时可在每层格栅末端用小木桩或 U 型叉来固定格栅,以免在回填压实过程中发生起皱现象。土方运输车辆严禁直接在格栅上行走,需采用倒退法进行填土施工。格栅需伸至自嵌块前端,与其上层自嵌块的最前端齐平,以保证自嵌块与格栅有足够的嵌固长度,同时格栅不宜超出上层自嵌块的最前端以免暴露在空气中。

(a) 土工格栅的铺设　　　　　　(b) 安插锚固棒

图 5.2-8　土工格栅铺设及安插锚固棒

（7）压顶混凝土浇筑

为对墙体护坡顶部自嵌块进行保护并实现平整美观的效果，自嵌块护坡垒砌完成后在顶部采用砂浆塞缝嵌固或浇筑压顶混凝土。混凝土压顶一般厚5~15 cm、宽3~8 cm。浇筑混凝土压顶时，每10~20 m设置一道宽2 cm的沉降缝，并与基础沉降缝对称，施工时要接缝严密，注意表面抹平收光。墙顶后侧宜回填横坡缓于1∶1.0、厚度宜30 cm黏性土以利导排地面积水。

（8）栽植

自嵌砌块内孔隙和空心部位可充填种植土，可撒播适宜种植的植被种子或栽植花卉、藤本或水生植物等进行岸坡绿化。

自嵌式砌块生态挡土墙护坡实施效果见图5.2-9。

图 5.2-9　自嵌式砌块生态挡土墙护坡实施效果

5.2.4　施工质量控制

自嵌式砌块生态挡土墙护坡质量控制包括施工原材料质量、垒砌误差、反滤层质量及级配、土工布搭接、土方回填压实等方面。

(1) 施工原材料主要包括自嵌式砌块(包括配件)、土工布、土工格栅、级配碎石等,其中土工布、土工格栅、级配碎石须满足有相应的技术规范和标准。自嵌式砌块目前还没有统一的国家标准,其质量控制可参考地方标准或行业标准,同时保障表面平整,为后续施工奠定良好基础。

(2) 对第一层自嵌式砌块安装要引起足够重视,保障施工质量,在施工完成后需要进行检查,只有在通过质控后才能够进行后续施工。

(3) 要保障反滤层的质量,其碎石粒径应该控制在10～20 mm,反滤填料级配应符合设计要求。

(4) 土工布之间应该保证至少30 cm的搭接宽度,上下层之间应压实紧密,采用"U"形钢筋锚固。

(5) 土工格栅应采用专业工厂生产的产品,色泽均匀,无开裂损伤,厚度一致,网格均匀,断面一致。产品应具质检单位的检测报告。合格后方可使用。

自嵌式砌块生态挡土墙护坡施工质量主要控制参数见表5.2-4。

表5.2-4　自嵌式砌块生态挡土墙护坡施工质量控制标准(参考)

单位工程名称			单元工程量	
分部工程名称			施工单位	
单元工程名称、编号			施工日期	年月日—年月日
项次	检验项目	质量要求	检验方法	检验数
主控项目	1　砌块外观质量	具有质量合格证,核实强度等级、完好率;尺寸偏差满足设计要求	观察、量测	全数
	2　垒砌质量	砌体应自下而上错缝竖砌,咬扣紧密,错缝锚固孔完好,锚筋或高强纤维连接牢固,符合设计要求	观察	全面
	3　土工格栅质量	物理性能指标、力学性能指标、水力学指标,以及耐久性指标均应符合设计要求	观察	全面
	4　回填土	碾压参数应符合碾压试验确定的参数值,压实度不小于设计要求	试验、检测	每层1次/(200 m² 或50延米)不少于3个测点
	5　反滤料填筑	填入高度及其填入工艺满足设计要求	试验、检测	全面

续表

项次		检验项目	质量要求	检验方法	检验数
一般项目	1	砌块表面平整度	允许偏差为±3 cm	量测	每50～100 m²/次
	2	坡面平整度	允许偏差为±3 cm	量测	每50～100 m²/次
	3	种植土配合比及厚度	种植土组分配合比满足植被生长要求,填铺后的允许偏差为±3 cm	量测	每50～100 m²/次
	4	植被成活率或覆盖率	符合设计要求	检测	每50～100 m²/次

5.3 生态石笼护坡

5.3.1 生态石笼护坡简介

生态石笼网(图5.3-1)由格网网箱、石料或土石混合填充物组成。石笼网网箱是由高强度、高抗腐蚀的热镀锌低碳钢丝、热镀锌铝合金低碳钢丝等使用机械编织而成的两绞或多绞、六角形网目的箱型结构。石笼网里填充大小不一的卵石、碎石或块石后,以一定方式组合并固定于岸坡处使之成为网石笼组合结构护坡,该结构环保、稳定、抗震、防冻,可以形成永久性工程。根据结构尺寸外形可分为格宾护坡、雷诺护坡、合金网兜等,亦可根据需要制作成圆柱形笼、方形笼、异形笼、扁形笼等。

图 5.3-1 生态石笼网

生态石笼护坡具有以下特点：

(1) 适应性强。生态石笼护坡工艺以钢丝网箱为主体，为一柔性结构，能适应各种土层性质并与之较好的结合，可以很好地适应地基变形，不会削弱整体结构，更不易断裂破坏，比刚性结构具备更好的安全稳定性，起到良好的维护岸坡稳定的作用。

(2) 透水能力强。石笼网作为护坡时可使地下水以及渗透水及时从结构填石缝隙中渗透出去，能有效解决孔隙水压力的影响，有利于岸（堤、路、山）坡的稳定。

(3) 耐久性好，结构整体性好。石笼护坡经镀锌包塑双重防腐处理，抗氧化作用、抗腐耐磨、抗老化性能强，同时网片由机械编织成双绞或多绞、蜂巢形孔网格，即使个别条丝断裂，网状物也不会松开，作为护坡时不会影响整体的结构，不需维修和担心使用年限，大面积组装时可以不设缝，具有良好的延展性和整体性。

(4) 抗冲防风浪能力强。石笼防护工程的防冲系数一般是抛石防护工程防冲系数的两倍，石笼防护工程中的块石即使产生位移，结构通过微调整达到新的平衡而不会遭到破坏，从而有效保护岸坡土壤不遭破坏。由于石笼内填块石存在一定空隙，风浪、浪峰上拍和退下时，分别减小了浪压的冲击力和真空吸力，又减小了对防护工程的破坏力度，加之整体结构可在风浪力作用时进行微调，避免了墙身出现裂缝，体现很好的安全性。

石笼网布置情况见图 5.3-2。

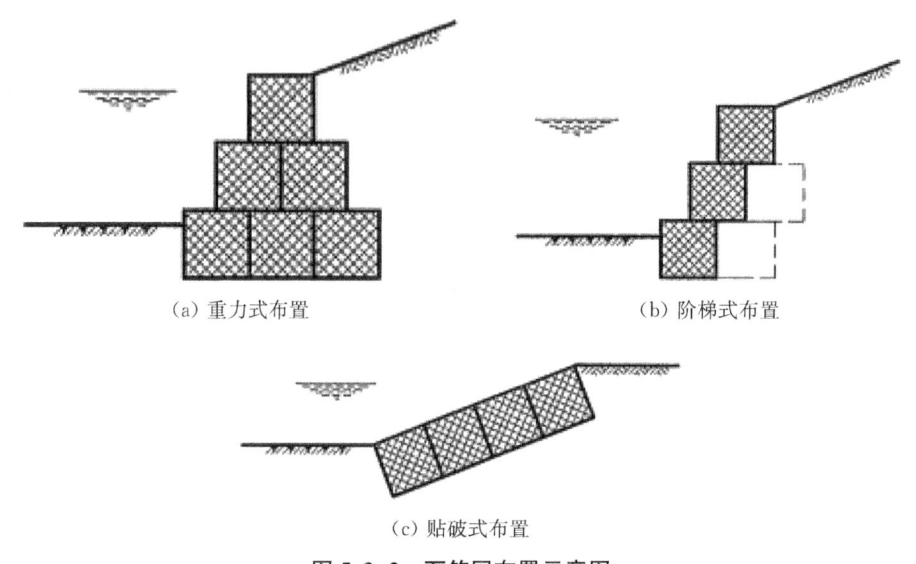

(a) 重力式布置

(b) 阶梯式布置

(c) 贴破式布置

图 5.3-2 石笼网布置示意图

(5)施工方便易组合。可根据设计意图,将格宾石笼在工厂内制成半成品,在护坡施工现场组装成各种型式,不需要大型机械设备和特殊施工工艺,施工简单,效率高,且不受季节影响。

(6)美化环境、保持生态。石笼网的强透水性对水的过滤作用使水中的淤泥和悬移物沉积于石块缝隙中,生态石笼护坡砌体石缝终会被土填充(人工或自然),为植物生长提供条件,有利于植物的自然生长,实现护坡工程措施和植物措施相结合,形成一个柔性整体护面,恢复河道的自然生态,实现岸坡水土保持和自然生态环境的和谐统一。

5.3.2 材料性能指标

5.3.2.1 生态石笼网

格网网箱(图5.3-3)由热镀锌铝合金低碳钢丝、热镀锌低碳钢丝,或具有PVC保护层的同质钢丝经机器编织而成的两绞或多绞状、六角形网目的网片组成。机编网目及机编网见图5.3-4。

格网网箱高度宜为0.2~1.0 m,高度大于40 cm的称为格宾石笼网,可以为单元笼体,亦可用间隔网片分隔成多格笼体;高度小于40 cm的称为雷诺护垫,是用间隔网分隔成的多格笼体。网箱长度大于2.0 m时,顺长度方向宜采用间距不大于1.0 m的网片分隔成多格箱体。网眼尺寸宜为40~80 mm。

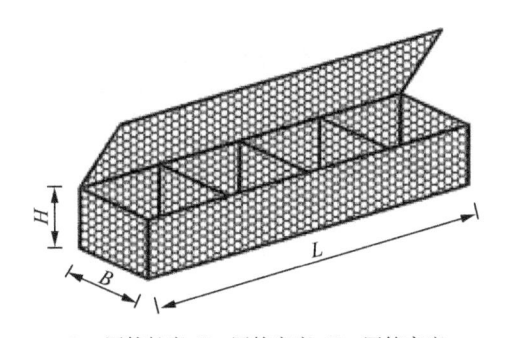

L—网箱长度;B—网箱宽度;H—网箱高度

图5.3-3 格网网箱示意图

常用网片规格、常用格网网箱规格见表5.3-1和表5.3-2。为了增加网箱刚度,减小土石料填放时网箱的变形,网箱长度较大时,须增设隔网网片进行加强。

(a) 机编网目　　　(b) 机编网

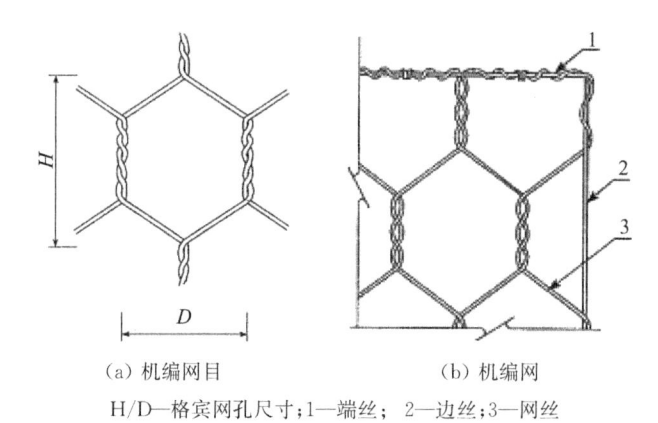

H/D—格宾网孔尺寸；1—端丝； 2—边丝；3—网丝

图 5.3-4　机编网目及机编网示意图

表 5.3-1　常用网片规格

网目			钢丝直径		
网孔尺寸 /mm	D/mm	H/mm	网丝直径 /mm	边丝直径 /mm	扎丝直径 /mm
80×100	80(±5%)	100(±10%)	2.2/3.2	2.7/3.7	2.2/3.2
100×120	100(±5%)	120(±10%)	2.5/3.5	3.0/4.0	
			2.7/3.7	3.4/4.4	
120×150	130(±5%)	150(±10%)	3.0/4.0	3.9/4.9	

表 5.3-2　常用网箱规格

长度/m	宽度/m	高度/m	隔片个数	展开面积/m²
3.0	2	0.2/0.25/0.3	2	14.8/15.8/16.2
4.0			3	19.6/20.5/21.4
5.0			4	24.4/25.5/26.6
6.0			5	29.2/30.5/31.8
3.0	3	0.2/0.25/0.4	2	21.6/22.5/23.4
4.0			3	28.6/29.75/30.9
5.0			4	35.6/37.0/38.4
6.0			5	42.6/44.25/45.9

续表

长度/m	宽度/m	高度/m	隔片个数	展开面积/m²
1.5	1	0.5	5	5.5
2.0	1.0/2.0		1	7.5/13.0
2.5	1.0/2.0		1	9.0/15.5
3.0			2	11.0/19.0/27.0
3.5	1.0/2.0/3.0		2	12.5/21.5/30.5
4.0			3	14.5/25.0/35.5
5.0			4	18.0/31.0/44.0

机编网钢丝的材质应符合现行国家标准《碳素结构钢》(GB/T 700—2006)的有关规定。机编网钢丝应做防腐处理,可采取镀锌、镀锌铝合金或聚合物涂层等措施。机编网钢丝及镀层性能指标应符合表5.3-3的规定,机编网钢丝镀层质量及厚度指标应符合表5.3-4的规定。

表5.3-3 机编网钢丝及镀层性能指标

项目		性能指标	检测标准
钢丝	抗拉强度/MPa	350~550	《金属材料 拉伸试验 第1部分:室温试验方法》GB/T 228.1—2010
	断裂伸长率(%)	≥10	
镀层	均匀性	—	《镀锌钢丝锌层硫酸铜试验方法》GB/T 2972—2016
	附着力	—	《金属材料线材缠绕试验方法》GB/T 2976—2020
	质量	见表5.3-4	《镀锌钢丝锌层质量试验方法》GB/T 2973—2004;《锌-5%铝-混合稀土合金镀层钢丝、钢绞线》GB/T 20492—2006

表5.3-4 机编网钢丝镀层质量及厚度指标

钢丝直径/mm	钢丝镀层类型				
	Ⅰ级(热镀锌钢丝)		Ⅱ级(热镀锌铝合金钢丝)		Ⅲ级(热镀锌铝合金钢丝)
	镀层质量/(g/m²)	镀层质量/(g/m²)	镀层最薄处厚度/μm	镀层质量/(g/m²)	镀层最薄处厚度/μm
2.0~2.2	≥220	≥250	≥25	≥350	≥42
2.3~3.0	≥250	≥275	≥30	≥450	≥50
3.1~3.3	≥265	≥300	≥30	≥520	≥56
3.4~4.0	≥275	≥320	≥32	≥550	≥60

注:1. 表中3.1~4.0 mm钢丝一般用作边丝;
2. Ⅰ级钢丝连续盐雾试验200 h,不应出现红锈;Ⅱ级钢丝连续盐雾试验1 000 h,不应出现红锈;Ⅲ级钢丝连续盐雾试验1 500 h,不应出现红锈。试验方法应按现行国家标准《人造气氛腐蚀试验盐雾试验》GB/T 10125—2021的有关规定执行。

5.3.2.2　PVC 保护层

当水质或土质受到较严重污染、或处在滨海环境时,机编网钢丝宜包裹 PVC 保护层,PVC 保护层材料性能指标及测试检验方法应符合表 5.3-5 的规定。

表 5.3-5　PVC 保护层材料性能指标及测试检验方法

项目	性能指标	检测标准
抗拉强度/MPa	≥20.6	《塑料 拉伸性能的测定 第 1 部分:总则》GB/T 1040.1—2018
断裂伸长率/%	≥180	《塑料拉伸和弯曲弹性模量 试验方法》JB/T 6544—93
弹性模量/MPa	≥18.6	—
厚度/mm	0.4~0.6	—
密度/(kg/m^3)	1.30~1.35	—
邵氏 D 硬度	50~60	
脆化温度/℃	≤−9	《硫化橡胶 低温脆性的测定 单试样法》GB/T 1682—2014
抗磨损性能	—	《塑料 滑动摩擦磨损试验方法》GB/T 3960—2016

5.3.2.3　反滤土工布

反滤土工布分为长丝土工布和短丝土工布,优先选用长丝土工布,一般单重要求大于 200 g/m^2,断裂强度、顶破强度、抗撕强度和渗透系数均应满足设计要求。

5.3.3　适用范围及施工方法

5.3.3.1　适用范围

生态石笼护坡适用于以下情况:
(1) 适用区域
在我国各地区均可应用,但在干旱和半干旱地区应保证养护用水持续供给。
(2) 边坡条件
基体岩性:坡体渗水或涌水较多的土质或砂砾石缓坡。
坡率:坡率在 1∶2.5~1∶1.25 之间,也可在框格骨架内套用。

坡高：

① 坡率≤1∶1.5时,采用直接顺坡平铺方式；

② 坡率为1∶1.5～1∶1且高度小于5 m的边坡,可采用垒砌方式；

③ 坡率为≥1∶1且高度小于5 m的边坡,可采用"T"形垒砌方式；

④ 坡率为>1∶1.5且高度≥5 m的边坡,可采用分级垒砌方式,每级高度不应大于3 m,邻级错台宽度不应小于0.5 m。

稳定性：边坡自身稳定。

(3) 水位

不受水位限制,常水位上下均可适用。

5.3.3.2 施工方法

施工工序流程为：施工准备→土方开挖和基础施工→反滤层铺设→石笼网组装→石料装填→盖板绞合→种植土填筑→植被种植。

(1) 施工准备

施工准备包括测量放线和施工材料准备。

① 测量放线

通过测量放样,确定基槽开挖位置和开挖深度,采用机械或人工的方式开挖,开挖过程中应实时控制开挖标高,及时清除表面的松土。

② 施工材料准备

(a) 格宾网箱的选用。格宾网作为一种六边形绞合钢丝网,网面抗拉强度要符合相关的标准要求,通常用2倍钢丝直径的钢丝缠绕心轴,共需缠绕6周,此时就不容易出现剥落或开裂的情况。网面裁剪后,需将末端连接边端钢丝,该构件作为最为薄弱的一环,在制作过程中需要特别注意,采用专业的翻边机在边端钢丝上最少缠绕2.5圈,并且不能用手工操作。

格宾箱体允许误差详见表5.3-6。

表5.3-6 格宾箱体允许误差

项目	长	宽	高
允许误差/%	±3	±3	±2

(b) 填充石料的选用。选用硬质岩质块石或卵石作为填充石料,比重不小于2.0 t/m³,填料强度不低于MU30,90%以上粒径不小于(1.5～2)D(D为同一网孔内绞线钢丝绞合处中心线之间的距离)。填充料为卵石时,粒径一般为10～25 cm,填充料为块石(含碎石)时,粒径一般为12～40 cm；卵石填充料

孔隙率小于20%,块石填充料孔隙率宜为20%~30%;软化系数大于0.75。不同部位填充料粒径和格宾网目尺寸关系见表5.3-7。

表 5.3-7 不同部位填充料粒径和格宾网目尺寸关系表

序号	格宾使用位置	填充材料对应网目尺寸	
		填充材料	网目尺寸/mm
1	护坡	块石	80×100
		卵石	80×100 或 60×80
2	基础和护脚	块石	100×120
		卵石	100×120 或 80×100

(c) 回填土料选用。回填土需要满足以下条件:回填土料黏粒含量至少需要达到15%~30%,塑性指数至少需要达到10~20,保证土料中没有杂质,偏离最优含水率控制在±3%以内。

(2) 土方开挖和基础施工

岸坡防护工程土方开挖,可采用挖掘机配合人工、推土机配合人工、人工配合挖掘机挖装自卸汽车运输或人工进行。当机械开挖达到距设计高程20 cm时,应停止使用大型机械,宜采用人工或人工配合小型机械开挖至设计高程。人工开挖达到设计高程后,应整平并清除表面浮土,护脚开挖时应在两侧各预留出1 m宽的工作面,应对固脚沟槽地基、压顶地基进行夯实。开挖坡面平整度,坡比,坡顶、坡脚的平面位置及高程应符合设计要求。开挖弃土应按设计要求运至指定弃料场。开挖的表层腐殖土应单独存放,用作格宾与雷诺护垫护坡腐殖土的填筑土料。

用于护坡基础部位的生态石笼网箱,根据基础排水、基槽稳定实际状况,基础网箱施工分为干法施工和水下施工。

干法施工是指通过小型水泵排水后,基槽内积水深度小于30 cm,且基槽稳定,没有明显流土、流沙现象。此时基槽开挖一般采用"长槽"式,长度为60~100 m。其工序见图5.3-5。

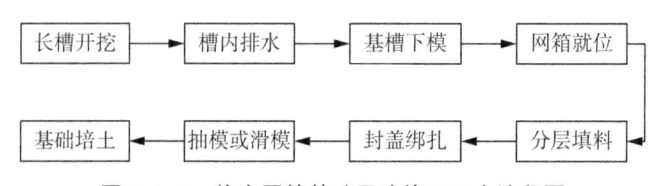

长槽开挖 → 槽内排水 → 基槽下模 → 网箱就位 → 分层填料 → 封盖绑扎 → 抽模或滑模 → 基础培土

图 5.3-5 格宾网箱基础干法施工工序流程图

水下施工是指场地排水困难,基槽内积水深度大,且基槽稳定性差,存在明显的流沙、流土现象,此时基槽开挖一般采用"短槽"式,长度为 3~5 m。其工序见图 5.3-6。具体做法如下:

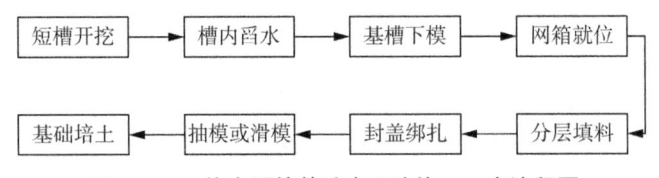

短槽开挖 → 槽内舀水 → 基槽下模 → 网箱就位

基础培土 ← 抽模或滑模 ← 封盖绑扎 ← 分层填料

图 5.3-6　格宾网箱基础水下法施工工序流程图

① 基槽开挖,形成局部围堰。根据基础深度和宽度,采用与基础宽度相近的挖掘机铲斗,沿纵向预挖长 3 m 的基槽,形成局部围堰。基槽开挖弃土就近堆放于基槽临水侧,形成小围堰,并进行适当拍压密实,减少外水漏入基槽。在开挖基槽时及时控制基础高程。

② 基槽舀水。基槽成型后,用挖掘机铲斗将已开挖的基槽内的积水快速舀出。

③ 基槽下模。快速将事先准备好的钢制滑模起吊至已开挖好的基槽内,采取人工和机械相结合的方式摆正滑模,再次确定高程。

④ 模内网箱就位。将绑扎好的网箱摆放至滑模内。为了保证网箱在填充石料时不变形,用直径 3 cm 钢管横担于网箱上沿中间位置,将网箱两侧撑开。

⑤ 网箱填料。用挖掘机向网箱内缓慢填充石料,待石料填满后封盖绑扎。

⑥ 撤模培土。上述工序完成后,用挖掘机继续向前开挖,至基槽高程合格后,将滑模撤走至开挖的基槽内,将已制作好的网箱石笼两侧再用挖掘机培土压实。

石笼网展开情况见图 5.3-7。

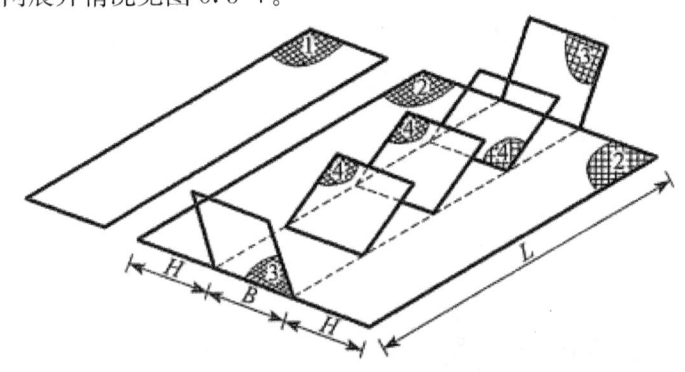

1—网盖;2—网身;3—端网;4—隔网;L—网箱长度;B—网箱宽度;H—网箱高度

图 5.3-7　石笼网展开示意图

(3) 反滤层

由于石笼结构中存在大量空隙,周围土体在水压力的作用下容易在这些空隙形成的通道中流失,造成石笼与其周围的土体发生失稳破坏,因此须在石笼和基础以及坡面土层之间铺设反滤层,防止因渗流淘刷石笼周围的土体产生渗流破坏。工程中一般采用土工织物作为反滤层,土工布搭接长度不小于20 cm,铺设时要确保完整和连续。在雨水较多的地方,基础还可设碎石垫层或混凝土底座,增强基础抗淘刷能力和承载能力。

(4) 格宾网箱组装与安装

① 格宾组装

格宾石笼组装(图 5.3-8)应展开网片、校准折缝,隔网与网箱应成 90°拼联。石笼网长宽宜按 0.5 m 的模数递增,隔段 1/3 及 2/3 处或中部应增设加强筋。石笼之间宜采用镀锌钢丝或高强纤维扎结。

格宾石笼加工尺寸应符合设计要求,不得扭曲变形。完整格宾单元取出后如有弯曲变形,须将其整平,此时可使用钳子拉,或用脚踩。将隔板及前后面板立起来,采用边缘钢丝延长段部分将角点固定住,竖直面板上端边缘需要保证保持水平,隔板的两条竖直边沿需要保证与底部边沿处于相同的竖直面中。

网箱各角端应与相邻网箱均匀绞合绑扎,相邻格网网箱接触面的联结点不应少于 4 处/m²,绞合材料应与网笼材料相同;隔网与网箱、上下层网箱及四周之间的联结点间距均应小于 0.2 m;端网、网盖与网箱之间联结间距均应小于 0.1 m。

组装格宾过程中需要杜绝松散情况,要求竖直面板上边缘保持在同一水平面;盖板边缘需要有效地绞合面板上端水平边缘。

图 5.3-8　石笼网组装

② 格宾网箱安装

格宾石笼网安装之前,要对石笼网外边沿线进行放线定位,然后摆放整齐石笼网。若遇到了拐角,组装的过程中先不绞合前面板,需折叠前面板,将其安置到底板下,将格宾网箱套进另一个格宾网箱,重叠底板,最后绑扎套在外面的格宾网箱边端和内部网面,将长出的钢丝,在邻近边缘绕紧,绑扎牢固即可。宾格网箱摆放时交界面宜错开布置(图 5.3-9)。

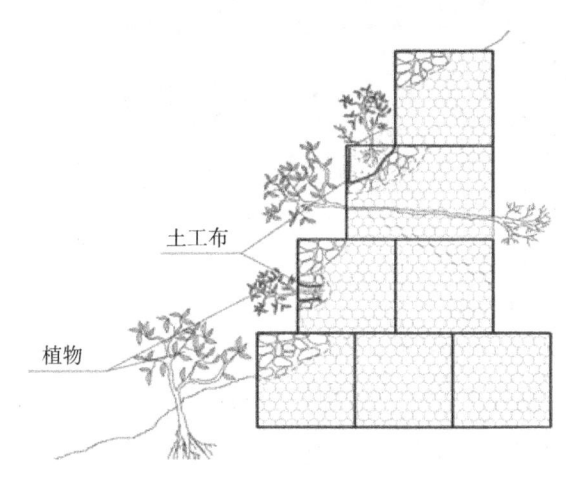

图 5.3-9 石笼网组装

(5) 石料装填(图 5.3-10)

填充的卵、块石等填料宜大小搭配,大块布置在临空侧或紧邻孔洞。

为防止箱体变形,石料装填时宜采用钢管、木棍等对网箱进行临时绑扎固定,待填充物填满夯实后,再拆除支撑。

格宾或雷诺护垫填充石料可采用人工装填或半人工半机械逐层装填,机械装填后应进行人工摆放,先外侧后中间,向同层箱格内均匀、慢慢地填充石料,避免一次性投满单格网箱,每层装填厚度不宜大于 35 cm,对于 1 m 高网箱来讲,在投料施工的过程中分为 3~4 层最佳。石料填筑应密实,采用小粒径石料填塞空隙,孔隙率满足符合设计要求。方格面板绑扎在格宾前面,然后采用钢丝进行固定,完成后方可安装。装填完成大约 1/3 后,使用两根加固钢丝进行加固,松紧度要合适。

(6) 盖板绞合

格网石笼封盖前,顶面应填充平整,尽可能减少网面受压鼓出情况的出现,同时尽可能避免装填引发隔板弯曲情况的出现,并以钢制工具先行固定角端,

图 5.3-10　石料装填

再绑扎边框线与石笼网封盖。

绞合盖子前彻底检查整体结构，校正有弯曲等情况的地方，若隔板弯曲，可以转移石头，将隔板扳直。采用人工形式清平表面石头，空隙率要低一些，高度要适当超出 2.5～4 cm，若顶部凹陷至石头下，可使用钢钎将隔板翘起。

按照间隔 10～15 cm 单圈—双圈—单圈点扎绞合方式，用绞合钢丝将盖板与竖直面板、端板、隔板的上边缘绞合链接在一起，应将相邻格宾或雷诺护垫单元的面板和端板上边缘钢丝与盖板边缘钢丝紧密地绞合在一起。闭合盖板所有边板、端板、隔板的上边缘应绞合到位，成一直线，且绞合点边缘钢丝紧密靠拢。

安装绞合完成现场见图 5.3-11。

图 5.3-11　安装绞合完成

(7) 回填种植土(图 5.3-12)

石笼网表层需植生时,可摊铺种植土,撒播适宜种植的植被种子或铺设草皮。

土方回填可采用人工或人工配合挖掘机、推土机方式分层回填,每层厚度宜控制在 25～30 cm;可采用推土机压实配合人工夯实,使用推土机碾压时,靠近格宾或雷诺护垫处应人工夯实,回填土压实度(相对密度)、回填土顶高程应达到设计要求。

生态石笼护坡工程效果见图 5.3-13。

图 5.3-12　回填种植土

图 5.3-13　生态石笼护坡工程效果

5.3.4 施工质量控制

(1) 材料控制

格宾网、填充材料和土工布等材料质量应符合前述有关规定,并进行质量检测,检测项目执行国家和行业相关规定。检测项目包括:

① 格宾网:钢丝的直径、强度、伸长率、钢丝镀层厚度、重量、铝含量,网目尺寸,网垫、网箱尺寸;

② 反滤材料:土工布强度、渗透系数等;

③ 填充石料:规格尺寸、强度、软化系数等。

(2) 格宾网垫、网箱施工

检验坡面、铺设面、基槽的平面位置、尺寸、高程是否符合设计要求。

检查网垫、网箱的几何尺寸、施工工序、面层平整度是否符合前述有关要求。

(3) 装填质量

检测、检验装填石料孔隙率和平整度,确保满足设计要求。

生态石笼护坡施工质量主要控制参数见表5.3-8。

表5.3-8 生态石笼护坡施工质量控制标准(参考)

单位工程名称				单元工程量	
分部工程名称				施工单位	
单元工程名称、编号				施工日期	年月日—年月日
项次		检验项目	质量要求	检验方法	检验数
主控项目	1	笼体材质	符合设计及规范要求	查阅出厂合格证、材料试验或检验报告	全面检查
	2	石料质量、规格	质地坚硬,无风化;最小边尺寸不小于笼体孔眼尺寸各方向的最大值,且满足设计规定的粒径级配要求	观察、量测	全面检查
	3	笼体组装及填料	笼体绑扎牢固结实;填料紧密、平整、饱满	观察	全部

续表

项次		检验项目	质量要求	检验方法	检验数
一般项目	1	笼体孔眼尺寸	允许偏差：±2 cm	量测	每个笼体不少于4个点
	2	笼体长度、宽度、高度	允许偏差：−2 cm～+10 cm	量测	每 10 m 不少于 1 个点
	3	植被成活率或覆盖率	符合设计要求	检测	每 50～100 m² /次

5.4 多孔植生砌块护坡

5.4.1 多孔植生砌块护坡简介

多孔植生砌块护坡是利用多孔砖按照顺序码放在坡面上，在砌块内填充种植土、喷播种子形成植被防护体系的一种边坡防护型式，其具有连续贯穿的多孔结构，砖体骨架对坡面土壤具有稳固作用，多孔砖中间空隙可蓄水，能有效分散坡面径流、减少冲刷，同时为动植物提供了良好的生存空间和栖息场所，可在水陆之间进行能量交换，是一种具有"呼吸功能"的护岸。同时，异株植物根系的盘根交织与坡体有机融为一体，发挥多孔砖和植物的双重防护优势，形成了对基础坡体的锚固作用，也起到了透水、透气、保土、固坡的效果，施工简单，外观齐整，造型美观，工程效果呈现快。

多孔植生砌块护坡具有以下优点：

(1) 形式多样化。护岸砌块的几何形状多样，风格丰富，表面富有立体感，可满足多种要求。

(2) 滞洪补枯作用明显。与传统硬质护坡相比，多孔植生砖护坡具有良好的滞洪补枯作用，汛期可通过坡面植被和砌块孔洞将水滞留、储存于坡体中，起到延滞径流的作用；旱季时储存于土体的水又可渗入河中，起到调节水量的积极作用。

(3) 抗冲能力和抗变形能力强。植被植物根系深入土中后，多孔植生砖、植物与坡面形成一体，构成牢固紧密的岸坡表面，可有效防止暴雨径流的冲刷破坏；同时整个坡面为柔性体，坡面基础发生变形时，不会产生裂缝及落差破损现象。

(4) 生态效益良好。多孔结构利于植物的生长，能充分营造滨水景观和增强人与自然的亲密性，既可以用来种草，水下部分还可以作为鱼虾的栖息地；为微生物、动植物提供了良好的生存栖息空间，具有良好的生态效应、景观效应和水质净化功能,实现了护坡技术和环保技术的完美统一。

5.4.2 材料性能指标

按照块体形状或护坡构筑物表面所呈现的几何形状,砌块宜为空心结构,多孔植生砖分为六角形、矩形、等腰三角形、八字形、铰接式、线式和网格状、边缘可嵌固等多种护坡用连接块,设计洪水位以上开孔率宜为40%~70%,设计洪水位至常水位间开孔率宜为30%~50%、常水位以下开孔率宜为20%~30%。其材料性能指标可参考表5.4-1~表5.4-4各项要求。

表5.4-1 规格尺寸和允许偏差

项目	规格尺寸/mm	允许偏差/mm
边长(长、宽)	100,200,300,500,600	±5
厚度(不含防滑条)	80,100,120,150,200,220,250,300	±5

注:以上为常见预制混凝土砌块的规格尺寸,对于部分不规则形状的预制混凝土砌块规格尺寸及允许偏差,可参照相关的企业产品标准。

表5.4-2 性能指标要求

序号	抗压等级强度	抗压强度单块最小值/MPa
1	C15	≥15.0
2	C20	≥20.0
3	C25	≥25.0
4	C30	≥30.0
5	C35	≥35.0
6	C40	≥40.0

注:根据工程需要,对于部分不规则形状的预制混凝土砌块力学性质可参照相关企业标准执行或通过协商决定。

表5.4-3 外观质量要求

项目		技术指标
掉角		无掉角
裂纹	非贯穿裂纹长度最大投影尺寸	不大于5 mm
	非贯穿裂纹长度的投影尺寸累计	不大于5 mm
	贯穿裂纹分层	不允许
分层		不允许
色差、杂色		不明显
正面麻面(普通型)		不允许有深度大于2 mm且面积大于1 cm² 的凹坑

表 5.4-4　物理性能指标要求(参考)

项目			指标	
			普通型	植生型
干密度/(kg/m³)			≥2 000	
吸水率/%			≤8	
空心率/%			符合设计要求	可参考相关标准执行,应符合设计要求
抗冻等级	非采暖地区		≥F25	≥F15
	采暖地区	一般环境	≥F50	≥F25
		干湿交替环境	≥F75	≥F50
抗渗性			可参考相关标准执行,应符合设计要求	
开孔率	水上部位		40%~70%	
	水下部位		20%~50%	

注1:非采暖地区指最冷月份平均气温高于-5℃的地区;
注2:采暖地区指最冷月份平均气温不高于-5℃的地区。

5.4.3　适用范围及施工方法

5.4.3.1　适用范围

(1)应用地区
各地区均可应用,但在干旱、半干旱地区应保证养护用水的持续供给。
(2)边坡条件
基体岩性:土质、砂砾石、岩质或混凝土边坡。
坡率:1:2.5~1:1.25,也可在框格骨架内套用。
稳定性:边坡自身稳定。
(3)水位
在水位波动区及常水位以上使用时,砌块空心宜填充种植土并种植植物;在常水位以下部位使用时,砌块空心内宜填充碎石或种植水生植物。

5.4.3.2　施工方法

多孔植生砌块护坡施工工艺流程为:施工准备→坡面整修→基槽开挖及混凝土浇筑→铺设反滤层→多孔植生砌块铺设→压顶浇筑→种植土填筑→植被种植→养护管理(图5.4-1)。多孔植生砌块形状示例见图5.4-2。

166　生态护坡施工技术与应用

施工准备 → 坡面整修 → 基槽开挖及混凝土浇筑 → 铺设反滤层 → 多孔植生砖铺设

养护管理 ← 植被种植 ← 回填种植土 ← 现浇混凝土压顶

图 5.4-1　多孔植生砌块护坡施工工艺流程图

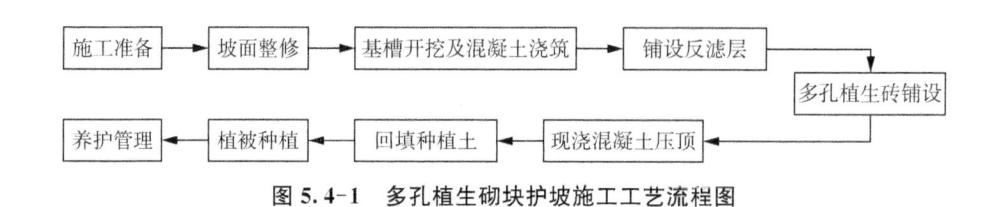

图 5.4-2　多孔植生砌块形状示例

(1) 施工准备

施工准备包括测量放线和施工材料准备。

① 测量放线

通过测量放样,确定施工边界、坡顶高程、开挖深度等,每 10 m 设置一个控制桩,测量过程中及时进行复核,确保测量有效性。

② 施工材料准备

根据设计最终呈现效果需要,选用多孔植生砖形状。多孔植生砖可以现场预制,也可联系厂家外购。

混凝土采用搅拌机进行拌制,拌制混凝土前要检查计量设备是否准确,并按照要求设计等级强度的混凝土配合比进行配料。材料拌合时间从搅拌加水算起,至开始出料的搅拌时间不得低于2分钟;当混凝土材料拌合均匀、颜色一致时停止拌合。人工用铁锹将拌合好的混凝土倒入模具内,在振动台上进行振捣,振动时间为2~3分钟,直至混凝土均匀密实,表面出现泛浆且混凝土不再下沉为止。振捣完成后的混凝土砌块进行覆膜和喷水养护,喷水养护以水雾为佳。当混凝土浇筑完成(夏季2天、冬季4天)后且混凝土强度达到要求强度的20%时,方可脱模;当脱模时混凝土不产生缺边、掉角等现象时即可进行大面积脱模。脱模后的砌块须搬运至堆码场地进行堆码养生,堆码时应按照预制时间的先后顺序自下而上依次堆码,每排堆码高度不超过1.5 m,然后继续洒水养护14天。当砌块强度达到规定值的75%以上才可进行装运。

③ 反滤垫层的选用。反滤垫层可选用土工布、砂垫层等,主要起到反滤作用,减少水土流失,防止渗透破坏。

(2) 坡面整修

施工前要先清理坡面的杂草、树根和突起物等杂物,并按照边坡坡度的设计要求,严格控制坡率。坡面可采用人工拉线修整,坡面平整度应达到规范要求;对坡面土料不足部分用合适的材料填孔并敲击,并洒水夯实使坡面平整密实,满足设计要求。

(3) 基槽开挖及混凝土浇筑

① 基槽开挖:按照设计尺寸开挖基槽,根据坡脚地形不断调整走向,保证护脚顺直并与河堤坡顶外边线平行。基槽开挖按测量放样点用白石灰或拉线将基槽轮廓线标示,采用机械开挖、人工修整结合成型。基槽是维护护坡稳定的唯一支撑,因此基槽的施工质量,直接影响到护坡的安全。如果基槽设计高程内有软弱松土等不良土壤,应将其挖除,并以优质土料进行回填置换。

② 基槽混凝土浇筑:基槽混凝土要采用设计标号的混凝土浇筑,一般强度不低于C15。浇筑时可由人工搭设特制溜槽将混凝土直接输送至仓面。混凝土分层浇筑,每层铺料厚度不超过50 cm,采用插入式振动器振捣密实,表面收光抹平。为防止基础不均匀沉降,基槽每4 m设置一道2 cm厚聚乙烯闭孔泡沫板沉降缝。

(4) 铺设反滤层

由于多孔植生砖结构中存在较大空隙,为防止这些空隙形成通道造成水土流失,并引起失稳破坏,因此,须在砌块和基础土层之间铺设反滤层。反滤层可采用土工布或砂垫层、碎石垫层。

砂石垫层铺筑采用挖掘机配合人工施工,为保证垫层铺填均匀,施工时打控制桩、带线严格控制垫层铺垫厚度,自下而上铺设,垫层粒径为5~20 mm的碎石。土工布布面铺设要平整,采用U形钉将无纺布固定在坡面上,并适当留有变形余量,搭接不宜少于20 cm。

(5) 多孔植生砖铺设

基槽混凝土达到一定强度后方可进行多孔植生砌块的铺筑。多孔植生砌块铺设布局及造型应符合设计要求,接缝平直,表面平整,规则美观。

铺筑重点是控制好一个面和两条线,一个面是铺筑面,两条线是坡脚线和坡顶线,保证上述铺筑面的平整和两条线的顺畅对整个护坡外观质量至关重要。砌块铺筑自下而上顺序铺筑,铺筑时依放样桩横向拉线控制坡率,纵向拉线控制平整度。

铺筑时,砌块底部应垫平填实,先从标准线处开始铺筑;采用水泥砂浆坐浆砌筑,砂浆标号不低于M7.5。砌块铺设间隙宜为5~10 mm,有整体嵌固需要时可采用砂浆填塞缝隙,强度等级不应小于M7.5。对于弧形坡面,施工时需使用异形砌块进行拼接,人工使用无齿锯切割得到满足弧度铺装的规格和角度,异形砌块切缝应平滑美观。

以联锁块为例,一块与另一块错缝锁结方式铺筑,较高处使用橡胶锤轻捶,而不能直接用铁锤击打砌体;较低处可在砌块下部补填砂石垫层料抬高。相邻砌块之间的锁扣应连接平顺,做到表面平整,咬合严密。铺筑时,砌块的长边与基槽平行,短边与堤轴线垂直,这样可保证汛期河道水流的平顺及岸坡稳定。将砌块铺筑至封顶,与封顶混凝土紧密贴合。混凝土连锁生态块铺筑见图5.4-3。

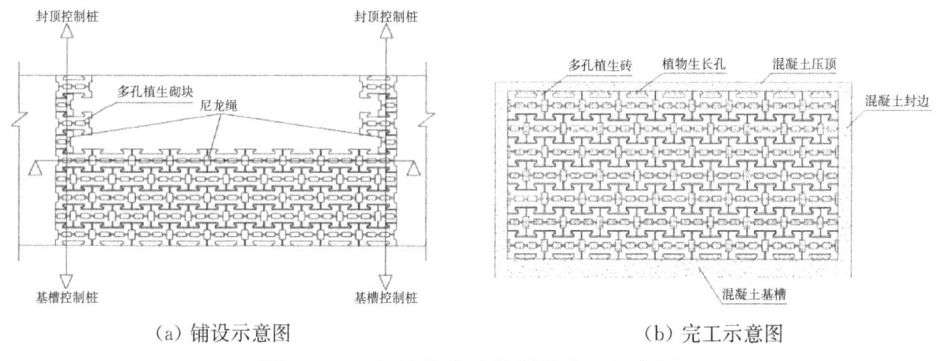

(a) 铺设示意图   (b) 完工示意图

图5.4-3 多孔植生砖铺设及完工示意图

(6) 现浇混凝土压顶

压顶施工质量影响整个护坡工程的外观形象,混凝土压顶尺寸满足设计要求,压顶轴线应与堤中心线平行。混凝土收光时要求压光三次,浇筑成形的压顶混凝土应棱角顺直、方正,圆弧段曲线圆滑,表面光洁平整、无裂缝。压顶每隔 4 m 设置一道伸缩缝,伸缩缝设置与基槽一致。

(7) 回填种植土及植被种植

砌块铺设完成后,要在孔内回填碎石或种植土。回填种植土应填满砌块孔洞,必要时人工捣实。植生可采用撒播草籽、栽植、喷播等多种方式,植被成活率及覆盖率应符合设计要求。采用撒播时,要选用适合当地气候环境的草籽,撒播前将作业面浸润,再由人工将草籽均匀地从上至下撒播在整个坡面上,边撒边退,并及时洒水养护。

多孔植生砖护坡完工效果见图 5.4-4。

图 5.4-4 多孔植生砖护坡完工效果图

5.4.4 施工质量控制

多孔植生砖护坡质量控制主要包括坡面整平度、植被覆盖率、植生砖材料质量和铺筑质量等几个方面。

(1) 在坡面整平时,坡面要满足坡率、整平度、平顺度要求,坡度不陡于设计值。

(2) 多孔植生砖外观及尺寸要满足设计要求,严禁使用不完整且有破损的砌块,铺设应接缝平直,表面平整。

(3) 混凝土护脚承受坡面多孔植生砌块的荷载,所以护脚混凝土基础地基强度必须达到设计要求。

(4) 多孔植生砖铺筑严格挂线施工，每完成一段后，用靠尺检验该段坡度及平整度，对不合格处进行调整，破损的砌块进行更换。

(5) 坡面地基土开挖及回填土质量应符合规范的要求，坡面回填土质量检测取样部位和取样数量应符合规范和设计要求。

多孔植生砌块护坡施工质量主要控制参数见表5.4-5。

表5.4-5　多孔植生砌块护坡施工质量控制标准(参考)

单位工程名称				单元工程量	
分部工程名称				施工单位	
单元工程名称、编号				施工日期	年月日—年月日
项次		检验项目	质量要求	检验方法	检验数
主控项目	1	种子发芽率	70%或符合设计要求	试验检测	每批次
	2	预制砌块质量	具有质量合格证，核实强度等级、完好率；尺寸偏差满足设计要求	检查检测	总量的1%，且不少于3个
	3	植被成活率/覆盖率	符合设计要求	检测	每50~100 m²/次
一般项目	1	砌块表面平整度	允许偏差为±1 cm	量测	每50~100 m²/次
	2	坡面平整度	允许偏差为±3 cm	量测	每50~100 m²/次
	3	种植土配合比及厚度	种植土组分配合比满足植被生长要求，填铺后的允许偏差为±3 cm	量测	每50~100 m²/次

参考文献

[1] 邓芸心,齐燕清,付世强,等.框格梁和生态护坡技术在观景口水利枢纽工程中的应用[J].中国水利,2021(19):64-66.

[2] 周中元,张黎明,贾秀华.自嵌式景观挡墙在岸坡整治工程中的应用[J].江苏水利,2013(11):43-44.

[3] 李娜,杨冬君,刘菲,等.面向生态功能的自嵌式植生挡土墙应用研究[J].人民长江,2010,41(11):85-88.

[4] 陈建军,周一龙,王玮柱.自嵌式生态柔性挡墙设计与施工工艺[J].湖南交通科技,

2017,43(02):77-81.

[5] 中国水利工程协会.水利水电工程生态护坡技术规范:T/CWEA 19—2023[S].北京:中国水利水电出版社,2023.

[6] 蒋文亚.自嵌式生态挡土墙施工工法研究[J].四川水泥,2021(04):108-109.

[7] 陈莉,夏晓庆,周营.自嵌式生态砖挡土墙在河道护岸工程中的应用[J].中国水运(下半月),2020,20(04):118-120.

[8] 安徽省水利厅.预制混凝土砌块护坡工程技术规程:DB34/T 2233—2021[S].地方标准信息服务平台,2021.

[9] 潘伟良.关于对生态自嵌式挡土墙施工质量控制的分析[J].科技传播,2013,5(20):68+67.

[10] 中国工程建设标准化协会.格网土石笼袋、护坡工程袋应用技术规程:CECS 456:2016[S].北京:中国计划出版社,2016.

[11] 黑龙江水利厅.水利堤(岸)坡防护工程格宾与雷诺护垫施工技术规范:DB 23/T 1501—2013[S].哈尔滨:黑龙江科学技术出版社,2013.

[12] 宁夏回族自治区水利厅.宁夏水利工程格宾应用技术导则:DB 64/T 1094—2015[S].地方标准信息服务平台,2015.

[13] 刘彩文.格宾石笼与自嵌式组合挡墙生态护岸施工技术[J].四川建材,2018,44(12):263-264+267.

[14] 安徽省佳鑫建筑工程有限公司.水利堤(岸)坡防护工程格宾与雷诺护垫施工技术标准:Q/JXJZ004—2021[S].企业标准信息公共服务平台,2021.

[15] 胡震和.格宾石笼在农村水系治理中的应用[J].湖南水利水电,2023(02):67-69.

[16] 彭攀,沙明宏,陈亮,等.基于水生态文明建设的格宾石笼生态护岸技术应用探讨——以沙甸河开远段治理工程为例[J].西北水电,2020(01):75-79.

[17] 宫剑.南水水库泄洪河道整治工程生态护坡施工技术分析[J].珠江水运,2022(19):25-27.

[18] 谷祥先.浅谈格宾网石笼综合施工[J].治淮,2011(07):28-29.

[19] 程旭,黄泽均,郑涛.混凝土连锁生态护坡施工技术在孝感府澴河段第3标段工程中的应用[J].水利建设与管理,2021,41(07):78-83.

[20] 马宝强,孙泽源.边坡防护的新型式—联锁式护坡砖[J].北方交通,2006(09):25-26.

[21] 祝卓.植生型混凝土砌块在河道治理中的应用[J].安徽农业科学,2014,42(10):3113-3115.

[22] 曹载宏,郑保.生态连锁式护坡在河道护坡工程中的应用[J].湖南水利水电,2013(04):54-56.

第6章

常用护坡植被

6.1 植被选择原则及依据

6.1.1 选择原则

不同的植物具有各自不同的基因特性,对环境条件表现出不同的适应性,因而科学地选择工程边坡的植物种类是建立坡面植物群落的重要工作之一。

边坡生态防护植被的选择,通常应遵循以下原则:

设计应遵循安全长效、因地制宜、乔灌草相结合、固氮与非固氮品种相结合、深根性与浅根性品种相结合、观花和观果品种相结合的原则。

(1) 安全性原则

边坡绿化应不用或尽量少用大乔木,有利于保护边坡,同时还要考虑到行车、行人的安全。

(2) 生态性原则

工程实践表明,单一植被物种不符合生物多样性原理,其绿化效果不稳定、易退化,后期养护强度也大;而植被的多样性有利于坡面生态恢复的稳定性。因此边坡植被配置要采用灌草立体、深浅根植物相结合,宜多用草本类或藤本类植物,以乔木和灌木为辅。采用生长速度快、根系发达、固坡固土能力强,能够较好地防止水土流失,起到生态修复和生态防护作用的植物。

(3) 抗逆性原则

因边坡多为裸露区域,具有一定坡度、土壤瘠薄且易发生水土流失,选用绿化的植物应具备较强的抗旱性和耐贫瘠性,能有效改善环境;针对护坡植被前期生长成坪不足的现象,可优先添加一些适应气候条件、生长迅速,有环境改善力但后期可以自动退出主导地位的植物品种,以此来提高土壤肥力、培养基盘养分。

(4) 本地性原则

边坡绿化时应以本地乡土植物为主,可根据情况适当选用引进的外来优良植物;选用适应性强的植物,才能够形成稳定的目标群落,达到植被恢复、生态修复的目的。

(5) 景观性原则

边坡绿化通常应具有一定的观赏性,宜选用绿期长、叶色、花色或果色艳丽的植物,具有一定的景观效果。同时,还要考虑生物景观协调作用,所选择植被品种应该与周边的植被群落和谐统一,在植物品种、群落形态构成等方面和周围的植物群落类似或相近。

6.1.2 选择依据

护坡植物种类的选择依据应遵循以下几点:

(1) 立地条件

立地条件主要包括边坡的土壤质地、坡度、土壤肥力、土壤结构与理化性质等,各地区立地条件存在差异,在植物选择上也会有很大的不同。通常来说,如果土壤质地瘠薄、有机质含量很少,非常容易板结,而且结构不良,植物无法正常生长。相对于土质,石质边坡没有植物生长所需的团粒结构,坡体保水功能差,含有的活化养分低,植物很难从边坡岩石中吸收水分和养分。

(2) 气候因子

自然条件中,气候因子是影响植物分布的重要环境因子。气候因子包括光照、温度、降雨(雪)量以及风等。地域气温、日照条件很大程度上决定了植物生长范围,降雨(雪)的时期与雨量也对植物种类分布有着重要的影响。

(3) 植物特性

边坡环境条件特殊,所选植物应以具有良好的水土保持功能为目的,管理应相对粗放。对植物特性的选择应该满足以下六点:

① 种子丰富且发芽性能好,易于繁殖与更新,能快速覆盖地面;

② 抗逆性(包括抗旱性、抗热性、抗寒性、抗病虫害性、抗贫瘠性等)强;养护管理较粗放;

③ 具有良好的匍匐性能,地上部较矮,根系发达,生长迅速,能在短期内覆盖坡面,固土性与扎根性强,可以有效地防止表土移动;

④ 多年生或越年生,能有效地制止野生杂草的入侵;

⑤ 适应当地的气候条件和土壤条件(水分、pH 值、土壤性质等);

⑥ 种苗获得容易,价格低廉。

6.2 气候植被分区及适种植被

6.2.1 气候分区

我国气候区划以日平均气温不低于10℃稳定期的积温和最冷月气温或极端最低气温多年平均值为热量指标,以干燥度(见气候指数)为水分指标。根据

1951—1970年的气候资料数据，中国国家气象局将我国气候区划分为六个气候带和一个高原气候区。

气候区具有纬度地带性、经度地带性和垂直带性等三个特点：

（1）由于不同纬度太阳辐射分布的差异，随之使气候随纬度发生有规律变化，产生纬度地带性。

（2）由于不同海陆对比关系和海陆分布而引起干湿度的差异，会产生气候随干湿度有规律性变化的干湿度地带性，为经度地带性。

（3）随山地海拔高度的增加，气温会随之下降，产生气候随海拔高度变化的垂直带性。同时受地方的坡向、下垫面、地形起伏状况等因素影响，气候也会发生变化。

同气候分区一样，植被受纬度、经度和海拔高度的影响也呈现出了纬度地带性、经度地带性和垂直带性等三个特点。根据气候因子和环境因子对植被生长环境和植被分布的影响，结合地貌条件、土壤条件、主要建群植物区系特征和地理分布、海拔和人类活动多种因素，我国植被分布划分为8大植被区域，分别是热带雨林季雨林地带、亚热带常绿阔叶林地带、温带落叶阔叶林地带、冷温带针阔叶混交林地带、温带草原地带、温带荒漠地带、寒温带落叶针叶林地带和青藏高原高寒植被区，该区域划分体现出了我国植被区域性分布和地带性分异特点。

对我国植被区划情况进行地带性植被类型、主要植被区系成分、基本地貌特征、地带性土类等因素进行了统计分类，详见表6.2-1。

6.2.2 适种植被选择

应根据项目区所在气候区划和植被区划，选择适宜的植被类型，以原生植被物种为主，适宜的外来物种为辅，确保生态效果。各区域适生的草本、花卉、灌木及藤本物种见表6.2-2。

表 6.2-1 植被区划统计分类表

区划依据和指标 植被区域	地带性植被类型	主要植被区系成分	基本地貌特征	地带性土类
寒温带落叶针叶林地带区域	寒温性针叶林	温带亚洲成分、北极高山成分	大兴安岭为南北向低矮和缓低山,海拔高 400~1 100 m,山峰 1 500 m,谷地开阔	灰化针叶林土
冷温带针阔叶混交林地带区域	温带针阔叶混交林	温带亚洲成分、东亚(中国—日本)成分	北部丘陵状的小兴安岭,海拔高 300~800 m,南部长白山地较高,一般 1 500 m,东部河网密布,有具沼泽地的三江低平原	暗棕色及棕色森林土
温带落叶阔叶林地带区域	落叶阔叶林	东亚(中国—日本)、温带亚洲成分	北部、西部为海拔 1 500 m 以上的燕北、太行山与黄土高原,中部为辽阔的华北与辽河冲积平原,海拔 50 m 以下,东部沿海 100~500 m 的丘陵	褐色森林土与棕色森林土
亚热带常绿阔叶林地带区域	常绿阔叶林、常绿落叶阔叶混交林、季风常绿阔叶林	东亚(中国—日本)、中喜马拉雅成分	东为秦岭与南岭之间的丘陵、山地和长江中下游平原,左右、中有四川盆地和长江中下游平原,西部为云贵高原 1 000~2 000 m,西缘横断山脉在 3 000 m 以上,为高山峡谷地貌	黄棕壤、红壤与砖红壤性红壤
热带雨林季雨林地带区域	季雨林雨林	热带东南亚成分	东部为海拔 500 m~1 000 m 石灰岩山峰与山地,西部为同山中部多 500~1 000 m 峰与山地,西南诸岛多为珊瑚礁岛 盆地与高 1 500~2 500 m 的山地、南海诸岛多为珊瑚礁岛	砖红壤性土
温带草原地带区域	温性草原	亚洲中部成分、干旱亚洲成分、旧世界温带成分	东起松辽平原(120~400 m),中部为内蒙古高原 1 000~1 500 m,西南为黄土高原(1 500~2 000 m),期间有大兴安岭—阴山—吕梁山—燕山—列山脉分隔,西部有阿尔泰山	黑钙土、栗钙土、棕钙土、黑垆土

第6章 常用护坡植被　179

续表

区划依据和指标 植被区域	地带性植被类型	主要植被区系成分	基本地貌特征	地带性土类
温带荒漠地带区域	温性荒漠	亚洲中部成分、中亚成分、干旱亚洲成分	具有阿拉善、准噶尔、塔里木等内陆盆地(500~1 500 m)与柴达木高盆地(2 600~2 900 m),间以天山、祁连山、昆仑山等高逾5 000 m巨大山系,及一些较低矮的山地	灰棕壤土与棕漠土
青藏高原高寒植被区域	高寒灌丛与草甸高寒草原、原高寒荒漠	东亚(中国—喜马拉雅)成分、亚洲中部成分、青藏成分	为海拔4 500 m以上的整体山原,边缘与内部有6 000~7 000 m以上的高山山系,东南部为横断山系与三江峡谷,切割剧烈	高原草甸土、高寒草原土与高寒荒漠土

表 6.2-2　生态护坡植被适种物种分类参考

<table>
<tr><th rowspan="3">自然植被区域</th><th rowspan="3">范围</th><th colspan="5">植物类型</th></tr>
<tr><td rowspan="2">乔灌木植物</td><td rowspan="2">草本植物</td><td rowspan="2">藤木植物</td><td colspan="2">水生植物</td></tr>
<tr><td>挺水植物</td><td>沉水植物</td></tr>
<tr><td>寒温带落叶针叶林地带区域</td><td>黑龙江省大兴安岭最北部</td><td>东北山荆花、松江柳、珍珠梅、紫丁香、山刺玫、蓝果忍冬、紫条槭、红瑞木、早柳</td><td>线叶菊、冷蒿、冰草、草地早熟禾、狗尾草、羊草、赖草、羊茅</td><td>山葡萄、异叶蛇葡萄、五味子</td><td>千屈菜、西伯利亚鸢尾、彩叶水芹、芦苇、黄花鸢尾、花菖蒲</td><td>东北金鱼藻、小狸藻、柳叶眼子菜、菹齿眼子菜、轮叶狐尾藻</td></tr>
</table>

续表

自然植被区域	范围	植物类型					
			草本植物	藤木植物	水生植物	
		乔灌木植物			挺水植物	沉水植物
冷温带针阔混交林地带区域	东北平原以北和以东广阔山地，东北山地一以沈阳至丹东一线为界，北部至黑龙江以南的山地	山刺玫、黄刺玫、珍珠梅、紫丁香、东北山梅花、金银忍冬、蓝果忍冬、长白忍冬、金花忍冬（黄花忍冬）、东北连翘、松江柳、红瑞木、榛、紫椴槭、红瑞木、茶条槭、山杏、胡枝子、旱柳	草地早熟禾、高羊茅、无芒雀麦、针茅、白草、偃麦草、冷蒿、狗尾草、赖草、羊草、紫花苜蓿、马蔺、草木樨、斜茎黄芪花、小冠花、草木樨、斜茎黄芪（沙打旺）、白三叶、波叶菊、山野豌豆、诸葛菜、二月蓝、异穗薹草	三叶地锦、五叶地锦、异叶蛇葡萄、山葡萄、常春藤、紫藤、南蛇藤	荷花、菖蒲、千屈菜、鸢尾、黑三棱、香蒲、慈姑、水芹、节节菜、狭叶香蒲、圆久花、节节菜、芦苇、雨久花、泽泻、水葱、荆三棱、灯芯草、菰	金鱼藻、狐尾藻、黑藻、茨藻、苦草、小茨藻、角果藻、眼子菜、苦草、伊乐藻、杉叶藻、水蕴草
温带落叶阔叶林地带区域	东起辽西山地、辽东半岛和胶东半岛、山地丘陵，西到青海东部，北接长白岭，南到秦岭和淮河以北山地丘陵	紫穗槐、沙棘、胡枝子、柠条锦鸡儿、山杏、小叶忍冬、欧李、酸枣、连翘、金银忍冬、华北绣线菊、荆条、坎明、刺玫、白刺花、菊芋（白地柏）、滨菊、铺地柏、杠柳、黄榛、芦苇、枸杞、榛、毛榛、旱柳	高羊茅、冰草、无芒草、多年生黑麦草、披碱草、弯叶画眉草、狗尾草、白茅、紫花苜蓿、黄花苜蓿、斜茎黄芪（沙打旺）、绣球小冠花、草木樨、劲食草（红豆草）、百脉根、白三叶、马蔺、诸葛菜、二月蓝、波斯菊、异穗薹草、鹅冠草、白颖薹草、羊草	三叶地锦、五叶地锦、白花银背藤（葛藤）、扶芳藤、山葡萄、南蛇藤、鸡血藤	千屈菜、小香蒲、香蒲、泽泻、慈姑、水葱、欧洲慈姑、水烛、花叶水葱、旱金草、菰、芦竹、芦苇、花叶芦竹、花菖蒲、黄菖蒲、梭鱼草、水生美人蕉、荇菜、再力花、水蓼、荷花、水芹	狐尾藻、穗花狐尾藻、苦草、黑藻、轮叶黑藻、小茨藻、金鱼藻、篦齿眼子菜、水蕴草、角果藻、毛茛、伊乐藻、菹草、穿叶眼子菜、菌齿眼子菜、光叶眼子菜、马来眼子菜

第6章 常用护坡植被

续表

自然植被区域	范围	植物类型				
^	^	乔灌木植物	草本植物	藤木植物	水生植物	
^	^	^	^	^	挺水植物	沉水植物
亚热带常绿阔叶林地带区域	包括淮河、秦岭到北回归线之间的广大亚热带地区(南西直到青藏高原边缘的山地)	木豆、多花木蓝、紫穗槐、胡枝子、马棘、弯叶竹桃、火棘、车桑子、锦鸡儿、杜荆、杜鹃、黄荆、欧李、紫薇、小叶女贞、珊瑚树、决明、早柳	百喜草(巴哈雀稗)、狗牙根、大翼豆、弯叶画眉草、狗叶结缕草、知风草、多年生黑麦草、高羊茅、白三叶、小紫菀、白灰毛豆、波斯菊、百脉根、草木樨、猪屎豆、马毛蕨、香根草	羽叶合欢、蛇藤、紫藤、常春油麻藤、南蛇藤、鸡血藤、野蔷薇、多花蔷薇、扶芳藤、三叶地锦、五叶地锦、凌霄	芦苇、荷花、千屈菜、再力花、香蒲、梭鱼草、小香蒲、泽泻、欧洲慈菇、泽苔、水葱、花叶芦竹、花叶芦苇、旱伞竹、黄菖蒲、花菖蒲、灯芯草、雨久花、水生美人蕉、水蓼	金鱼藻、苦草、黑藻、小茨藻、茨藻、孤尾藻、狸尾藻、水温藻、水毛茛、穗花狐尾藻、伊乐藻、范草、轮叶黑藻、穿叶眼子菜、微齿眼子菜、篦齿眼子菜、光叶眼子菜
热带雨林季雨林地带区域	北回归线以南的云南、广东、广西、台湾四省(自治区)的南部以及西藏东喜马拉雅南坡山地和南海诸岛	木豆、光叶子花(宝巾)、多花木蓝、夹竹桃、紫薇、构棘、野牡丹、虾子花、桃金娘、悬铃朱槿、山麻杆、红背山麻杆、朱缨花、双荚决明、黄荆、金樱花、金山棕、棕竹、船尾葵、露兜树、棕竹、散尾葵、石山棕、金竹、苏香竹	羽叶决明、猪屎豆、狗牙根、百喜草、假俭草、糖蜜草、类芦、细叶结缕草、白灰毛豆、大翼豆、百脉根、狗脊、翠云草、山姜、铺地黍、艳山姜、山姜、格叶、美人蕉、斑茅、野豆、香根草、乌毛蕨	三叶地锦、五叶地锦、葛藤、首冠藤、红叶藤、扶芳藤、使君子、常春油麻藤、红骨甲、龙须藤、山葡萄、崖爪节、络石、凌霄、忍冬(金银花)、麒麟草、单叶合藤、羽叶合欢	菖蒲、紫芋、鸢尾、连子草、花叶芦竹、美人蕉、风车草、芦苇、芦竹、纸莎草、旱伞草、铜钱草、梭鱼草、垂花水竹芋、再力花、决明	黑藻、亚洲苦草、苦草、黄丝草、菹草、软骨草、小茨藻、金鱼藻、狐尾藻、尖叶眼子菜、水车前、马来眼子菜、篦齿眼子菜、微齿眼子菜

续表

自然植被区域	范围	植物类型					
^	^	乔灌木植物	草本植物	藤木植物	水生植物		
^	^	^	^	^	挺水植物	沉水植物	
温带草原地带区域	该区域是欧亚草原区域的重要组成部分,连续分布在松辽平原和黄土高原、内蒙古高原的一部分,一小部分在新疆北部的阿尔泰山区	山杏、毛樱桃、紫穗槐、筐柳、中间沙棘、白刺、胡枝子、小叶锦鸡儿、荆条、黄杨、驼绒藜、细枝岩黄耆(花棒)、沙冬青、沙拐枣、毛黄栌、酸枣、狼牙刺、蒙古岩黄耆、宁夏枸杞、枸杞、叉子圆柏(沙地柏)、沙棘、金露梅、柠条锦鸡儿、蒙古扁桃、灌木铁线莲、蒙古莸	高羊茅、多年生黑麦草、无芒雀麦、冰草、草地早熟禾、甘草、燕麦、披碱草、狗尾草、羊草、赖草、老芒麦、红豆草、草木樨、白三叶、鸢尾、绣球小冠花、马蔺、费菜、黄花蒿、大针茅、山野豌豆、野苜蓿、斜茎黄耆(沙打旺)、白薇、三色补血草	异叶蛇葡萄、三叶地锦、山葡萄、葡萄、五叶地锦、南蛇藤、扶芳藤	芦苇、香蒲、宽叶香蒲、菖蒲、水葱、茭白、泽泻、芦竹、水竹、红蓼、美人蕉、梭鱼草、水生黑三棱、蒲苇、慈姑、小鸢尾、灯芯草、中间型荸荠	穗花狐尾藻、大茨藻、轮藻、篦齿草、竹叶眼子菜、柳叶眼子菜、穿叶眼子菜、龙须眼子菜

续表

自然植被区域	范围	植物类型				
^	^	乔灌木植物	草本植物	藤木植物	水生植物	
^	^	^	^	^	挺水植物	沉水植物
温带荒漠地带区域	该区域是亚非荒漠区的东段，包括新疆的准噶尔盆地和塔里木盆地、青海的柴达木盆地、内蒙古自治区西的阿拉善区以及内蒙古鄂尔多斯台地的西段	筐柳、枸杞、中国沙棘、紫穗槐、白刺、小叶锦鸡儿、蒙古岩黄耆、柠条锦鸡儿、细枝岩黄耆（花棒）、欧李、沙拐枣、沙冬青、红柳、霸王盐穗禾、盐爪爪、多枝柽柳、驼绒藜、沙木蓼、木地肤、沙棘、合头草、乌柳、膜果麻黄、红砂、蒿叶猪毛菜、叉子圆柏（沙地柏）、骆驼刺、黑沙蒿、梭梭	甘草、冰草、无芒雀麦、披碱草、针茅、皮芽草、锋芒草、骆驼刺、燕麦、沙蒿、斜茎黄耆（沙打旺）、草木樨、白三叶、紫苜蓿、啤酒花、花苜蓿、驴食草（红豆草）、河西菊、阿尔泰狗娃花、中亚紫菀木、赖草、羊草、沙蓬、西北针茅	三叶地锦	芦苇、香蒲、水毛花、针蔺、水毛茛、水麦冬	狐尾藻、穿叶眼子菜、角果藻、丝叶眼子菜、篦齿眼子菜、穗花狐尾藻

续表

自然植被区域	范围	植物类型			
^	^	乔灌木植物	草木植物	藤木植物	水生植物	
^	^	^	^	^	挺水植物	沉水植物
青藏高原高寒植被区域	青藏高原范围	驼绒藜、鬼箭锦鸡儿、柠条锦鸡儿、沙柳、枸杞、白刺、霸王、叉子圆柏(沙地柏)、金露梅、乌柳、紫穗槐、杜鹃、坡柳、黄芦木、高山绣线菊、杯腺柳(高山柳)、金银忍冬、长白忍冬、金花忍冬(黄花忍冬)、蓝果忍冬、锦鸡儿、鲜卑花、沙棘、全缘栒子、高山矮蒿	老芒麦、紫花针茅、高山蒿、青藏豪草、藏高草、紫羊茅、冰草、高羊茅、羊茅、赖草、无芒雀麦、羊茅、白草、草地早熟禾、垂穗披碱草、蔍草、星星草、短芒披碱草、冷地早熟禾、中华羊茅、披碱草、高原嵩草、马先蒿、珠芽蓼、火绒草、蕨麻、细裂亚菊、青藏风毛菊、紫花碎米荠、异裂毛菊、甘草报春、钝裂银莲花、青海鹅观草、草玉梅、乳白香青、黄花棘豆	叶地锦、五叶地锦、南蛇藤	芦苇、中华水芹、鸭舌草、小灯芯草、菹草、花、狭叶香蒲、菖蒲、水毛花、水葱、宽叶香蒲、三裂碱毛茛、(扁叶)水毛茛	西伯利亚狐尾藻、异枝理藻、丝叶眼子菜、小节眼子菜、异叶眼子菜、尾水筛、毛茛、波密狐尾藻、杉叶藻、轮叶狐尾藻、穗花狐尾藻、浮叶眼子菜花、花蔺驴蹄草

6.3 典型植被特征

项目选择植被时,应充分考虑项目区所在自然植被区域及气候条件,比如温带豆科牧草冬春期表现较好,紫花苜蓿抗旱和耐贫瘠表现较好,覆盖状态也好;但苗期生长缓慢的草地早熟禾、细叶结缕草和不适应紫色土的碱茅及不适应干旱高燥生境的地毯草在初期覆盖速度很慢,覆盖度始终很小。

同时,在选择适宜的植被类型时,应以原生植被物种为主、适宜的外来物种为辅,确保生态效果,比如乡土草本可供选择的有狗尾草、芒、结缕草等,外来草本植物可选择的有百喜草、百慕大、高羊茅、狗牙根、黑麦草等。

为此,结合我国不同地区气候特点和适合生长植被种类,选取常用植被就其基本特征做简单介绍。

6.3.1 草本植物特性

(1) 黑麦草(图 6.3-1)。冷季型植物,多年生,具细弱根状茎。黑麦草生长快、分蘖多、能耐牧,秆丛生,高 30~90 cm,具 3~4 节,质软,基部节上生根。叶舌长约 2 mm;叶片线形,长 5~20 cm,宽 3~6 mm,柔软,具微毛,有时具叶耳。黑麦草喜温凉湿润气候,宜于夏季凉爽、冬季不太寒冷地区生长,10℃左右能较好生长,27℃以下为适宜生长温度,高于 35℃生长不良。黑麦草耐寒耐热性均差,不耐阴,光照强、日照短、温度较低对分蘖有利,温度过高分蘖则停止或中途死亡,在风土适宜条件下可生长 2 年以上。

图 6.3-1 黑麦草

黑麦草较能耐湿,在年降水量 500～1 500 mm 地方均可生长,而以 1 000 mm 左右为适宜,排水不良或地下水位过高也不利于黑麦草的生长;不耐旱,尤其夏季高热、干旱更为不利。对土壤要求比较严格,喜肥不耐瘠,略能耐酸,适宜的土壤 pH 为 6～7。

(2) 狗牙根(图 6.3-2)。禾本科狗牙根属多年生草本植物。秆直立或下部匍匐,无毛,细而坚韧;叶为线形,通常无毛;小穗灰绿色,稀带紫色,花药淡紫色;果实为长圆柱形。狗牙根适合在温暖潮湿和温暖半干旱地区生长,极耐热耐旱,耐践踏,但抗寒性差,也不耐阴,根系浅,喜在排水良好的肥沃土壤中生长,在轻度盐碱地上也生长较快,且侵占力强,如果疏于管理,两三年内就会完全侵占草坪。狗牙根根系发达,根量多,根茎蔓延力很强,广铺地面,以根茎、匍匐茎繁殖为主,也可种子繁殖,是良好的固堤保土植物。

图 6.3-2　狗牙根

(3) 香根草(图 6.3-3)。俗名为岩兰草,禾本科,属多年生粗壮草本植物,能适应各种土壤环境,喜生水湿溪流旁和疏松黏壤土上,在强酸强碱、重金属和干旱、渍水、贫瘠等条件下也能生长。香根草地上部分秆密集丛生,高 1～2.5 m,直径约 5 mm,直径中空;叶片条形,质硬,宽 4～10 cm,叶鞘无毛,叶舌短,叶片线形,直伸扁平,下部对折,边缘粗糙,顶生叶片较小。香根草是热带植物,但它气候适应性广,温度在 −22～55 ℃ 的地区均可生长,于低温环境下,只有地面下的根与分蘖会存活,当温度上升至 8 ℃(46.4 °F)时,会萌芽长出新枝,生长速度会随着温度上升加快;在 20 ℃(68 °F)至 30 ℃(86 °F)时生长速度最快,再高温反而会减缓生长;在生长环境的酸碱度为 3.3(中酸性)至 12.5(强碱性)的大范围下可生长。

香根草根系能穿透坚硬红黏土,并穿透砾石之间、岩层之间薄弱的地方。圆锥花序长 15～40 cm,分枝以多数轮生,在秋季开花,一般无果,主要靠分蘖繁殖;纵深发达根系可深达 2～3 m,最深达到 5～6 m,根直径一般为 0.7～0.8 mm。香根草根系数量多,在土壤中成网状密布,与土壤接触面积大,黏附力强,护坡效果好。不仅如此,香根草根系的抗拉强度大,达到 40～120 MPa,平均 75 MPa,显著高于黄杉、杨树、柳树、越橘等多种乔木、灌木根系的抗拉强度。其根系不但能够穿过土层起到锚固作用,还可以有效地提高土体的抗剪强度,从而起到稳定边坡的作用。

图 6.3-3 香根草

(4) 狗尾草(图 6.3-4)。禾本科。根为须状;茎直立;叶片扁平,长三角状狭披针形或线状披针形,边缘粗糙;圆锥花序紧密呈圆柱状,直立或稍弯垂,主轴被较长柔毛,刚毛绿色或褐黄到紫红或紫色;颖果灰白色。花果期为 5～10 月。狗尾草为旱地作物常见的一种晚春性杂草,以种子繁殖,种子可借风、流水与粪肥传播,一般 4 月中旬至 5 月份种子发芽出苗,发芽适温为 15～30℃,5 月上、中旬为生长高峰期,8～10 月份为结实期,经越冬休眠后萌发。原产欧亚大陆的温带和暖温带地区,现广泛分布于世界温带、暖温带和亚热带地区,可生于海拔 4 000 m 以下的荒野、道旁,因喜长于温暖湿润气候区,故以疏松肥沃、富含腐殖质的砂质壤土及黏壤土为宜。

图 6.3-4　狗尾草

（5）麦冬（图 6.3-5）。天门冬科沿阶草属草本植物，根较粗，中间或近末端具椭圆形或纺锤形小块根，小块根淡褐黄色；茎很短；花单生或成对生；种子球形；花期为 5～8 月，果期为 8～9 月。麦冬喜温暖湿润，在降雨充沛的气候条件（5～30℃）下能正常生长，最适生长气温为 15～25℃，低于 0℃ 或高于 35℃ 生长停止，生长过程中需水量大，要求光照充足，尤其是块根膨大期，光照充足才能促进块根的膨大。耐寒，忌强光和高温。麦冬对土壤条件有特殊要求，宜于土质疏松、肥沃湿润、排水良好的微碱性砂质壤土。种植土壤质地影响须根的发生与生长，土壤沙性过重，土壤保水保肥力弱，块根生长则不好，植株生长差、产量低。

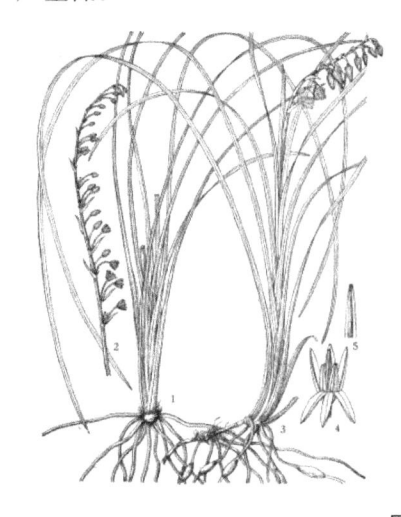

图 6.3-5　麦冬

(6) 结缕草(图6.3-6)。禾本科,又名马尼拉、虎皮草、半细叶结缕草,属多年生草本。其具横走根茎,须根细弱;秆直立,高12~20 cm,基部节间短,每节具一至数个分枝。叶鞘长于节间,除鞘口具长柔毛外,余无毛;叶舌短而不明显,顶端撕裂为短柔毛;叶片质硬,内卷,上面具沟,无毛,长可达3 cm,宽1~2 mm,顶端尖锐。结缕草根茎发达,植株矮小,最适生长的温度是土温达到20℃以上,气温达到25~35℃,最好的建植时期是5~6月。结缕草喜温暖湿润气候,受海洋气候影响的近海地区对其生长最为有利,生于平原、山坡或海滨草地上;喜光,在通气良好的开旷地上生长壮实,但又有一定的耐阴性,耐瘠薄、耐践踏、耐一定的水湿,抗旱、抗盐碱、抗病虫害能力强,可作固堤、固沙植物。

图6.3-6 结缕草

(7) 高羊茅(图6.3-7)。禾本科,羊茅属,多年生丛生型草本。茎圆形,直立,粗壮,簇生;叶片扁平,坚硬,黄绿色;圆锥花序,直立或下垂,每一小穗上有4或5朵小花;花果期为4~8月。高羊茅喜寒冷潮湿、温暖的气候,不耐高温;喜光,耐半阴,耐土壤潮湿,并可忍受较长时间的水淹。高羊茅对肥料反应敏感,抗逆性突出,耐酸、耐贫瘠、耐践踏,抗病性强,适应性强,且夏季不休眠,是适宜广泛推广和使用的草种,适用于公路、铁路、河堤护坡。

图 6.3-7　高羊茅

（8）紫花苜蓿（图 6.3-8）。豆科苜蓿属，多年生宿根草本植物，茎直立、丛生或匍匐，呈四棱形，多分枝，繁殖方式主要是种子繁殖。紫花苜蓿适应性广，喜欢温暖和半湿润到半干旱的气候，适宜生长温度为 16～25℃，但是抗寒性较强，耐干旱。紫花苜蓿适合种植在排水良好、水分充足、土壤肥沃的沙土或土层深厚的黑土，但最适宜的条件是土质松软的沙质壤土；土壤 pH 值为 6.5～7.5 最佳，轻度盐碱地上可以种植，但当土壤中盐分超过 0.3% 时，要采取压盐措施。

图 6.3-8　紫花苜蓿

(9) 早熟禾(图 6.3-9)。禾本科,属一年生或冬性禾草植物。秆直立或倾斜,质软,高可达 30 cm,全体平滑无毛。叶鞘稍压扁,叶片扁平或对折,质地柔软,常有横脉纹,顶端急尖呈船形,边缘微粗糙;圆锥花序宽卵形,小穗卵形,含小花,绿色;颖质薄,外稃卵圆形,顶端与边缘宽膜质,花药黄色,颖果纺锤形,4～5 月开花,6～7 月结果。早熟禾喜光,耐旱性较强,耐阴性也强,可耐 50%～70%郁闭度,在-20℃低温下能顺利越冬,-9℃下仍保持绿色,抗热性较差,在气温达到 25℃左右时,逐渐枯萎。对土壤要求不严,耐瘠薄,但不耐水湿,喜微酸性至中性土壤,以 pH 值 6.0～7.5 最为适宜,但超过 8.0 的碱性土壤生长较差。早熟禾是优质冷季草,生于平原和丘陵的路旁草地、田野水沟或荫蔽荒坡湿地,海拔 100～4 800 m 均可生长。一般移植的单株,3 个月以后可以形成 100 个以上的新枝;经过 5 个月的生长繁殖,能扩大 60 cm×60 cm 的面积。在严寒冬季,无覆盖可以越冬,温带 12 月温度达-2～5℃时才至枯萎;也能耐夏季干燥炎热。38℃高温下,可良好生长,约在 3 月返青,12 月中旬枯萎,绿期达 9 个月。它具有发达的根茎、极强的分蘖能力及青绿期长等优良性状,生长速度快,竞争力强,能迅速形成草丛密而整齐的草坪,一旦成坪,杂草很难侵入;再生力强,抗修剪,耐践踏,草姿优美,成为北方草地、草坪的最主要草种。

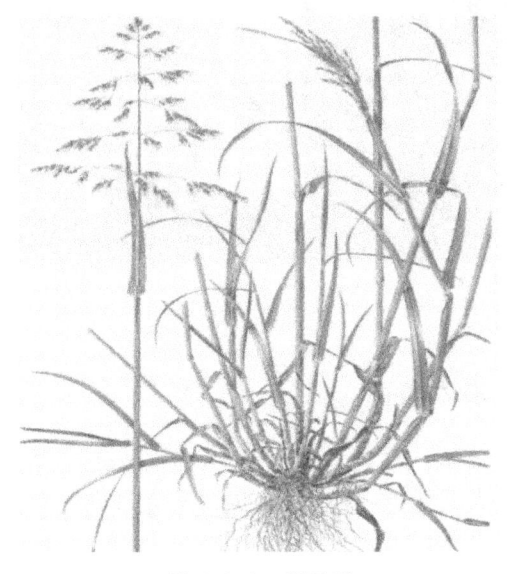

图 6.3-9 早熟禾

(10) 白三叶(图 6.3-10)。多年生冷季型草本地被植物,植株低矮,侧根发达,集中分布于表土 15 cm 以内;主茎短,匍匐茎向四周蔓延掌状三出复叶,叶柄细长直立,小叶倒卵型或心脏型,叶缘有细齿,叶面中央有"V"形白斑。白三叶对土壤要求不高,尤其喜欢黏土耐酸性土壤,也可在砂质土中生长,pH 值 5.5~7 为最佳,但 pH 值低至 4.5 左右时也能生长,喜弱酸性土壤不耐盐碱,pH 值为 6~6.5 时,对根瘤形成有利。喜温暖湿润气候,不耐干旱和长期积水,最适于生长在年降水量 800~1 200 mm 的地区,种子在 1~5℃时开始萌发,最适温度为 19~24℃,但适应性强,耐热、耐旱、耐寒、耐荫、耐贫瘠、耐酸,在积雪厚度达 20 cm、积雪时间长达 1 个月、气温在 −15℃的条件下能安全越冬;在平均温度≥35℃、短暂极端高温达 39℃时,生长虽已停止,但无夏枯现象,也能安全越夏。白三叶不易发生病虫害,杂草少,成坪后基本不需再人工除杂,有效减少除草用工和化学除草剂的使用量;根系发达,侧根密集,能固着土壤,茂密的叶片能阻挡雨水对土壤的冲刷和风蚀,因而蓄水保土作用明显,适宜在坡地、堤坝湖岸种植护岸,防止水土流失,同时容易营造出绚丽自然的生态景观。

图 6.3-10　白三叶

6.3.2　乔灌木及藤本特性

(1) 枸杞(图 6.3-11)。茄科,落叶灌木,植株较矮小,高 1 m 左右,根的外表面呈土黄色或灰黄色,粗糙,有不规则纵裂纹,易成鳞片状脱落。枝条呈淡灰色,细弱,弓状弯曲或俯垂,有纵条纹及棘刺,常生长于山坡、路边、河旁、池塘边及荒地,喜阳,在阴处结实不良;耐干旱,忌长期积水。枸杞可作为钙质土指示植物,宜生长在排水良好的石灰性沙壤中,土壤 pH 值宜在 7.5~8.0 范围内,花果期为 6~11 月。

图 6.3-11　枸杞

(2) 沙棘(图 6.3-12)。植物为落叶灌木、小乔木或乔木,常有枝刺;植物体各器官常被鳞片、鳞毛或星状柔毛。沙棘属植物的地上部分具有旱生结构,对干旱忍耐力强,抗风沙,可以在盐碱化土地上生存,植株生命力旺盛,且具有很强的生态适应性及抗逆性,因此被广泛用于水土保持,中国西北部有大量种植。

图 6.3-12　沙棘

(3) 黄荆(图 6.3-13)。属小乔木或灌木状植物。小枝密被灰白色绒毛;掌状复叶,小叶长圆状披针形或披针形,先端渐尖,基部楔形,全缘或具少数锯齿,下面密被绒毛。黄荆喜光,能耐半荫,耐干旱、瘠薄和寒冷,耐修剪,萌芽能力强,适应性强,生于海拔 10～550 m 的山坡路旁或灌木丛中,多用来荒山荒坡绿化。

图 6.3-13 黄荆

(4) 鸡血藤(图 6.3-14)。豆科植物,生长于海拔 800~1 700 m 的山地疏林或密林沟谷或灌丛中。常绿木质藤本,无毛,新枝暗绿色,基部宿存数枚三角状芽鳞。叶纸质,椭圆形或卵状椭圆形;单性同株花;聚合果近球形,8~9 月采收。

鸡血藤为亚热带藤木,喜温暖、喜光也稍耐阴、较耐旱,喜深厚肥沃、排水良好之地,但于瘠薄干旱处也能适应,适应性强,管理较粗放。

图 6.3-14 鸡血藤

(5) 木地肤(图 6.3-15)。苋科沙冰藜属植物,小半灌木,高 10~90 cm,根粗壮,茎多分枝而斜升,呈丛生状;叶于短枝上簇生,条形或狭条形,长 8~25 mm,宽 1~2 mm,两面疏被柔毛;耐旱、耐寒、耐盐碱、耐瘠薄、再生性强,但不耐湿;种子易落粒,寿命仅数月。春播、夏播或冬季寄籽播种均可。木地肤具有十分发达的轴根,主根粗大,侧根发达。一般主根长可达 2~2.5 m,侧根可达 1.4 m；根系生长速度很快，可超过地上部分 1～1.5 倍，茎与根的长度比为 1：40～1：26，既有粗而长的主根深入土壤以吸取土壤下层比较稳定的水分和养料，又有发达的上部侧根，以充分利用土壤上层水分。具有较广泛的生态可塑性，常生长于草原和荒漠区的沙质、沙壤质或多碎石的土壤上，一般在生有较丰富杂类草的针茅草原为偶见伴生种，多单株生长。在荒漠草原和草原化荒漠地带常成为群落的重要伴生种，并能形成层片。

图 6.3-15　木地肤

（6）沙柳（图 6.3-16）。杨柳科柳属灌木或小乔木植物，为沙漠植物，也是

图 6.3-16　沙柳

极少数可以生长在盐碱地的一种植物。树皮黄灰色至暗灰色；小枝细长，芽卵圆形无毛，淡褐色或黄褐色；叶披针形或线状披针形，幼叶有绒毛，上面绿色，下面苍白色，边缘外卷有腺锯齿，叶柄无毛，托叶线形或线状披针形，边缘有腺齿。沙柳耐水湿、干旱、瘠薄、沙埋、风蚀，耐严寒和酷热，也耐轻度盐碱，抗逆性强，在水湿和干旱的丘间低地，在沙丘的迎风坡和背风坡、黄土盖沙区及轻度盐碱地都能生长，以水位较浅的沙地生长最好；喜适度沙压，越压越旺，但不耐风蚀；繁殖容易，萌蘖力强，是固沙造林树种。

(7) 旱柳（图 6.3-17）。落叶乔木，高可达 20 m，胸径达 80 cm，为杨柳科、柳属乔木。大枝斜上，树冠广圆形，树皮暗灰黑色，纵裂，枝直立或斜展，褐黄绿色，后变褐色，无毛，幼枝有毛，芽褐色，微有毛。旱柳生长于海拔 10 m 至 3 600 m 的地区，常见于干旱地或水湿地，是喜阳光耐寒冷干旱植物，但以湿润而排水良好的土壤最佳；根系发达，抗风能力强，生长快，易繁殖。

图 6.3-17　旱柳

6.3.3　水生植物特性

(1) 西伯利亚鸢尾（图 6.3-18）。鸢尾科鸢尾属多年草本植物。基部围有鞘状叶及老叶残留的纤维，根状茎粗壮，斜伸；须根黄白色，绳索状，有皱缩的横纹。叶灰绿色，条形，长 20～40 cm，宽 0.5～1 cm，顶端渐尖，无明显的中脉。花茎高于叶片，平滑，花蓝紫色，花梗甚短，花柱分枝淡蓝色，蒴果卵状圆柱形、长圆柱形或椭圆状柱形。花期为 4～5 月，果期为 6～7 月。耐寒耐热，在浅水、湿地、林荫、旱地或盆栽均能生长良好，而且抗病性强，尤其抗根腐病，是鸢尾属中适应性较强的一种。

(2) 菖蒲（图 6.3-19）。天南星科菖蒲属多年生草本植物。其根茎横走，稍

图 6.3-18　西伯利亚鸢尾

扁,分枝,黄褐色,芳香;叶基生,向上渐窄,脱落;叶片剑状线形,基部对褶,中部以上渐窄,草质,绿色,光亮;花序梗二棱形,叶状佛焰苞剑状线形,肉穗花序斜上或近直立,圆柱形;浆果长圆形,成熟时红色;花期为 6～9 月,果期为 8～10 月。喜温暖、湿润和阳光充足的环境;喜冷凉湿润气候、阴湿环境,耐寒,忌干旱;宜在富含腐殖质、水分充足的土壤中种植;最适宜生长的温度为 20～25℃,10℃以下停止生长。冬季以地下茎潜入泥中越冬。

图 6.3-19　菖蒲

(3) 黑藻(图 6.3-20)。水鳖科黑藻属植物,多年生沉水草本。茎伸长,有分支,呈圆柱形,表面具纵向细棱纹,质较脆。休眠芽长卵圆形;苞叶多数,螺旋状紧密排列,白色或淡黄绿色,狭披针形至披针形。叶 4~8 枚轮生,线形或长条形,长 7~17 mm,宽 1~1.8 mm。花单性,雌雄异株;雄佛焰苞近球形,绿色,表面具明显的纵棱纹,顶端具刺凸。果实呈圆柱形,表面常有 2~9 个刺状凸起。种子 2~6 粒,茶褐色,两端尖。植物以休眠芽繁殖为主。黑藻生长于淡水中,喜光照充足的环境,喜温暖,耐寒冷,在 15~30℃的温度范围内生长良好,越冬温度不宜低于 4℃。

图 6.3-20 黑藻

(4) 眼子菜(图 6.3-21)。眼子菜科眼子菜属植物,多年生水生草本。根茎发达,白色,多分枝,常于顶端形成纺锤状休眠芽体,并在节处生有稍密的须根。茎圆柱形,通常不分枝。浮水叶革质,披针形、宽披针形至卵状披针形,先端尖或钝圆,基部钝圆或有时近楔形;叶脉多条,顶端连接;沉水叶披针形至狭披针形,草质,具柄,常早落;托叶膜质,顶端尖锐,呈鞘状抱茎。穗状花序顶生,具花多轮,开花时伸出水面,花后沉没水中;花序梗稍膨大,粗于茎,花时直立,花后自基部弯曲;花小,被片 4,绿色。4 月上旬越冬芽发育成新的植株,花果期为 5~10 月,果实宽倒卵形,果实、根状茎与根状茎上生长的越冬芽繁殖。当果实成熟后散落水中,由于外果皮疏松贮有空气,因之浮于水面,借水传播果实;营养生长前期,由根状茎上的芽发育成新的根状茎及地面的茎叶,常生于地势低洼、长期积水、土壤黏重的池沼、河流浅水处。

图 6.3-21　光叶眼子菜

(5) 美人蕉(图 6.3-22)。属美人蕉科美人蕉属的多年生草本植物。株高 60～150 cm,全株绿色没有毛,被蜡质白粉;地下具肥大粗壮的多节块茎根,横卧生长;地上的枝丛生,叶大互生,叶片为卵状长圆形,羽状脉;花单生或对生,总状花序,每花具萼片 3 枚,呈半筒形,狭长而卷曲,雄蕊 5 枚,变形呈花瓣状,有黄、橙、红、粉等色,花期为 6～10 月。蒴果,外面有无数刺状的突起,种子黑色坚硬。

喜温暖湿润气候,不耐霜冻,畏强风,生育适温为 25～30℃,喜阳光充足土地肥沃,性强健,适应性强,几乎不择土壤,以湿润肥沃的疏松沙壤土为好,稍耐水湿。春季 4～5 月霜后栽种,自 6 月至霜降前开花不断,总花期长。根茎在长江以南地区可露地越冬;长江以北必须人工保护越冬,要剪去地上部分,将根茎挖出,晾晒 2～3 天,埋于温室内通风良好的砂土中,不浇水,保持 5℃以上即可安全越冬。

图 6.3-22　美人蕉

参考文献

[1] 张玉昌,刘水,戴金水,等.裸露坡面植被恢复技术原理及在华南地区应用分析[C].//2008 年边坡工程建设与防护绿化技术交流研讨会论文集,2008:77-84.

[2] 吕宝山,杨晓琛,付立红,等.高羊茅草坪的栽植管理[J].天津农林科技,2010(04):6-7.

[3] 中国水利工程协会.水利水电工程生态护坡技术规范:T/CWEA 19—2023[S].北京:中国水利水电出版社,2023.

[4] 河南省水利厅.水利工程生态护坡技术规范:DB41/T 2231—2022[S].地方标准信息服务平台,2022.

[5] 中华人民共和国水利部.黄土高原适生灌木种植技术规程:SL 287—2014[S].北京:中国水利水电出版社,2014.

[6] 山东省住房和城乡建设厅,山东省市场监督管理局.边坡客土喷播生态防护技术标准:DB37/T 5193—2021[S].北京:中国建材工业出版社,2021.

[7] 王静爱,左伟.中国地理图集[M].北京:中国地图出版社,2009.

[8] 吴征镒,中国植被编辑委员会.中国植被[M].北京:科学出版社,1980.

[9] 张新时.中国植被及其地理格局——中华人民共和国植被图(1∶1000 000)说明书

[M].北京:地质出版社,2007.
[10] 谢玉保.苜蓿的播种、田间管理及利用方式[J].养殖技术顾问,2013(01):208.
[11] 尹华宝,邱孝青,方明,等.旌德植物图鉴[M].合肥:安徽大学出版社,2019.
[12] 韦三立.水生花卉[M].北京:中国农业出版社,2004.

第7章 生态护坡维护管理

俗话说"三分栽、七分养",生态护坡完工后对植被的养护工作做得好坏,直接影响到后续防护效果。一旦出现养护不到位的情况,很快出现植被退化、树木死亡,杂草丛生,会使耗费巨大成本建造的工程不能很好地保持,项目最初建设目标将大打折扣。因此要遵循植被生长发育的长期性、周期性循环特点,在植被生长过程中,实行科学化、规范化的科学养护管理,使得植被能充分显现形态、色彩、气味等观赏效果,发挥最大生态效能。

护坡植被绿化维护管理按养护质量标准分为一级养护管理、二级养护管理、三级养管理;维护管理主要内容包括:水分保障,肥力保障,病虫害防治、修剪、杂草防治等。

7.1 植被维护管理标准

7.1.1 灌、乔木养护标准

7.1.1.1 一级养护标准

(1) 整体效果

① 树林、树丛群落结构合理,植株疏密得当,层次分明,林冠线和林缘线清晰饱满;

② 孤植树的树形完美,树冠饱满;

③ 行道树树冠完整、规格整齐、一致;分枝点高度一致,缺株超过3%,树干挺直;

④ 绿篱无缺株,修剪面平整饱满,直线处平直,曲线处弧度圆润。

(2) 生长势

枝叶生长茂盛,观花、观果树种正常开花结果,彩色树种季相特征明显,无枯枝。

(3) 排灌

暴雨后0.5天内无积水,植株未出现失水萎蔫和沥涝现象。

(4) 病虫害情况及补种完成时间

① 基本无有害生物危害状,整体枝叶受害率不大于8%,树干受害率不大于5%;

② 补种完成时间不超过3天。

7.1.1.2 二级养护标准

(1) 整体效果

① 树林、树丛群落结构合理,林冠线和林缘线基本完整;

② 孤植树树形基本完美,树冠基本饱满;

③ 行道树树冠基本完整、规格基本整齐;无死树,缺株不大于5%,树干基本挺直;

④ 绿篱基本无缺株,修剪面平整饱满,直线处平直,曲线处弧度圆润。

(2) 生长势

枝叶生长茂盛,观花、观果树种正常开花结果,无明显枯枝。

(3) 排灌

暴雨后0.5天内无积水,植株基本无失水萎蔫和沥涝现象。

(4) 病虫害情况及补种完成时间

① 基本无有害生物危害状,整体枝叶受害率不大于10%,树干受害率不大于8%;

② 补种完成时间不超过7天。

7.1.1.3 三级养护标准

(1) 整体效果

① 树林、树丛具有基本完整的外形,有一定的群落结构;

② 孤植树的树形基本完美,树冠基本饱满;

③ 行道树无死树,缺株不大于8%,树冠基本统一,树干基本挺直;

④ 绿篱基本无缺株,修剪面平整饱满,直线处平直,曲线处弧度圆润。

(2) 生长势

植株生长量和色泽基本正常,观花、观果树种基本正常开花结果,无大型枯枝。

(3) 排灌

暴雨后1天内无积水,植株失水或积水现象1~2天内消除。

(4) 病虫害情况及补种完成时间

① 无严重有害生物危害状,整体枝叶受害率不大于15%,树干受害率不大于10%;

② 补种完成时间不超过20天。

7.1.2 草坪养护标准

7.1.2.1 一级养护标准

(1) 整体效果

① 成坪高度应符合现行国家标准《主要花卉产品等级 第7部分:草坪》(GB/T 18247.7—2000)中开放型绿地草坪一级标准的要求;

② 修剪后无残留草屑,剪口无焦枯、撕裂现象;

③ 生长旺盛。

(2) 排灌

暴雨后0.5天内无积水,草坪无失水萎蔫和沥涝现象。

(3) 病虫害情况

① 草坪草受害度应符合现行国家标准《主要花卉产品等级 第7部分:草坪》(GB/T 18247.7—2000)中开放型绿地草坪一级标准的要求;

② 杂草率应符合现行国家标准《主要花卉产品等级 第7部分:草坪》(GB/T 18247.7——2000)中开放型绿地草坪一级标准的要求;

(4) 覆盖度及补种完成时间

① 覆盖度应符合现行国家标准《主要花卉产品等级 第7部分:草坪》(GB/T 18247.7—2000)中开放型绿地草坪一级标准的要求;

② 补种完成时间不超过3天。

7.1.2.2 二级养护标准

(1) 整体效果

① 成坪高度应符合现行国家标准《主要花卉产品等级 第7部分:草坪》(GB/T 18247.7—2000)中开放型绿地草坪二级标准的要求;

② 修剪后基本无残留草屑,剪口基本无撕裂现象;

③ 生长良好。

(2) 排灌

暴雨后0.5天内无积水,草坪基本无失水萎蔫和沥涝现象。

(3) 病虫害情况

① 草坪草受害度应符合现行国家标准《主要花卉产品等级 第7部分:草坪》(GB/T 18247.7—2000)中开放型绿地草坪二级标准的要求;

② 杂草率应符合现行国家标准《主要花卉产品等级 第7部分:草坪》(GB/

T18247.7—2000)中开放型绿地草坪二级标准的要求;

(4)覆盖度及补种完成时间

① 覆盖度应符合现行国家标准《主要花卉产品等级 第 7 部分:草坪》(GB/T 18247.7—2000)中开放型绿地草坪二级标准的要求;

② 补种完成时间不超过 7 天。

7.1.2.3 三级养护标准

(1)整体效果

① 成坪高度应符合现行国家标准《主要花卉产品等级 第 7 部分:草坪》(GB/T 18247.7—2000)中开放型绿地草坪三级标准的要求;

② 修剪后无明显残留草屑,剪口无明显撕裂现象;

③ 生长基本正常。

(2)排灌

暴雨后 1 天内无积水,草坪无明显失水萎蔫和沥涝现象。

(3)病虫害情况

① 草坪草受害度应符合现行国家标准《主要花卉产品等级 第 7 部分:草坪》(GB/T 18247.7—2000)中开放型绿地草坪三级标准的要求;

② 杂草率应符合现行国家标准《主要花卉产品等级 第 7 部分:草坪》(GB/T 18247.7—2000)中开放型绿地草坪三级标准的要求;

(4)覆盖度及补种完成时间

① 覆盖度应符合现行国家标准《主要花卉产品等级 第 7 部分:草坪》(GB/T 18247.7—2000)中开放型绿地草坪三级标准的要求;

② 补种完成时间不超过 20 天。

7.1.3 水生植物养护标准

7.1.3.1 一级养护标准

(1)整体效果

① 景观效果美观,无残花败叶漂浮;

② 植株生长健壮,叶色正常,观花、观果植株正常开花结果,枯死植株超过 5%。

(2)排灌:暴雨后 1 天内恢复常水位。

(3)病虫害情况:基本无有害生物危害,无杂草;

(4) 覆盖度及补种完成时间

覆盖度不小于 95%；补种完成时间不超过 3 天。

7.1.3.2 二级养护标准

(1) 整体效果

① 景观效果明显，基本无残花败叶漂浮；

② 植株生长良好，叶色正常，观花、观果植株正常开花结果，枯死植株不超过 10%。

(2) 排灌：暴雨后 1 天内恢复常水位。

(3) 病虫害情况：无明显有害生物危害，无杂草。

(4) 覆盖度及补种完成时间

覆盖度不小于 90%；补种完成时间不超过 7 天。

7.1.3.3 三级养护标准

(1) 整体效果

① 景观效果明显；

② 植株生长基本正常，观花、观果植株正常开花结果，枯死植株不超于 15%。

(2) 排灌：暴雨后 2 天内恢复常水位。

(3) 病虫害情况：无严重有害生物危害。

(4) 覆盖度及补种完成时间

覆盖度不小于 85%；补种完成时间不超过 10 天。

7.2 水分保障

植被养护水分保障包括灌水和排水两方面，根据各类植被对水分的不同需求，通过多种技术措施和管理手段满足植被对水分的需求，达到植被健康生长和节约用水相统一的目的。

7.2.1 灌水

俗话说"树木成活在于水，生长快慢在于肥"。维持和恢复苗木以水分代谢为主的平衡是栽植成活的关键。以后再视土壤类型、土壤含水量、树木规格和降水情况及时补水。黏性土壤，宜适量浇水；根系不发达的树，浇水量可多些；

肉质根系树种,浇水量宜少。干旱地区或遇干旱天气时,应增加浇水次数。干热风季节,应对新发芽放叶的树冠喷雾。灌水时水流不宜过大,最好将木板、砖头或草帘等物垫于土堰内,让水落在这些衬垫物上,以减少水流对土壤的冲刷,使水慢慢渗入土壤,防止因水流过急冲刷而使根系裸露或冲毁围堰,造成跑漏水。最后一次灌水完全渗入之后,应及时用围堰土封树穴。再筑堰灌水时,不得损伤根系。

7.2.1.1 灌水时期

按照植物不同的生长阶段需要、浇灌目的和作用的不同,灌水可分为 3 个时期:保活水、生长水和冬水。

① 保活水。保活水主要是在苗木栽植后当天,一次性灌足水量,使土壤充分吸收水分,促进根系与土壤紧密接触从而提高成活率。北方地区定植后,浇水不少于 3 遍。秋季种植的树木,浇足水后可封穴越冬。

② 生长水。生长水主要是植被在生长期,由于长期不降雨、高温等因素,对水分的需求得不到满足、出现枝叶萎蔫时而采取的浇灌措施。生长期灌水没有具体的时间规定,一般根据植被缺水情况确定,尤其是夏季作为植物生长的旺季,对水的需求量比较大,加之夏季气温高,植物蒸腾量较大,雨水不充足的情况下需要加强对植物的人工灌水。

同时,除了花芽分化前要适当控制水分外,在花芽分化期、果实膨大期、花后的新梢生长期等生长旺盛期,都要浇灌生长水,以促进花芽形态分化、花果成形和新梢生长。

③ 冬水。冬水的作用是有效保持植物在冬季不会受到冻害,也称为封冻水、休眠期灌水,一般我国北方干旱地区在秋末或初冬时节进行浇灌。由于水的比热比较大,热容量较高,水分放出的潜热能提高植被的越冬能力,而且较高的地温能够将根系休眠推迟,保障根系吸收更为充足的水分,以供蒸腾消耗的需要,而免于枯梢。冬水保持充足,能让土壤有充足的储备水,即便遇有春旱,亦能减少干旱对植物造成的伤害。我国北方春季一般干旱少雨,因此在北方地区适时浇灌返青水和封冻水还是十分必要的,并应浇足浇透。我国南方地区一年四季降雨都比较充沛,很少采用封冻水。

7.2.1.2 灌水时间和灌水量

一天中灌溉的时间应根据季节与气温决定。灌水时间通常选在早晨,一般不选择中午和晚上,特别是夏季,最忌在夏季中午暴晒时灌溉。夏季中午土壤温度高与水温差别大,若此时浇水会使土温骤然降低,植物根部受低温刺激,阻碍水分的正常吸收;晚上浇水容易引起草坪感染疾病,如条件受限须在晚上灌水,应对植被施加抗真菌的药剂。冬季温度较低,需灌溉时,宜在 9:00 之后或 16:00 之前进行,并应防止结冰影响行人通行。

灌水量受到多种因素的影响,如不同品种、土质、气候条件、植株大小、生长状况等。在有条件灌溉时,即灌足灌饱,切忌表土打湿而底土仍然干燥。灌溉时要做到适量,最好采取少灌、勤灌、慢灌的原则,必须根据植被生长的需要,因树、因地、因时制宜的合理灌溉,保证随时都有足够的水分供应。

一般乔木需连续灌水 3~5 年,灌木最少 5 年,土质不好或因缺水而生长不良,以及干旱年份,则应延长灌水年限。草坪在高温干旱季节应每隔 5~7 天浇水一次,至少应使土壤湿透到土层下 10~15 cm;对于地栽乔灌木,应使浇水渗透到 80~100 cm 深处为宜。通常灌水量一般以达到土壤最大持水量的 60%~80%为宜。

7.2.1.3 灌水方法

灌水的方式应以节约用水为原则,同时水分分布要均匀,对土壤冲刷影响小,保持土体良好的结构。常用的植被灌水方法有 5 种。

(1) 地面灌水

地面灌水是水从地表借助重力和毛细管作用浸润土壤,是最原始、最常用的一种灌溉方法。按浸润土壤方式的不同,可分为沟灌、畦灌、淹灌和漫灌等。附近有水源的地方,将水源用可拆卸的水管引入场地,根据地面灌溉情况,随时移动水管出水口位置,可根据需要调节灌溉时间长短。如附近没有水源,则需要采用运输车运水至场地附近,再接管浇灌;或者采用人工运水方式引入水源。

(2) 地下灌水

又称为渗灌,可分为潜水灌溉和暗管灌溉,通过在地面以下的一定深度处埋设多孔输水管路,将灌溉水通过土壤毛细管作用,湿润根区土壤,以供作物生长需要。该灌溉方式具有不破坏土壤结构、不占耕地、便于管理等优点,但表土湿润不足,不利于苗期生长;适用于上层土壤具有良好毛细管特性,而下层土壤透水性弱的地区,但不适用于土壤盐碱化的地区。

(3) 喷灌

固定式喷灌是目前草坪灌溉使用最多的一种节水灌溉方法,是将有压水通过专门的设备和管道系统送至灌溉地段并喷射到空中形成细小水滴的一种灌溉方法。喷灌设备由进水管、输水管、抽水机、配水管和喷嘴(或喷头)等组件组成,可以是固定式的或移动式的。喷灌具有基本不产生地表径流和深层渗流的特点;节省水量至少可到 20% 以上,对于渗透系数大、保水性差的砂性土,节水可达 60%~70%;此外还具有调节地面气候、易于定时控制、不破坏土壤结构、使植物枝叶保持清新状态等优点。但也存在着喷灌设备投资较高、有可能加重植被感染病害的风险;在有风的情况下,灌水不宜均匀,蒸发和地面流失损失大。

(4) 微喷

微喷是结合喷灌方式的改良版,是用旋转式水龙头和辐射式水龙头进行上下层双层喷水,解决了喷灌喷洒水分不能到土壤的缺陷,能够让空气和土壤的环境都保持湿润,这也是目前草坪使用较多的一种节水灌溉方法。

(5) 滴灌

滴灌是以水滴形式向土壤供水,以满足作物需水要求的灌溉方法。它通常利用低压管道系统将水连同溶于水的化肥均匀而缓慢地滴在作物根部的土壤中。滴灌是目前最节水的灌溉模式,滴灌水的利用率可达 95%。比地面浇灌省水 30%~50%,有些作物可达 80% 左右,比喷灌省水 10%~20%。并且滴灌的均匀程度更高,直接把水分滴到农作物根部,减少蒸发,让地表时刻保持湿润。其主要优点是:每次灌溉用水量少;干、支管道埋在地下,可节省沟渠占地;随水滴施肥,可减少肥料流失,提高肥效;灌水效果好,能适时适量地为作物供水供肥,不致引起土壤板结或水土流失,且能充分利用细小水源,其缺点是滴头的流道断面较小,很容易被水中的杂质堵塞。

7.2.2 排水

排水对保持植物健康、正常生长具有重要作用,但是大量积水或水分过多会增加土壤的缺氧程度,抑制根系呼吸,形成大量还原性物质;严重缺氧时,根系进行无氧呼吸,积累酒精促进蛋白质凝固,引起根系死亡。因此,要及时进行防涝保植,对耐水力差的植被更应特别注意及时排水。

排水方式可以采用开挖明沟排水、地下设暗管沟、地面排水等措施,利用坡度排水;当水位较高时,必要时可采用抽水泵等设备进行强排。

7.3 肥力保障

7.3.1 肥料类型

肥料有多种分类方法,例如:
(1) 按含养分多少可分为单质肥料、复合(混)肥料、完全肥料三种。.
(2) 按作用可分为直接肥料、间接肥料、刺激肥料三种。
(3) 按肥效快慢可分为速效肥料、缓效肥料二种。
(4) 按形态可分为固体肥料、液体肥料、气体肥料、光肥、电肥、磁肥、声肥七种。
(5) 按作物对营养元素的需要可分为大量元素肥料、中量元素肥料、微量元素肥料三种。
(6) 按化学成分、生物活性、作用效果可分为有机肥料、无机肥料、生物肥料等三种。

植被养护常用的肥料主要是单质肥料、复合(混)肥料、有机肥料等。一般禾本科草地以氮肥为主;豆科草地以磷钾肥为主;混播草地以复合肥为主,施用氮肥应避开豆科牧草快速生长期,以免抑制其根瘤菌固氮。

7.3.2 施肥方法

生态护坡植被常用到的施肥方法有人工撒施、叶面喷施和随水施肥等。
(1) 人工撒施

未栽种作物前将肥料直接均匀地泼洒在土壤上。撒施操作简单,不需要投入额外的机械、工具,是目前采用的主要方式。

在耕前或耕后耙地前撒施基肥,利于作物根系早期吸收利用,但若撒施中伴随降雨或灌溉,则肥料易随水流失,可能造成潜在的环境污染,并影响施肥效果,因此撒肥作业应避免雨天施工。
(2) 叶面喷施

把含有养分的溶液喷洒到植物的地上部分(主要是茎叶),通过叶片气孔和角质层吸收肥料,然后输送到植被体内各个部位,养分吸收快,可以减少施肥量,易于控制浓度,减少污染,适宜机械化、施工效率高,经济有效,可及时满足植被急需,并可避免某些肥料元素在土壤的化学和生物的固定作用。但叶面喷肥并不能代替土壤施肥,其肥效在转移上还有一定的局限性。土壤施肥的肥效持续期长,促进整体生长,可以改良土壤和改善根系环境,有利于根系生长。所以,土壤施肥和叶面喷肥各具特点,可以互补不足。

(3) 随水施肥

随水施肥是将肥料溶入灌溉水并随同灌溉水施入植被根区,通常与滴灌、渗灌等方式结合使用。随水施肥是根据作物生长各阶段对养分的需求和土壤养分的供给状况,准确进行肥料补加并均匀施在作物根系附近的施肥方法,根系直接吸收利用养分,维持理想的土壤水分、通透性。

7.3.3　追肥时间及用量

植被对肥料的需求有两个关键期,即最大效率期和养分临界期,掌握不同植被种类对营养成分需求的特性,充分利用关键期供给,对植物的正常生长起决定性作用。除这两个关键时期外,为了保障植物连续性地良好生长,整个生长期都应当适当地供给植被必需的养分。

植被养分的分配首先是保障生命活动最旺盛部位的需要,一般生长最快及植物组织部位形成时,是需肥量最多的时期。因此对于木本植物而言,春季植株抽梢期,应多施氮肥;夏末少施氮肥;秋季当植株顶端停止生长后,施以钾肥和磷肥为主,对早春或冬季根部继续生长的多年生植被有促进作用;冬季不休眠的植被,在短日照、低温条件下吸收能力差,应停止或减少施肥。

对于易淋失、速效性或易被土壤固定的肥料如过磷酸钙、碳酸氢铵等,宜稍提前施用;而缓释性肥料如有机肥,可提前施。施肥后应随即进行灌溉。在土壤干燥的情况下,还应先行灌溉再施肥,以利于植被吸收并防止伤根。

施肥量的确定包括一次性施肥的用量和浓度、肥料营养元素的比例以及全年施肥次数等指标,施肥过多可能造成土壤的污染、肥料的浪费,对植被生长造成不良影响甚至形成肥害;用量不足又无法满足植被生长发育的需求。

施肥量受植物的习性、植株大小、物候期、树龄、肥料的种类、施肥的时间与方法、土壤性状、管理技术等诸多因素影响,因此,难以制定统一的施肥量标准。

根据已有相关试验和实践数据,施用氮、磷、钾为5∶10∶5的复合肥,落叶灌木 0.15～0.3 kg/m^2、常绿灌木 0.15～0.3 kg/m^2、球根类 0.05～0.15 kg/m^2、花境 0.15～0.25 kg/m^2。通常,我国每千克土施氮 0.2 g、氧化钾 0.1 g、五氧化二磷 0.15 g,折合化肥硫酸铵 1 g 或氯化钾 0.18 g 或尿素 0.4 g、硫酸钾 0.2 g、磷酸二氢钙 1 g,即可供一年生植物开花结实。但由于雨淋、水流等原因造成淋失,肥料实际使用量一般远远超过这些数量。植物生长除了需要较多的磷、钾、钙外,还需要大量的氮,土壤中氮含量有限,大多不能满足植物的需要,也需通过施肥来大量补充。其他大量元素是否需要补充,视植物要求、水质条件和其生长的土壤状态、土壤性质确定。通常微量元素除水培和沙质碱土外,一般在土壤中含量已能满足充足供应,无需额外补充。

7.4 病害防治

病害是造成植物死亡、景观价值丧失的重要因素,在植被生长养护管理过程中须根据其发生时间、规律及危害情况,及时有效地进行防治,减少病害对植被的伤害。

7.4.1 病害类型

植被病害的分类主要有非传染性病害和传染性病害。

非传染性病害是由于不适宜的环境条件引起的,该病无传染性,当环境条件恢复正常时,病害就会停止发展,并且可以逐步地恢复常态。非传染性病害发生的原因很多,最主要的原因是土壤和气候条件的不适宜,如营养物质的缺乏、高温和干旱,低温和冻害,以及环境中的有害物质。非传染性病害常见的症状类型有变色、当土壤中水分缺少或过量时产生的畸形、温度过高或过低发生枯死、土壤缺少草坪生长的营养元素引起的其他生长不良现象等。

由病原生物侵染而引起的病害称为传染性病害。按病原生物可分为细菌、真菌、线虫、病毒和菌原体等;按发病部位可分为茎病、叶病、根病、果病等;按症状可分为腐烂病、叶斑病、萎蔫病等;按传播方式可分为水传播、空气传播、种苗传播、土传播、昆虫介体传播等。

传染性病害可在植物体内蔓延传播,当病害发生严重时会造成极大危害。植被病害中70%以上病害都是由真菌引起的,几乎大部分都有几种甚至几十种真菌性病害,症状通常有变色、坏死、腐烂、畸形、凋萎、流脂或流胶型等。因此,植被病害防治是十分重要的,应贯彻"预防为主、综合防治"的方针。

7.4.2 病害防治

对于植被病害防治,主要采用农业防治和化学防治两种方法。

(1) 农业防治

适地适草,尤其要选择抗病品种。及时除去杂草,适时深耕,及时处理病害株和病害发生地。加强水肥管理,合理排灌,科学施肥,增施有机肥改善土壤结构,促进土壤中有益微生物的活动,增加土壤肥力,达到减轻病害的目的。合理地管理草坪,并保持草坪清洁。

(2) 化学防治

① 种子处理

可用药剂拌种和浸种来杀死种子内的病菌。用于种子处理的无机杀菌剂有:铜、汞、锌剂;有机杀菌剂有:有机氯、有机硫、六氯苯和链霉素等。

② 土壤消毒

可以通过对种植土壤施药实现土壤消毒。常用施药方法有沟施、撒播、穴施等。最常用的药剂是福尔马林:水＝1∶40,土面用量为每平方米10～15 L;或福尔马林:水＝1∶50,土面用量为每平方米20～25 L。

③ 喷雾和喷粉

喷雾和喷粉这是杀菌剂使用最多的方法,尤其是喷雾。一般地区可在早春草坪即将要进入旺盛生长期前,即草坪临发病前喷适量的波尔多液一次,以后每隔2周一次,连续喷3～4次,这样可以防止多种真菌或细菌性病害的发生。

病害种类不同,所用药剂也各异,但应注意药剂的使用浓度、喷药时间和次数、喷药量等。一般草坪叶片保持干燥时喷药效果好,喷药次数主要根据药剂残留期确定,雨后应补施,此外,应尽可能混合施用或交替使用各种药剂,以免产生抗药性。

7.5 虫害防治

7.5.1 虫害类型

草坪害虫种类较多,根据危害位置,虫害可以分为地上害虫和地下害虫两大类;对具体的危害部位而言,进一步又可以细分为食叶害虫、刺吸式害虫(吸汁害虫)、蛀干害虫(钻蛀害虫)和根部害虫这四类。它们都以各自的方式危害草坪,造成叶残根枯,影响草坪景观。

常见的四类害虫有:

(1) 食叶害虫:黏虫、斜纹夜蛾、草地贪夜蛾、淡剑贪夜蛾、草地螟、蝗虫、蜗牛、蛞蝓等;

(2) 刺吸式害虫:蚜虫、盲蝽、叶蝉、飞虱、螨类虫等;

(3) 蛀干害虫:杆蝇、潜叶蝇等;

(4) 根部害虫:蛴螬、金叶虫、地老虎、蝼蛄等。

7.5.2 虫害危害

根据害虫发生部位的类别不同,其危害表现形式也有所差异。

食叶害虫以叶片为食,以幼虫取食叶片,常咬成缺口或仅留叶脉,甚至全吃光,受环境影响大,其虫口密度变动大,多数种类繁殖能力强,产卵集中,易暴发成灾,能主动迁移扩散,扩大危害范围。

刺吸式害虫是植物害虫中较大的一个类群。它们个体小,发生初期往往受害状不明显,生活隐蔽,易被人们忽视,但数量极多,繁殖速度快,常群居于嫩枝、叶、芽、花蕾、果上,汲取植物汁液,掠夺其营养,造成枝叶及花卷曲,甚至整株枯萎或死亡。同时为蛀干害虫的侵害提供有利条件,也是一些植物病毒的传播媒介,诱发煤污病。

蛀干害虫较为隐蔽,当发生蛀干害虫时,初期症状不明显,受害轻时,养分、水分运输受到阻碍;严重时枝干被蛀食得千疮百孔,以至枯萎死亡或被风吹折。一旦受害,防治困难,很难恢复。

根部害虫在土层中栖息,平时较为隐蔽,危害时间长,能直接咬断幼苗的根、茎,造成幼苗凋萎枯死,再加上护坡植被土壤不能翻耕,这就让根部害虫难以消除根治、对植被危害很大。

7.5.3 虫害防治

害虫防治应贯彻"预防为主,综合防治"的原则,即根据虫害的发生规律,抓住薄弱环节和防治的主要时期,采取经济有效、切实可行的方法将虫害在大量发生之前予以有效控制,使植被免受损失。同时要从生产的全局和生态平衡的总体观念出发,创造不利于虫害发生和危害的条件,采取各种必要的防治措施,按虫害的发生发展规律,合理的协调应用化学、生物、物理、农业等防治措施,使之取长补短,以达到经济、安全、有效地控制虫害发生,将其造成的损失减少到最低水平的目的。

7.5.3.1 食叶类害虫综合防治措施

食叶害虫的防治措施主要有:

(1) 人工防治。人工摘除虫苞、虫卵,捕杀幼虫。结合冬季养护管理,清除枯枝落叶,铲除越冬虫茧。

(2) 生物防治。食叶类害虫天敌很多,自然界中捕食性的有蜻象、蜘蛛、螳螂、蚂蚁等,采用生物防治的方法,通过保护利用这些食叶害虫的天敌进行防治。也可以以菌治虫,在幼虫期喷施青虫菌粉(100亿/g)500倍液,抑制虫害发生。

(3) 黑灯光诱杀。成虫有趋光性,在成虫发生季节,可用黑光灯诱杀成虫。

(4) 化学防治。在幼虫未分散之前,及时喷洒药剂消灭低龄幼虫,以提高防虫效果。常用药剂有瑞功、阿维灭幼脲、八方锐马、胜爽、青典、三虓等。

7.5.3.2 刺吸式害虫防治措施

刺吸式害虫是植被常见的害虫之一,这类害虫个体小,但数量极多,隐蔽性强,在植物受害初期症状不明显,不易被发现,主要靠苗木、花卉和种子等的运输传播。该种害虫行之有效的防治措施主要有以下几个方面。

(1) 植物检疫

加强植物检疫工作,严格执行植物检疫制度,努力做到不引进、输出带有危险性刺吸式害虫的苗木等,防止人为远距离传播。

(2) 虫情监测

根据害虫的发生条件,结合当地的气候条件、天敌情况和植物生长发育状况,综合分析、判断其未来的动态趋势,及时发出虫情预测预报,以便为防治工作提供决策依据。

(3) 园艺防治

合理搭配植物,加强栽培管理,适时浇水施肥,提高植物品种抗逆性;清扫枯枝落叶,并结合修剪,减少虫量。

(4) 物理机械防治

人工剪除受害枝条;刮除卵块;捕杀树缝中或枯枝落叶中的越冬虫体;悬挂诱虫灯或黄色粘虫板诱杀具明显趋光性的蚜虫、粉虱等。春季害虫出蛰上树前或夏初下树前,在树干距地面1.2～1.5 m处设置截杀环防治具有上、下树危害习性的蚧虫等。清晨震落、捕杀有假死习性的椿象成(若)虫。

(5) 生物防治

利用害虫的天敌、生活习性进行生物防治,比如可利用天敌七星瓢虫、异色瓢虫、丽草蛉、大灰食蚜蝇、小花蝽、桑木虱啮小蜂和日本方头甲等;开发有益微生物或微生物代谢产物阿维菌素等;利用植物源农药烟碱、印楝素、苦参碱等防治刺吸类害虫。

(6) 化学防治

根据刺吸类害虫的口器构造特点,化学防治应使用内吸性兼触杀性强的农药,因地制宜、掌握关键的防治时期。比如在蚜虫若虫发生期,喷施50%抗蚜威可湿性粉剂 2 000～3 000 倍液或撒施 15％铁灭克颗粒剂覆土后浇水；发生严重时，可喷施 10％吡虫啉可湿性粉剂 2 500 倍液。防治椿象时，在卵孵化盛期和若虫期，选择 9 点之前或 17 点之后喷施 10％吡虫啉可湿性粉剂 1 000 倍液或 50％辛硫磷乳油 800 倍液。

7.5.3.3 蛀干害虫（钻蛀害虫）防治措施

蛀干害虫由于寄生在植被、树木的躯干中，更加隐蔽，常用的防治措施包括物理防治、生物防治、化学生态防治、化学防治等，但通常单一防治措施难以收到理想效果。当蛀干害虫发生时，须评估害虫类型、防治方法的适用范围和效果，进行选择。

（1）物理防治

物理防治是指借助人力和相关物理机械装置辐射不育、灭杀不同发育阶段虫体以及抑制成虫产卵和补充营养进程的防治手段，包括人工捕捉、人工钩杀、人工锤杀、人工阻隔、灯光诱杀、色板诱杀、电击防治和辐射不育。

物理防治技术通常仅适于某些具有特定生活习性的害虫种类，使用范围不广泛且除害效果较差。

（2）生物防治

即以虫治虫，以菌治虫。利用寄生性天敌、捕食性天敌、病原微生物、植物源杀虫剂，对蛀干害虫起到持续防控效果。比如蛀干害虫的捕食性天敌蚂蚁类、步甲类、叩甲类、郭公虫类、啄木鸟类，可通过对幼虫和成虫的取食以及对成虫产卵的干扰作用，在一定程度上降低林间虫口密度。

（3）化学生态防治

应用杂交技术和转基因技术培育新的抗虫植被品种；利用昆虫基因来消灭和控制目标害虫等。

（4）化学防治

化学防治主要作为害虫大面积发生时的应急防治措施，低毒性、专化性强的化学药剂研发应用是发展趋势，可尽量避免对林间非靶标生物和天敌的伤害，以药剂喷雾、致死诱饵树、药剂注干、蛀道熏蒸和根部处理较为常用。

7.5.3.4 根部害虫防治措施

针对根部害虫，行之有效的防治措施主要有以下几个方面。

（1）严格执行植物的检疫法规

虫害可随着种子传播蔓延，因此对引进和调出的草坪种子必须进行严格的出入境检疫,并办检疫审批手续。

(2) 生物防治

即以虫治虫,以菌治虫。如保护蚜虫的天敌—食蚜蝇、瓢虫、草蛉等;用微生物农药"花保"防治淡剑夜蛾,在生产上也广泛应用。

(3) 农业防治

农业防治是综合防治的基础,在草坪保护中主要是改变生态环境条件,创造不利于地下害虫的生存条件,如播种前坪床整理,清除杂草,可消灭初期幼虫;适当调整播种期可以避开或减轻危害;草坪施用农家肥时一定要经过充分腐熟,可使如蛴螬等混藏在农家肥中的害虫在肥料发酵中降低危害能力;对地老虎、蛴螬等地下害虫用灌溉方法,也有驱除和杀灭作用;加强肥水管理,促进草坪长势,提高草坪抗虫害能力,缩短虫害后的恢复期。另外,通过修剪,可清除虫叶,减少虫口密度和危害的机会。

(4) 物理防治

主要是利用害虫的趋光性,如蝼蛄、金龟子,用黑光灯等诱杀。平均每 $3.5\ hm^2$ 地段设立一具黑光灯,一具黑光灯可控制 $50\sim100\ m$ 的范围。近年来试用黑绿单管双光灯(发出一半绿光,一半黑光),诱杀金龟子效果明显,且可诱杀大量未产卵的雌虫,故可减少坪土中蛴螬发生数量。

(5) 化学防治

从实践经验来看,在"预防为主、综合防治"的前提下,化学防治占有主导地位。常用化学防治措施有以下几种:

① 种子处理

主要推行液剂拌种,方法简便,是保护种子免遭地下害虫危害的有效方法,且用药量低,对环境的影响也最小。常用的药剂有辛硫磷、乐果、对硫磷、甲基异硫磷等。

② 土壤处理

在植被播种或种植前,对土壤进行施药。比如使用剂量为50%辛硫磷乳油 $3.7\sim4.5\ kg/hm^2$,加细土 $375\sim450\ kg/hm^2$(将药液加约 $10\ kg$ 水稀释,喷洒在细土上,拌匀使药液充分吸附于细土上);或用2%甲基异硫磷粉剂 $30\sim45\ kg/hm^2$。

③ 喷洒农药

在防治期害虫高峰期(如治蛴螬是在 $4\sim5$、$9\sim10$ 月两次高峰期)进行喷洒农药,有很好的防治效果,比如用50%辛硫磷乳油 $1\ 000$ 倍液、2.5%溴氰菊酯 $1\ 000$ 倍液、90%敌百虫 $0.5\ kg$,加水 $250\sim380\ kg$,或50%敌敌畏 $0.25\ kg$,加水 500 kg,用 2.5%敌百虫粉喷撒 2 次,每次用药 45 kg/hm²,对地老虎有较好防效。

④ 毒饵毒草

投设毒饵毒草,对害虫进行防治。毒饵毒草的使用是在错过适期(如治蝼蛄是在 6 月份),虫龄已大,或早期没有达到防治指标后期危害较普遍的情况下才使用的补救办法,此法防治蛴螬、蝼蛄尤为有效。

7.6 杂草防治

杂草是指长错了地方的非目标植被。从生态经济角度来看,在一定条件下,凡害大于益的植物都可称为杂草,都应属防治之列。

杂草可以多种途径侵入目标植被地,如根茎、种子、分枝草皮块通过土壤(包括表施土壤)、畜禽活动、草坪机具及雨水冲积、风传等。对于生长期杂草的防除,可采用以下方法:

(1) 物理方法

拔除对杂草幼苗清除极为有效,应在杂草结籽前进行,可用手工、小型工具与手工相结合方式。杂草成为优势植物时不再适用手工拔除,拔杂成本高,效率低,防除不彻底,拔除杂草的同时拔除了草坪苗,从而降低草坪密度、质量及功能。对于宽叶杂草采用修剪极为有效,可清除大多数直立型杂草,通常于现蕾期或早期修剪。

(2) 化学防除

根据草坪杂草的两个发生高峰,即每年春夏之交和秋季,适时施用土壤处理除草剂,如丁草胺、除草通,可将一年生杂草消灭于萌芽之中;对其他时段发生的杂草,可选择茎叶除草剂,如使它隆、苯达松可防除禾本科草坪中的阔叶杂草,吡氟氯禾灵可用于双子叶草坪中防治禾本科杂草。而对于多年生恶性杂草,可用非选择性除草剂,使用特别装置直接喷洒或涂抹于杂草上。现在国外利用光反射判别作物与杂草,喷头定向喷洒药剂于杂草,除草效果提高,且节约成本,减少农药对环境的污染。

(3) 生物防治

利用杂草的天敌——昆虫、植物、微生物等生物来抑制杂草的发生与蔓延。比如有关研究认为早熟禾对翦股颖有生化抑制作用,匍匐翦股颖草坪中有一年生早熟禾时,一年生早熟禾可逐渐占据优势地位,而翦股颖逐渐衰退。

(4) 杂草综合防治

草坪杂草的综合防治是指在了解杂草生物学与生态学特性的基础上，因地制宜地利用一切可利用的生物、物理、化学及管理措施，有机地组合成防治杂草综防体系，将杂草控制在生态经济危害水平以下。比如杂草生长需光、温、水、气、肥，当精心管理时，草坪生长旺盛，杂草逐渐退化。

7.7 修剪

7.7.1 树木修剪

树木修剪应符合以下规定：

(1) 根据树木生物学特性、生长阶段、生态习性、景观功能要求及栽培地区气候特点，选择相应的时期和方法进行修剪。

(2) 修剪树木前应制定修剪技术方案，包括修剪时间、人员安排、岗前培训、工具准备、施工进度、枝条处理、现场安全等，做到因地制宜，因树修剪，因时修剪。

(3) 遵照先整理、后修剪的程序进行。应先剪除无须保留的徒长枝、枯死枝，再按照由主枝的基部自内向外并逐渐向上的顺序进行其他枝条的修剪。

(4) 剪、锯口应平滑，留芽方位正确，切口应在切口芽的反侧呈 45°倾斜；直径超过 0.04 m 的剪锯口应先从下往上进行修剪，并应及时保护处理。

(5) 修剪工具应定期维护并消毒。

树木按照乔木类、灌木类和藤木类划分，各类树木的修剪方法各不相同。

7.7.1.1 乔木类修剪

乔木修剪应符合下列规定：

(1) 乔木修剪应主要修除徒长枝、病虫枝、交叉枝、并生枝、下垂枝、扭伤枝及枯枝和残枝。

(2) 树林应修剪主干下部侧生枝，逐步提高分枝点。相同树种分枝点的高度应一致，林缘树分枝点应低于林内树木。

(3) 主干明显的树种，应注意保护中央主枝，原中央主枝受损时应及时更新培养；无明显主干的树种，应注意调配各级分枝，端正树形，同时修剪内膛细弱枝、枯死枝、病虫枝，达到通风透光。

(4) 孤植树应以疏剪过密枝和短截过长枝为主，造型树应按预定的形状逐年进行整形修剪。

7.7.1.2 灌木类修剪

灌木类修剪应符合下列规定：

(1) 单株灌木,应保持内高外低、自然丰满形态;单一树种灌木丛,应保持内高外低或前低后高形态;多品种的灌木丛,应突出主栽品种并留出生长空间;造型的灌木丛,应使外形轮廓清晰,外缘枝叶紧密。

(2) 短截突出灌木丛外的徒长枝,应使灌丛保持整齐均衡。下垂细弱枝及地表萌生的地冀应及时疏除;灌木内膛小枝应疏剪,强壮枝应进行短截。

(3) 花落后形成的残花、残果,当无观赏价值或其他需要时宜尽早剪除。

(4) 花灌木修剪除应按以上要求或景观设计要求操作外,还应根据开花习性进行修剪,并注意保护和培养开花枝条,具体修剪方法应符合下列规定：

① 当年生枝条开花灌木,休眠期修剪时,对于生长健壮花芽饱满枝条应长留长放,花后短截,促发新枝;1年数次开花灌木,花落后应在残花下枝条健壮处短截,促使再次开花。

② 二年生枝条开花的灌木,休眠期应根据花芽生长位置进行整形修剪,保留观赏所需花枝和花芽,生长季应在花落后 10~15 天根据枝条健壮程度并选好留芽方向和位置将已开花枝条进行中度或重度短截,疏剪过密枝。

③ 多年生枝条开花灌木,修剪应培育新枝和保护老枝。

④ 剪除干扰树型并影响通风透光的过密枝、弱枝、枯枝或病虫枝。

(5) 栽植多年的丛生灌木应逐年更新衰老枝,疏剪内膛密生枝,培育新枝。栽植多年的有主干的灌木,每年应交替回缩主枝主干,控制树冠。

7.7.1.3 藤木类修剪

藤木类修剪应符合下列规定：

(1) 攀缘棚架上的藤木,种植后应进行重剪,每株促发几条健壮主蔓;及时牵引,疏剪过密枝、病弱衰老枝、干枯枝,使枝条均匀分布架面;有光脚或中空现象时,应采用局部重剪、曲枝蔓诱引措施来弥补空缺。

(2) 匍匐于地面的藤木应视情况定期翻蔓,清除枯枝,疏除老弱藤蔓。

(3) 钩刺类藤木,可按灌木修剪方法疏枝、生长势衰弱时,应及时回缩修剪、复壮。

(4) 观花藤木应根据开花习性修剪,并应注意保护和培养开花枝条。

7.7.2 草坪修剪

草坪的修剪应符合下列规定:

(1) 修剪次数应根据草坪草的种类、养护质量要求、气候条件、土壤肥力及生长状况确定,进行不定期修剪。修剪时,剪掉的部分不应超过叶片自然高度的1/3。

(2) 修剪前草坪草应保持干爽,阴雨天、病害流行期不宜修剪;修剪前应清除草坪上的石砾、树枝等杂物,以消除隐患。修剪工作应避免在正午阳光直射时进行。

(3) 修剪前宜对刀片进行消毒.并应保证刀片锋利,防止撕裂茎叶。

(4) 修剪后应及时对修剪草坪进行一次杀菌防病虫害处理。

(5) 同一草坪,不应多次在同一行列、同方向修剪,修剪下的草屑应进行清理。

(6) 草坪不得延伸到其他植物带内。切草边作业,边线应整齐或圆滑,与植物带距离不应大于 0.15 m。

7.7.3 水生植物修剪

水生植物修剪应符合下列规定:

(1) 生长期阶段应清除水面以上的枯黄部分,应控制水生植物的景观范围,清理超出范围的植株及叶片。

(2) 混合栽植的,应保持主栽种优势,控制繁殖过快的种类。

(3) 浮叶类水生植物应控制水生植物面积与水体面积比例,其覆盖水体的面积不得超过水体总面积的1/3。

参考文献

[1] 高祥斌. 园林绿地建植与养护[M]. 重庆:重庆大学出版社,2014.

[2] 黎玉才,肖彬,陈明皋. 园林绿地建植与养护管理[M]. 北京:中国林业出版社,2007.

[3] 住房和城乡建设部. 园林绿化工程项目规范:GB 55014—2021[S]. 北京:中国建筑工业出版社,2021.

[4] 住房城乡建设部. 园林绿化养护标准:CJJ/T 287—2018 [S]. 北京:中国建筑工业出版社,2018.

[5] 晋城市园林绿化管护事务中心. 园林草坪建植与养护技术规范:DB 1405/T 039—2023[S]. 地方标准信息服务平台,2023.

第8章

工程应用

生态护坡施工方法种类繁多,在工程项目应用中都取得了不错的工程效果和生态效果。由于篇幅限制,本章仅整理列举生态绿化混凝土护坡技术和框格填土生态护坡技术两个类型的应用实例进行简单说明,以供参考。

8.1 草皮生态护坡应用实例

8.1.1 工程概况

本项目位于河南省平舆县,地处淮北平原,地势平坦,西北略高于东南,海拔在 39~47 m 之间,属大陆性季风气候区,处于亚热带向暖温带的过渡地带,兼有两种气候带的气候特征,四季分明,雨热同季,气候温暖,雨水较为充沛。年平均气温 15℃,1 月份最低平均气温 1.5℃,7 月份最高平均气温 27.8℃。

本项目为水环境治理和生态修复项目,根据项目景观需要,部分边坡采用草皮生态护坡防护,面积约 6.6 万 m²。

8.1.2 设计方案

本项目边坡坡顶高程 44.00 m,坡脚高程为 43.00 m,坡比为 1∶10~1∶5,边坡压顶和护脚均采用 C20 现浇混凝土齿墙,尺寸为 500 mm×800 mm,植物品种采用马尼拉。

草皮护坡典型设计断面见图 8.1-1。

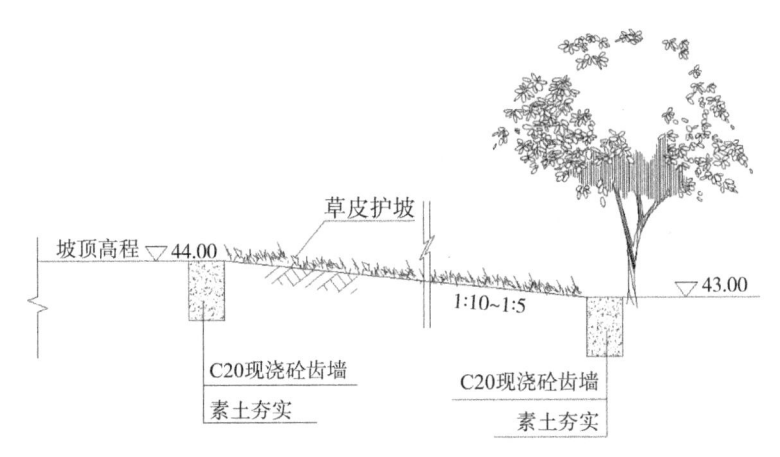

图 8.1-1 草皮护坡典型设计断面图

8.1.3 实施效果

本项目实施后,经过一段时间的生长和维护,植被生长状况良好,植被覆盖率达到了95%,起到了良好的防冲防护效果,与周边环境协调相融,实现了水清岸绿、生态健康的项目目标,景观效果显著。

草皮护坡实施效果见图8.1-2。

图 8.1-2　草皮护坡实施效果

8.2　生态绿化混凝土护坡应用实例

8.2.1　工程概况

秦淮新河起始于江宁河定桥,经雨花台区的铁心桥、西善桥到金胜村入江,全长16.8 km,河面宽130至200 m不等,设计分洪能力800 m³/s,沿河两侧是低平地河谷平原,海拔3～8 m。秦淮新河堤防长19.93 km,其中左岸9.96 km,右岸9.97 km,设计堤顶高程江边为12.0 m,河定桥为13.5 m,设计堤顶宽6.0 m。应用项目位于绕城公路桥至秦淮新河格子桥堤段右岸迎水坡(桩号12+250～12+500),属于秦淮新河标准堤段,现状堤顶高程11.7～12.3 m,堤顶宽6～8 m,常水位约为7.5 m,全长大约290 m。迎水坡原状为C20现浇混凝土护坡,该工程于1999年实施竣工,现已老化,且护坡已有破损。

8.2.2 设计方案

选取该堤段护坡(桩号 K12+250~K12+500,全长共 250 m)为项目实施工段。设计方案为保留原有混凝土护坡,在原有素砼护坡上铺设生态绿化混凝土。为保证其稳定与整体性,需在原硬质护坡上打设孔洞;为保证绿化及植物生长效果,生态绿化混凝土厚度定为 15 cm。

生态绿化混凝土护坡典型断面见图 8.2-1。

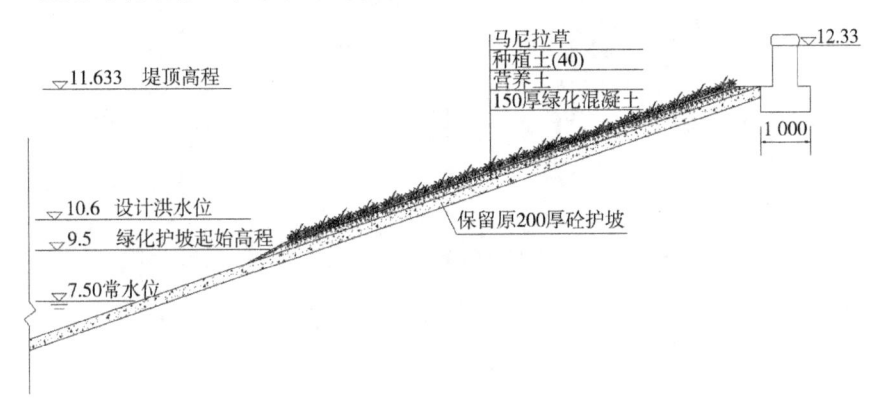

图 8.2-1 生态绿化混凝土护坡典型断面图

8.2.3 施工方法

项目施工内容主要包括:混凝土的拌合、浇筑、养护、营养土和种植土的铺设、植被种植及养护等。由于受工程施工条件影响,本项目采用异地拌合,拌合后再运至施工现场进行浇筑。

(1)原硬质坡面打孔修整(图 8.2-2)

为保证不滑坡和生态绿化混凝土的整体性,在原硬质护坡上每平方米打 4 个直径 10 cm,深 20 cm 的孔洞。

(2)生态绿化混凝土拌合

生态绿化混凝土材料主要有水泥、碎石、专用添加剂、拌合水。水泥采用 P·O42.5 级普通硅酸盐水泥;石子粒径 5~30 mm,风化石不可用,石子含泥量不高于 3%。拌合机械采用滚筒式搅拌机。搅拌时,需采用专业振动模具进行振动,振动时间为 3~7 s,确保每粒石子包裹在水泥浆中,拌合后的生态绿化混凝土采用自卸汽车从拌合站运至作业现场。

(3)混凝土铺筑、养护(图 8.2-3)

运至现场的混凝土采用人工方式及时摊铺。铺设好的生态绿化混凝土根

图 8.2-2 坡面打孔作业

据实际情况及时振动成型,表面分布均匀直径 25 mm,深 60~100 mm 的孔洞,做到表面无浮浆,底部无沉浆。混凝土铺筑完成后,进行覆膜养护。

(a) 人工摊铺　　　　　　　　　(b) 打孔及覆膜养护

图 8.2-3 混凝土铺筑及养护

(4) 回填种植土和铺设草皮(图 8.2-4)

生态绿化混凝土浇筑完成后将铺设营养土和种植土。种草前表面撒保湿剂适量,后撒专用营养土,洒水后再铺 4 cm 厚种植土。草皮选用马尼拉。

图 8.2-4　回填种植土和铺设草皮

8.2.4　实施效果对比

根据项目施工现场取样检测，检测样本 4 组。经第三方检测，四组样品孔隙率分别为 26.3%、25.4%、28.0%、26.3%，平均孔隙率为 26.5%，改造后的生态混凝土护坡植物生长旺盛，状态良好，草皮覆盖率达到了 95% 以上，满足设计要求和规范要求。

项目实施前后效果对比见图 8.2-5。

图 8.2-5　项目实施前后效果对比图

8.3 框格填土生态护坡应用实例

8.3.1 工程概况

项目位于沿大别山高速公路鸡公山至商城（豫皖省界）段。项目全长为 8.895 km，其中部分区段采用拱形框格护坡。项目区地形多系浅山，相对复杂，工程地质条件属较复杂类型，特殊性土主要包括填土、软弱土、膨胀性土、风化岩及残积土。

8.3.2 施工方法

拱形框格生态护坡包括有骨架护坡及植草两部分。拱形框格骨架采用浆砌片石和预制块结合的方式、植草采用喷播方式进行施工。

8.3.2.1 拱形框格骨架施工（图 8.3-1）

拱形骨架沿纵向每 4 个拱格设 2 cm 宽伸缩缝一道，内用沥青麻絮填塞。镶边石采用 C25 水泥混凝土预制，并用 M7.5 水泥砂浆砌筑与勾缝，拱圈、护脚

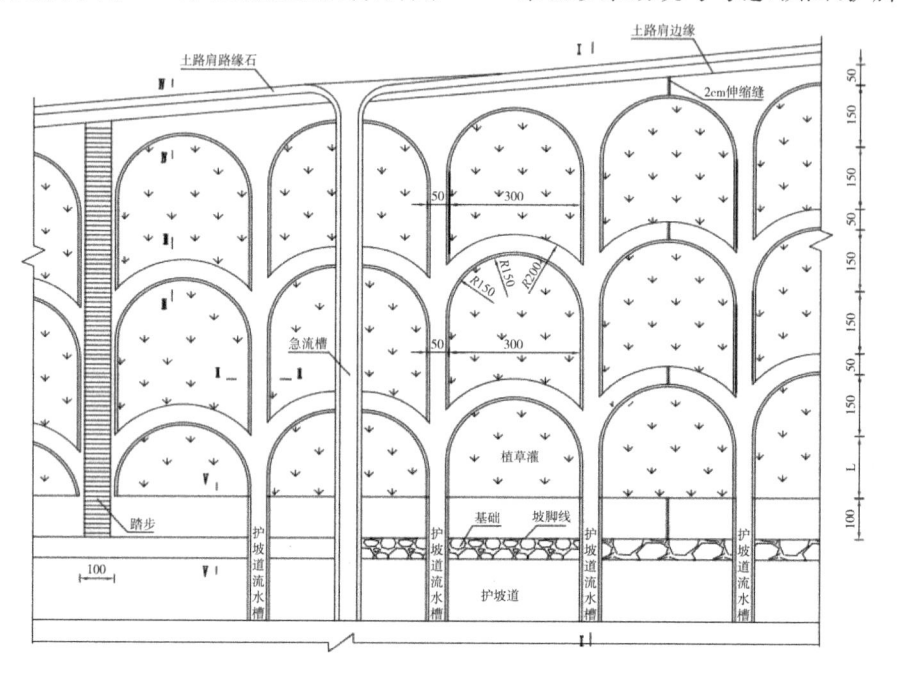

图 8.3-1 拱形框格护坡设计图

及基础、平台加固采用 M7.5 浆砌片石砌筑,石料强度不低于 30 MPa。基础砌筑前,基底应夯实,其压实度大于 93%,骨架采用挖槽法施工。边坡底部不足砌筑一个拱圈时,将上一个拱圈顺延至坡脚以利排水。

拱形骨架护坡主要包括浆砌片石和预制块制作、安装两个方面。施工工艺流程见图 8.3-2。

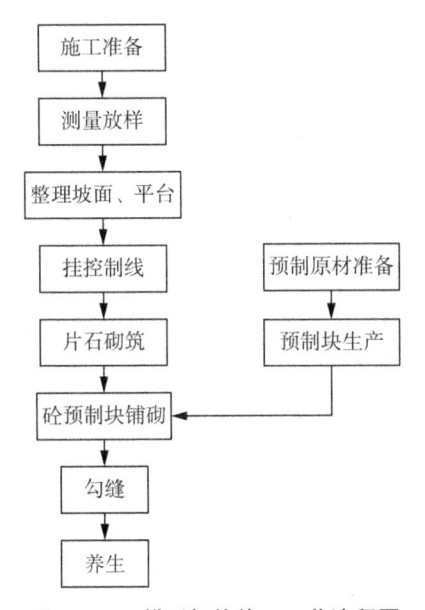

图 8.3-2 拱形框格施工工艺流程图

(1) 测量放样

由项目部测量组用全站仪根据计算坐标放出每条骨架的中心线、骨架轮廓线,并用钢尺对基槽开挖位置进行准确定位,用长度 0.5 m 的钢钎打桩定位并测量高程。放样完毕用钢尺复核无误后再进行后续工序施工。

(2) 路基坡面、平台修整

根据放样结果按照设计的路基边坡坡度修整路基边坡坡面及二级平台面。修坡用人工进行,施工过程中挂线定出坡面位置作为刷坡标准,人工清除坡面浮土、松石,刷坡完毕后再挂线,经验收边坡坡度、平整度合格后再进行后续施工。

(3) 基槽开挖

根据放样位置,人工开挖基槽,基槽开挖顺序为从下往上依次开挖,槽深为 30 cm。施工过程中严禁超挖,开挖完毕后,人工对基槽底部捶面夯实。

(4) 护脚施工

基槽开挖完毕后,对护脚位置重新放样,并在两侧挂线。护脚宽 50 cm,深 34 cm,护脚采用 M7.5 浆砌片石施工。砌块与基槽之间的缝隙必须用砂浆填满,避免造成流水渗漏。

(5) 镶边石

镶边石采用 C25 混凝土在集中场地预制,吊装到施工场地安装,并采用 M7.5 水泥砂浆砌筑勾缝。

(6) 检修踏步(流水槽)

检修踏步和流水槽按照图纸设计进行施工,必要时可结合地形适当调整。

(7) 表面修饰美化及成品保护

① 勾缝前的准备工作

一整段的砌体施工完毕后,首先自上而下地将砌体表面清扫一遍,把浮浆、灰尘等清理干净。然后检查灰缝,如有高出砌体表面的应用錾子剔除,有灰缝不饱满的应用砂浆填充密实。

② 勾缝工艺

勾缝采用平缝压槽工艺,缝宽 0.5 cm,深 0.5 cm。勾缝用砂浆由水泥和细砂按照 1∶1 的比例配制。勾缝前用洁净的水冲洗灰缝,再用水泥砂浆填缝,砂浆应略高于砌体表面。勾缝用工具为特制勾缝器,用 Φ10 钢筋加工而成,能够保证勾缝一次成型,缝表面光洁、平整。勾缝后应立即将两侧多余的砂浆刮除干净。浆砌片石勾缝见图 8.3-3。

图 8.3-3 浆砌片石勾缝

(8) 养生

砌体砌筑完成后应及时覆盖，在砂浆初凝后，即可洒水养护，并保持其处于湿润状态，常温下养护期一般5～7d。在养护期间应避免对砌体产生碰撞、振动，砌体的砂浆未达到设计强度前，不得承受全部设计荷载。

8.3.2.2 喷播植草施工

喷播植草施工工序：平整坡面→开平行沟→喷播施工→盖无纺布→前期养护。

(1) 平整坡面：施工前应对交验后的坡面，采用人工细致整平，清理所有岩石、碎泥块、垃圾等杂物，以免影响草籽的稳定生长。对不利于草种生长的坡面要回填客土，并用水湿润让坡面自然沉降至稳定。

(2) 开平行沟：人工开平行沟有利于保肥保水，提高植物种子的发芽率。一般水平沟间距5 cm，沟深5 cm；对局部硬度较大地区，需要进行局部挖水平沟处理。而对坡面极为不平整或有废渣的区域，进行表面清理、平整。未进行过种植土处理的地点，土壤应进行深耕作业，并打碎土块，翻耕深度大于30 cm。有工程防护的边坡，只允许使用锄、铁锹等工具进行翻耕，施工过程中应注意保护工程设施，翻耕深度大于30 cm。场地种植土中如含有有害成分，则应采用客土或改良土壤的技术措施。场地有积水的地方应整平或挖排水沟将水引走。

(3) 喷播施工：草种撒播方式采用液压喷播的方式。喷播前须对表土、草种、灌木种子、黏合剂、保水剂、肥料及水等材料进行均匀混合，喷播时通过喷播机均匀喷射于坡面，形成均匀的草种层，多余的水渗入土中。应考虑喷播过程中草种、有机质、肥料随着水体的流失，要严格按设计要求进行配比使用。

(4) 盖无纺布：为使草种免受雨水冲刷，减少坡面水分蒸发，促进草种的发芽生长，防止鸟禽啄食种子，喷播草种后应立即加盖无纺布，布幅间重叠5～10 cm，边角处用铁钉或竹签固定，并用细土压边，待植物生长整齐后炼苗揭布。无纺布不能过早掀开，早了因草苗幼嫩经不起阳光暴晒和恶劣气候影响，过晚会造成早苗生长畸形。

(5) 前期养护：雾化浇水，水点宜细密均匀，防止水流冲蚀坡面。浸透土层80～100 mm为宜，除降雨天气，喷水不得间断。待草长至5 cm时或2～3片叶，揭掉无纺布，使用人工方法加速生长，使之快速成坪。要做好草坪病虫害的预防工作和肥料管理。

喷播养护见图8.3-4。

图 8.3-4 喷播养护

8.3.3 实施效果(图 8.3-5)

施工完成后经过一段时间养护,植被覆盖率达到了 95% 以上,整体生长情况良好,满足设计要求。

图 8.3-5 项目实施效果

8.4 自嵌式砌块生态挡墙护坡应用实例

8.4.1 项目概况

某工程为新开挖的调蓄工程、生态湖泊,工程主要内容包括:开挖工程、岸坡护砌工程、退水工程和绿化工程等。湖面开口面积 26 万 m^2,湖周长度 2 958 m,正常蓄水位水面面积 23 万 m^2,正常蓄水位为 42.30 m,相应水体体积 87.9 万 m^3,设计湖底高程 38.00 m,淤积库容湖底高程为 37.30 m。岸坡护砌工程中,设计自嵌式砌块生态挡墙长 2 500 m。

8.4.2 设计方案

自嵌式砌块生态挡墙最大墙高 2.5 m,墙后设置土工格栅 5 道,砌块内交替种植石竹、长麦冬、扶芳藤及黄馨,以满足视觉效果需要。自嵌式砌块生态挡墙护坡砖为 1 m×1 m×0.5 m(长×宽×高)与 2 m×1 m×0.5 m(长×宽×高)两种尺寸交替使用,背后依次铺设 300 g/m^2 土工布,30 cm 厚碎石反滤层,土工布搭接不小于 150 mm。自嵌式砌块混凝土强度等级为 C25,抗冻强度不小于 F150。

典型设计断面见图 8.4-1。

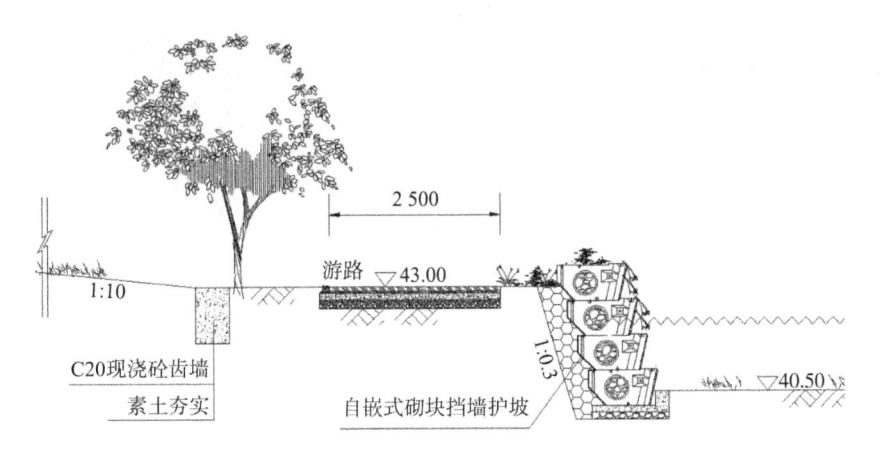

图 8.4-1 典型设计断面图

自嵌式砌块安装俯视见图 8.4-2。

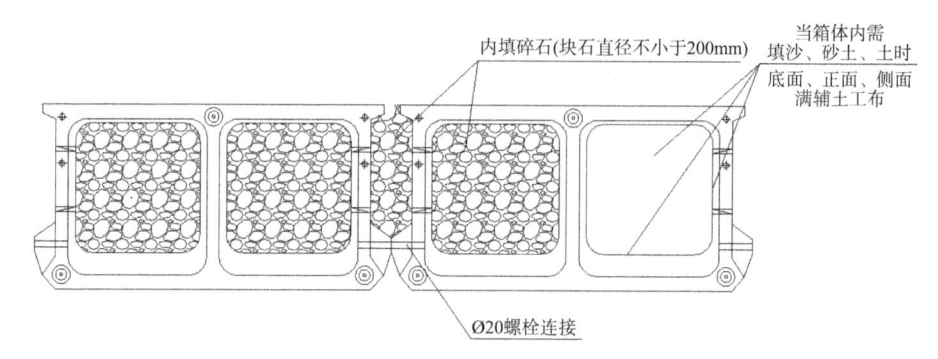

图 8.4-2　自嵌式砌块安装俯视图

8.4.3　实施效果(图 8.4-3)

本项目实施后,植物经过一段时间的生长和维护,已经初现绿化效果。经现场测量,黄馨生长长度在 0.5～1.5 m 之间;长麦冬叶片茂盛,颜色正常,部分生出花葶,高度为 10～20 cm。

图 8.4-3　项目实施后效果

8.5　连锁块生态护坡应用实例

8.5.1　项目概况

该项目为调蓄湖的配套退水渠,用于满足生态湖体景观水体循环和下游河道景观需要。退水渠全长约 2 100 m,渠底高程 40.50 m,渠道底宽 10 m,两侧坡比 1∶2.5,纵比降为 1/4 150,结合不同功能区划分和景观需要,进口段及出口段一定范围内采用连锁块生态护坡防护。

8.5.2 设计方案

连锁块护坡面积约为 12 000 m^2,连锁块尺寸为 450 mm×302 mm×100 mm,强度为 C25 混凝土,抗渗等级为 W4,抗冻等级不小于 F150,开孔率 30% 以上,为增强抗冻性及使用年限,产品表面不得出现大于 2 mm 的蜂窝麻面;护坡的护脚和压顶混凝土强度为 C20,抗渗等级为 W4,抗冻等级为 F100,护脚尺寸为 500 mm×800 mm,压顶尺寸为 300 mm×500 mm。连锁式种植砖在护砌转弯较大处每隔 15 m 设置一道垂直水流方向 C20 素混凝土齿墙进行衔接。连锁式种植砖铺筑前进行基础平整夯实,压实度 0.93。连锁块孔隙内采用种植土拌合草籽填缝。

典型设计断面见图 8.5-1。

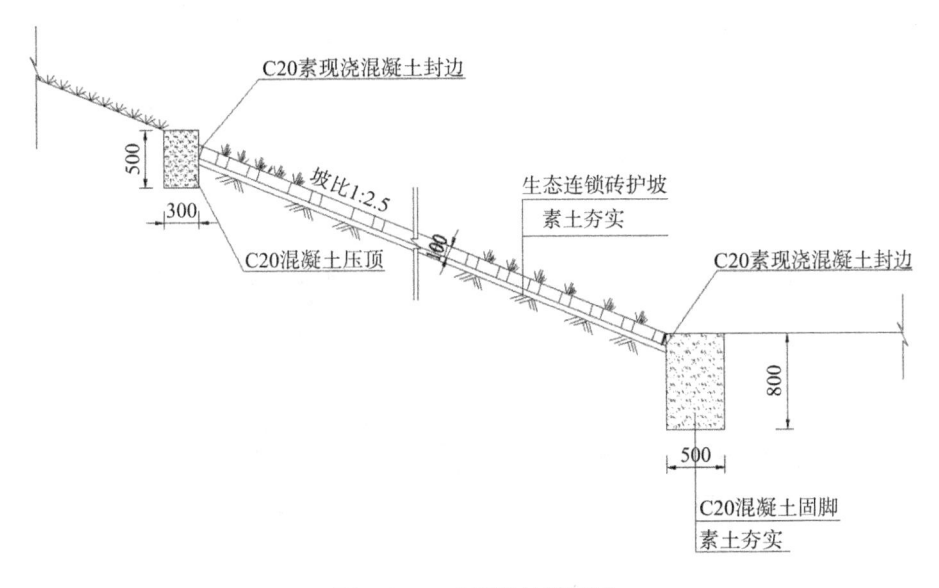

图 8.5-1 典型设计断面图

连锁式砌块护坡正视见图 8.5-2。

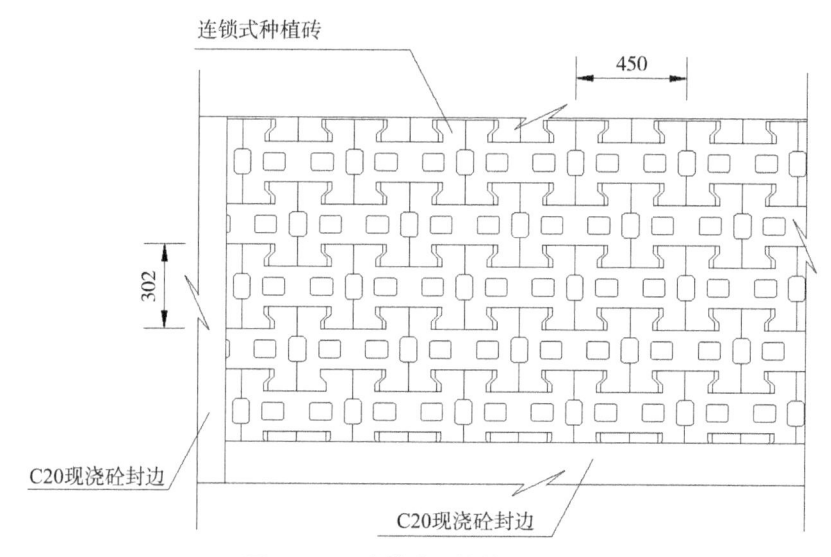

图 8.5-2　连锁式砌块护坡正视图

8.5.3　实施效果(图 8.5-3)

本项目实施后,所种植物经过一段时间的生长和维护,植被生长茂盛,覆盖率基本达到 95%,无明显连锁块或土壤外露,已呈现良好的绿化效果。

图 8.5-3　项目实施后效果

8.6 生态护坡集成应用实例

8.6.1 工程概况

本项目位于江西省九江市共青城市鄱阳湖模型试验研究基地,是共青城市水生态文明建设示范的一部分,其目的为结合水生态文明建设中水资源、水环境、水生态、水景观和水安全等示范内容,集成建设鄱阳湖模型试验研究基地水利生态护砌型式,形成护砌型式集成示范、护岸整治景观工程和水利生态科普基地,重点打造水利生态护砌型式集成示范区和水利生态技术科普区,提升鄱阳湖模型试验研究基地水生态文明科普程度。

8.6.2 设计方案

本项目围绕专家公寓前池塘一周,总长620.5 m,集成展示水利生态护坡型式(图8.6-1),该护岸展示19种生态护砌型式,选取其中的3种生态护坡型式,即格宾石笼(图8.6-2)、松木桩+卵石护岸(图8.6-3)、生态袋(堆叠法)(图8.6-4)做简单效果介绍,长度分别为15 m、64 m和20 m。

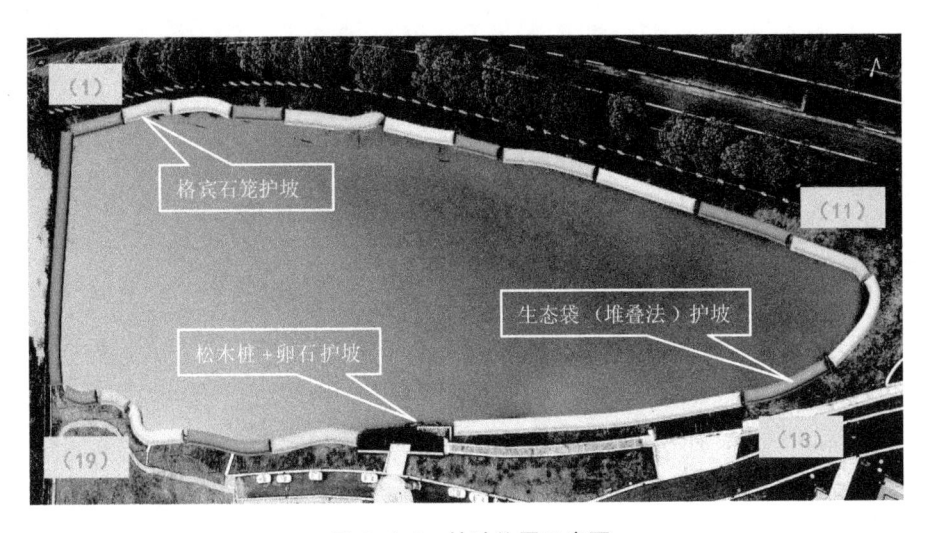

图8.6-1 护坡位置示意图

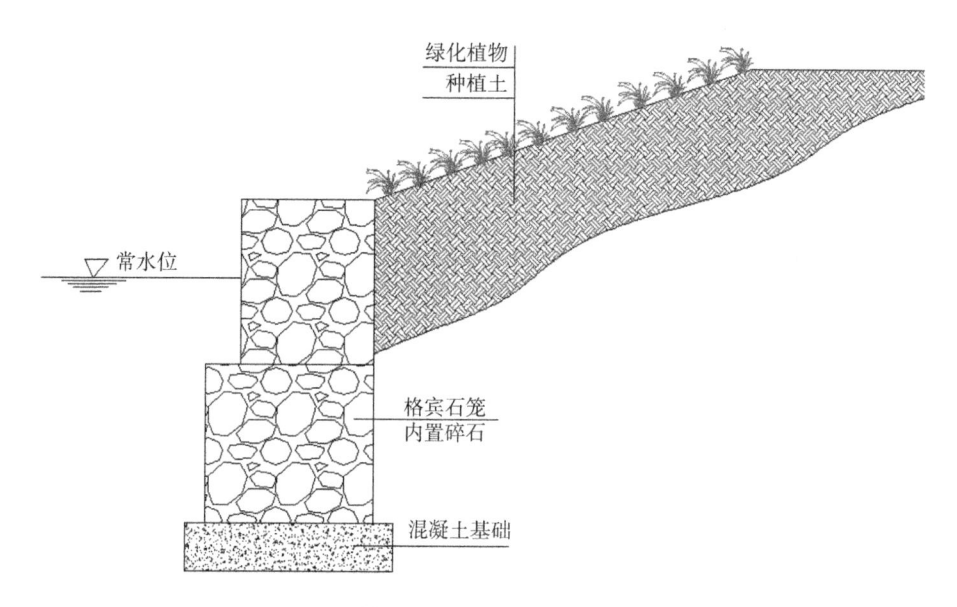

图 8.6-2　格宾石笼生态护坡典型断面示意图

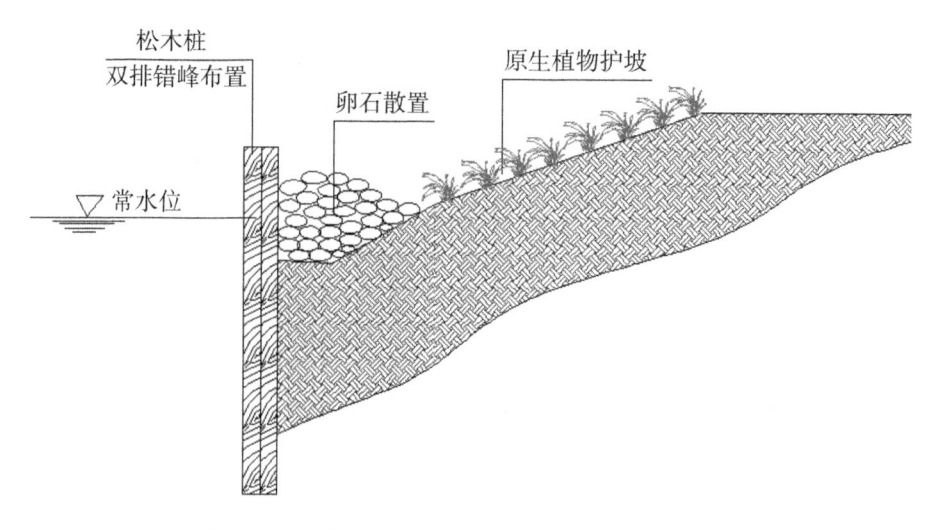

图 8.6-3　松木桩+卵石生态护坡典型断面示意图

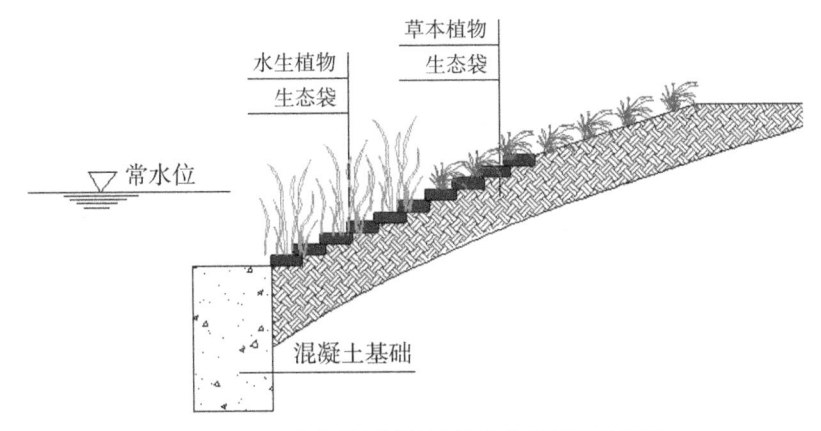

图 8.6-4　生态袋(堆叠法)护坡典型断面示意图

8.6.3　实施效果(图 8.6-5)

本项目实施后,以上三种生态护岸都起到了良好的抗冲刷、抗侵蚀的防护作用,并且和周边水面、植被边坡融为一体,形成了和谐共生的景观。

图 8.6-5　项目实施后效果

参考文献

[1] 南京水利科学研究院.生态绿化混凝土现浇护坡新技术研究报告[R].南京:2019.
[2] 江西省水资源管理中心,江西省水利科学研究院.水利生态护砌形式集成建设实施方案[R].共青城:2016.